文言文

进阶学本

精装本

李军　主编

崔文薇　李亦超　程澄　陈帆　编写

上海辞书出版社

图书在版编目(CIP)数据

文言文进阶学本/李军主编.—上海：上海辞书出版社，2024
ISBN 978-7-5326-6209-8

Ⅰ.①文… Ⅱ.①李… Ⅲ.①文言文-中小学-教学参考资料 Ⅳ.①G634.303

中国国家版本馆 CIP 数据核字(2024)第 082401 号

WENYANWEN JINJIE XUEBEN

文言文进阶学本

李军 主编

责任编辑 周 燕
装帧设计 梁业礼
责任印制 曹洪玲

出版发行 上海世纪出版集团
上海辞书出版社®(www.cishu.com.cn)
地　　址 上海市闵行区号景路 159 弄 B 座(邮政编码：201101)
印　　刷 上海盛通时代印刷有限公司
开　　本 850 毫米×1168 毫米 1/32
印　　张 14
字　　数 377 000
版　　次 2024 年 6 月第 1 版 2024 年 6 月第 1 次印刷
书　　号 ISBN 978-7-5326-6209-8/G·1141
定　　价 49.00 元

编写说明

义务教育五至九年级是文言文学习的关键阶段。该学段的学生除了要掌握统编教材中文言文篇目的内容，还需要进一步拓展、积累和应用文言文相关知识；学习文言文的基本任务是理解文本，同时掌握文言文基础知识：文言词汇、文言语法、相关历史常识等。此书的编写正是基于这样的认识。

全书分为“故事篇”“人物篇”“事理篇”“状物篇”“比较阅读”五个部分，各部分都包括选自中国古代史籍经典的文章若干篇。每篇文章后除注释外还设立了三个环节：“阅读指南”主要介绍文章作者或主要人物的身份事迹，便于读者了解史籍和人物的历史地位，增加历史知识和文学常识的积累；“积累思考”根据文章类别的不同，结合近十年来中考文言文的典型题例，设计了字词解释题和句子翻译题；“参考译文”将选文全文翻译成现代汉语，供学生参考。“比较阅读”部分选用了统编教材中的篇目和与之有关联点的课外经典文言文，根据近几年中考试题中出现频率较高的题型设计了思考题，有利于提升初三学生复习时的整合分析能力。书后附有“参考答案”，不仅提供题例答案，还精心编写了题型解析。

目 录

一、故事篇

二、人物篇

三、事理篇

四、状物篇

五、比较阅读

一

故事篇

1. 陈万年[①]教子

万年尝病，召咸[②]教戒于床下。语至夜半，咸睡，头触屏风。万年大怒，欲杖之，曰："乃公[③]教戒汝，汝反睡，不听吾言，何也？"咸叩头谢曰："具晓所言，大要[④]教咸谄[⑤]也。"万年乃不复言。

（选自《汉书·公孙刘田王杨蔡陈郑传》）

注：①陈万年：字幼公，西汉沛郡相（今安徽濉溪西北）人，汉元帝时为御史大夫。②咸：陈咸，字子康，陈万年的儿子。③乃公：你的父亲。④大要：主要。⑤谄（chǎn）：巴结，奉承。

【阅读指南】

1.《汉书》又称《前汉书》，东汉班固撰，是中国第一部纪传体断代史，属"二十四史"之一，与《史记》《后汉书》《三国志》并称为"前四史"。全书共一百篇，包括纪十二篇、表八篇、志十篇、传七十篇，后人划分为一百二十卷。

2. 班固（32—92），字孟坚，扶风安陵（今陕西咸阳东北）人，东汉大臣、史学家、文学家，与司马迁并称"班马"。班固认为其父所撰《史记后传》叙事未详，便潜心继续撰述并力求精善。他认为《史记》将汉朝"编于百王之末，厕于秦项之列"不妥，决心撰写起自汉高祖、终于王莽共二百三十年事迹的《汉书》。班固一生著述颇丰，且善作赋，所撰《两都赋》开创了京都赋的范例，列为《文选》第一篇。

【积累思考】

1. 解释下列加点的词。

（1）欲杖之（　　　　）　（2）具晓所言（　　　　）

2. 用现代汉语翻译文中画线的句子。

万年乃不复言。

______

3. “万年乃不复言”的原因是什么？

______

【参考译文】

（陈）万年曾经病了，叫来（儿子）陈咸到床前教训、告诫他。说到半夜，陈咸打瞌睡，头碰到了屏风。陈万年很生气，想要拿棍子打他，说：“你的父亲在教训、告诫你，你反而打瞌睡，不听我的话，为什么？”陈咸（赶忙）叩头认错说：“我完全明白您所说的话，主要的意思是教我拍马屁罢了！”陈万年于是就不再说话了。

2. 误认

时尝出行，有人认其马。茂问曰：“子亡马几何时？”对曰：“月余日矣。”茂有马数年，心知其谬，嘿①解与之，挽车而去，顾曰：“若非公②马，幸至丞相府归我。”他日，马主别得亡马，乃诣府送马，叩头谢之。

（选自《后汉书·卓鲁魏刘列传》）

注：①嘿（mò）：同“默”，不出声。②公：对人的尊称。

【阅读指南】

卓茂（？—28），字子康，汉朝大臣，云台三十二将之一。元帝时到长安求学，师从博士江生，学习《诗》《礼》及历法、算术，深得师傅之学，被称为“通儒”。西汉元帝时，曾任丞相府史、侍郎、给事黄门等职。东汉光武帝时，为太傅，封褒德侯。

【积累思考】

1. 解释下列加点的词。

（1）幸至丞相府归我（　　　　）　（2）乃诣府送马（　　　　）

2. 对文中画线句翻译正确的一项是（　　）

A. 心里知道这马不是那人的，就连忙跟他解释。

B. 心里明白这个人不辨是非，就连忙跟他解释。

C. 心里明白这个人不辨是非，但还是默默解下马给他。

D. 心里知道这马不是那人的，但还是默默解下马给他。

3. 这件小事表现了卓茂__________________的品质，也表现了“马主”__________________的品质。

【参考译文】

（卓茂）曾经有一次坐马车出门。有一个人把他的马认作是自己的。卓茂问他：“您丢失马多少时间了？”回答说：“一个多月了。”卓茂拥有这匹马已经好几年了，心里知道不是这人丢的马，但还是默默解下马给了他，自己拉了车离开，（临走前）回头对那人说：“如果这不是您的马，希望您把马牵到丞相府还给我。”过了几天，那人在另外的地方找到了自己丢失的马，于是到丞相府去，把马还给了卓茂，并向卓茂磕头道歉。

3. 鹬蚌相争

赵且伐燕。苏代为燕谓惠王①曰："今者臣来，过易水，蚌方出曝，而鹬啄其肉，蚌合而拑②其喙。鹬曰：'今日不雨，明日不雨，即有死蚌。'蚌亦谓鹬曰：'今日不出，明日不出，即有死鹬。'两者不肯相舍，渔者得而并禽③之。今赵且伐燕，燕、赵久相支，以弊大众，臣恐强秦之为渔父也。故愿王之熟计之也。"惠王曰："善。"乃止。

（选自《战国策·燕策二》）

注：① 惠王：即赵惠文王。② 拑：同"钳"，夹住。③ 禽：同"擒"，捉住。

【阅读指南】

本文讲的是鹬蚌相争的故事：鹬与蚌相互钳制，互不相让，却让渔翁从中获利。这个故事告诫人们做事要权衡得失，不要只想着对自己有利的一面，一味地相互钳制往往顾此失彼，让他人钻了空子。做人要学会忍让，否则两败俱伤，只能让第三方得利。

【积累思考】

1. 解释下列加点的词。

（1）赵且伐燕（　　　　）　（2）今日不雨（　　　　）

2. 对文中画线句翻译正确的一项是（　　）

A. 两个动物不肯放弃，渔翁得利把它们一起捉走了。

B. 两个动物不肯相互放弃，渔翁看到并且把它们捉走了。

C. 两个动物不肯放弃，渔翁得到并且把它们捉走了。

D. 两个动物不肯相互放弃，渔翁把它们一起捉走了。

3. 惠王最终认同了苏代的见解，停止伐燕，是因为他明白了____。

【参考译文】

赵国将要攻打燕国。苏代为燕国对惠王说：“今天我来，路过了易水，看见一只河蚌正从水里出来晒太阳，一只鹬飞来啄它的肉，河蚌马上闭拢，夹住了鹬的嘴。鹬说：‘今天不下雨，明天不下雨，就会渴死你。’河蚌也对鹬说：‘今天你的嘴拔不出，明天你的嘴拔不出，就会饿死你。’两个动物不肯互相放弃，结果一个渔翁把它俩一起捉走了。现在赵国将要攻打燕国，燕、赵如果长期相持不下，老百姓就会疲惫不堪，我担心强大的秦国就要成为那不劳而获的渔翁了。所以我希望大王认真考虑出兵之事。”惠王说：“好吧。”于是停止出兵攻打燕国。

4. 纸上谈兵

赵括自少时学兵法，言兵事，以天下莫能当。尝与其父奢言兵事，奢[1]不能难[2]，然不谓善。括母问奢其故，奢曰："兵，死地也，而括易言之。使赵不将括即已，若必将之，破赵军者必括也。"……赵括既代廉颇，悉更约束，易置军吏。……括军败，数十万之众遂降秦，秦悉坑之。

（选自《史记·廉颇蔺相如列传》，有删改）

注：① 奢：即赵奢，赵国大将，赵括之父。② 难（nàn）：驳倒。

【阅读指南】

赵括（？—前 260），战国时期赵国人，赵国名将马服君赵奢之子。赵括熟读兵书，但缺乏战场经验，不懂得灵活应变。蔺相如评价他说："括徒能读其父书传，不知合变也。"长平之战（前 260 年）中，赵孝成王急于求胜，中了秦国的反间计，用赵括代替老将廉颇。赵括一反廉颇的策略，改守为攻，主动全线出击，向秦军发起进攻，最终败于秦。

【积累思考】

1. 解释下列加点的词。

（1）使赵不将括（　　　　　）　（2）悉更约束（　　　　　）

2. 用现代汉语翻译文中画线的句子。

若必将之，破赵军者必括也。

3. “纸上谈兵”现用来比喻____________________。

【参考译文】

赵括从小就学习兵法，谈论兵事，自以为全天下没有谁比得上他。他曾经和父亲赵奢谈论兵事，赵奢都驳不倒他，但也没有夸赞他。赵括的母亲问赵奢原因，赵奢回答：“打仗，关乎生死存亡，然而赵括太轻率地谈论它。如果赵国不任命他当将军也就罢了，如果一定要让他当将军，那么打败赵军的人一定是赵括自己。”……赵括替代了廉颇以后，将军法全部变更了，把军吏也撤换了。……赵括的军队大败，几十万赵军于是投降了秦国，秦国将他们全部活埋了。

5. 疑人窃履

昔楚人有宿于其友之家者，其仆窃友人之履以归，楚人不知也。适使其仆市履于肆。仆私其直[①]而以窃履进，楚人不知也。他日，友人来过[②]，见其履在楚人之足，大骇曰："吾固疑之，果然窃吾履。"遂与之绝。逾年而事暴，友人踵[③]楚人之门，而悔谢曰："吾不能知子，而谬以疑子，吾之罪也，请为以如初。"

（选自《王阳明全集·卷六》）

注：①直：同"值"，钱。②过：探访。③踵：到，走到。

【阅读指南】

这个故事告诉我们，没有真凭实据，不要随便怀疑他人，朋友相处要有基本的信任。我们在生活中，有时也会误解别人，但如果能在了解真相后勇于承认错误，仍是难能可贵的。

【积累思考】

1. 解释下列加点的词。

（1）其仆窃友人之履以归（　　　　）

（2）仆私其直而以窃履进（　　　　）

2. 对文中画线句翻译正确的一项是（　　）

A. 恰好仆人穿着鞋子到集市上的店铺里去买东西。

B. 恰好仆人穿着鞋子到集市上的店铺里去找卖主。

C.（楚人）恰好派遣他的仆人到集市上去买鞋子。

D.（楚人）派遣他的仆人到集市上去把鞋子卖掉。

3. 文中的友人是个什么样的人，为什么？

【参考译文】

从前有个借宿在朋友家的楚国人，他的仆人偷了他朋友的鞋子回来，楚国人不知道。恰好他派遣仆人到集市上去买鞋，仆人私藏了买鞋的钱并把偷来的鞋子给他，楚国人也不知道。有一天，朋友来拜访他，看见自己的鞋子穿在楚国人的脚上，很惊讶地说："我本来就怀疑你（偷了我的鞋），果然是你偷了我的鞋。"于是和他断绝了关系。过了几年，这个仆人的事情暴露，朋友来到这个楚国人的家里，向他道歉说："是我不够了解你，才错误地怀疑你，这是我的过错。请让我们和好如初吧。"

6. 拷打羊皮

人有负盐负薪者，同释重担息树阴。二人将行，争一羊皮，各言藉[①]背之物。惠[②]遣争者出，顾州纲纪[③]曰："此羊皮可拷知主乎？"群下咸无答者。惠令人置羊皮席上，以杖击之，见少盐屑，曰："得其实矣！"使争者视之，负薪者乃伏而就罪。

（选自《北史·李惠传》）

注：①藉（jiè）：垫，衬。②惠：即李惠，北魏太武帝时任雍州刺史。③州纲纪：州府的主簿。

【阅读指南】

李惠（？—478），北魏外戚大臣，献文帝思皇后的父亲，孝文帝元宏的外祖父。门荫入仕，袭封南郡公。历任散骑常侍、侍中、开府仪同三司、秦益雍青四州刺史。明察秋毫，善于断案，政绩突出，进封南郡王。孝文帝即位后，受到冯太后猜忌。太和二年（478年），以图谋叛国罪被赐死。

【积累思考】

1. 解释下列加点的词。

（1）人有负盐负薪者（　　　　）　（2）同释重担（　　　　）

2. 用现代汉语翻译文中画线的句子。

顾州纲纪曰："此羊皮可拷知主乎？"

____

3. 这个故事给了我们哪两点启示?

【参考译文】

有背着盐和背着柴的两个人，同时放下重担，在树阴下休息。一会儿，两人将要走了，争一张羊皮，都说是自己垫肩的东西。李惠让他们出去，回头对州府的主簿说：“拷打这张羊皮能够得知它的主人吗？”下属官吏都不能回答。李惠叫人把羊皮放在坐席上面，用棒子敲打，看见（或发现）有少许盐末，就说：“得到实情了！”再让争吵的双方进来看，背柴的人于是伏在地上认罪。

7. 越人患鼠

越西有独居男子，结生茨以为庐，力耕以为食。久之，菽、粟、盐、酪，具无仰于人。

尝患鼠，昼则累累然行，夜则鸣啮至旦。男子积憾之。一旦被酒归，始就枕，鼠百故恼之，目不得瞑。男子怒，持火四焚之。鼠死，庐亦毁。

<u>次日酒解，伥伥无所归。</u>

（选自《龙门子凝道记·尉迟枢》）

【阅读指南】

这是一则寓言。寓言是用比喻性的故事来寄托意味深长的道理，给人以启示的文学体裁，字数不多，言简意赅。这则寓言通过越人用火烧老鼠，却将自己的房屋也毁掉的故事，提醒人们遇事一定要冷静分析，想个周全的办法去解决，不要因小失大。若凭一时的冲动蛮干，只会得不偿失。

【积累思考】

1. 解释下列加点的词。

（1）力耕以为食（　　　　）　（2）具无仰于人（　　　　）

2. 对文中画线句翻译正确的一项是（　　）

A. 第二天酒喝完了，惆怅万分，不知怎样回家。

B. 第二天喝酒解忧，满怀愁绪，不知何去何从。

C. 第二天酒意虽解，仍恍恍惚惚，找不到回家的路。

D. 第二天酒醒了之后，无家可归，茫茫然不知所措。

3. 在这则寓言中，越人冲动行事的表现为“________”(用原文回答)，而最后他的感受是________________(用自己的话回答)。

【参考译文】

越地有个独居的男子，编扎茅草做成房屋，努力耕作得到食物。时间长了，豆类、粟米、盐和奶酪，都不需要靠别人。

曾经老鼠成患，白天成群结队地行动，夜晚就磨牙和吱吱地叫，直到早晨。那男子一直为这事烦恼。有一天喝醉了酒回家，刚刚睡到枕头上，老鼠百般地令他恼火，无法合眼。那男子（终于）发怒了，拿火四处烧老鼠。老鼠死了，房屋也毁了。

第二天酒醒了之后，无家可归，茫然不知所措。

8. 三人越谷

今有三人焉，一人勇，一人勇怯半，一人怯。有与之临乎渊谷者，且告之曰："能跳而越，此谓之勇，不然为怯。"彼勇者耻怯，必跳而越焉，其勇怯半者与怯者则不能也。又告之曰："跳而越者与千金，不然则否。"彼勇怯半者奔利，必跳而越焉，其怯者犹未能也。须臾，顾见猛虎暴然向逼，则怯者不待告，跳而越之如康庄矣。然则人岂有勇怯哉，要在以势驱之耳。

（选自《经史百家杂钞 · 谏论二首》）

【阅读指南】

本文作者苏洵（1009—1066），字明允，眉州眉山（今属四川）人，北宋文学家，与其子苏轼、苏辙并以文学著称于世，世称"三苏"，均被列入"唐宋八大家"。苏洵擅长散文，尤其擅长政论，议论明畅，笔势雄健，著有《嘉祐集》二十卷及《谥法》三卷。

【积累思考】

1. 解释下列加点的词。

（1）有与之临乎渊谷者（　　　　）　（2）顾见猛虎（　　　　）

2. 对文中画线句翻译正确的一项是（　　）

A. 那个勇敢的人认为怯懦可耻，一定会跳并且超过它的。

B. 那个勇敢的人感到羞怯可耻，一定会跳起跨越过去。

C. 那个勇敢的人感到羞耻胆怯，一定会跳并且超过它的。

D. 那个勇敢的人认为怯懦可耻，一定会跳起跨越过去。

3. 作者用三人越谷的故事阐明的观点是____。（用自己的话回答）

【参考译文】

现在有三个人：一个勇敢，一个一半勇敢一半怯懦，还有一个怯懦。有人同他们一道走到深谷边，并且告诉他们说："能够跳起跨越这深谷的，就是勇者，不能跨越的就是懦夫。"那个勇敢的人认为怯懦可耻，一定会跳起跨越过去；那一半勇敢一半怯懦的人和怯懦的人就不能。那个人又告诉他们说："能够跳起跨越过去的人，给他千两银子，不能跳起跨越过去就不给。"那个一半勇敢一半怯懦的人追逐金钱利益，也一定能跳起跨越过去；那个怯懦的人还是不能过去。一会儿，他回头看见一只凶猛的老虎凶狠地向他逼来，这个怯懦的人不等别人告诉他就立即跳起，像走宽阔平坦大道一样地跨过了深谷。既然这样，那么人难道有勇敢、怯懦的区分吗？关键在于用形势来驱使他罢了。

9. 郑人逃暑[①]

郑人有逃暑于孤林[②]之下者，日流影移，而徙衽[③]以从阴。及至暮，反席于树下。及月流影移，复徙衽以从阴，而患露之濡[④]于身。其阴逾去，而其身逾湿。是巧于用昼而拙于用夕矣。

（选自《太平御览·人事部》）

注：① 逃暑：避暑，乘凉。② 孤林：独立的一棵树。③ 衽（rèn）：卧席。④ 濡（rú）：沾湿。

【阅读指南】

《太平御览》是宋代李昉、李穆、徐铉等奉敕编纂的类书。全书以天、地、人、事、物为序，分五十五部，共一千卷。书中引用古书一千多种，保存了大量宋代以前的文献资料，其中十之七八已经亡佚，更使此书显得珍贵。

【积累思考】

1. 解释下列加点的词。

（1）徙衽以从阴（　　　　）　（2）其阴逾去（　　　　）

2. 用现代汉语翻译文中画线的句子。

是巧于用昼而拙于用夕矣。

____

3. 这则寓言告诉人们的道理是______________________________

______________________________。

【参考译文】

郑国有个人在一棵独立的树下乘凉，太阳在空中移动，树的影子也在地上移动，他也随着树的影子挪动自己的卧席。到了黄昏，他又把卧席放到大树底下。等到月亮在空中移动，树的影子也在地上移动，他又随着树影挪动自己的卧席，却苦于露水沾湿了全身。树影越移越远，他的身上也越沾越湿。这个方法在白天使用很巧妙，但晚上用就相当笨拙了。

10. 田子方教育子击

子击出，遭田子方于道，下车伏谒①。子方不为礼②。子击怒，谓子方曰："富贵者骄人乎？贫贱者骄人乎？"子方曰："亦贫贱者骄人耳！富贵者安敢骄人！国君而③骄人，则失其国；大夫而骄人，则失其家④。失其国者未闻有以国待之者也，失其家者未闻有以家待之者也。夫士贫贱者，言不用，行不合，则纳履而去耳，安往而不得贫贱哉！"子击乃谢之。

（选自《资治通鉴·周纪一》）

注：① 伏谒（yè）：行礼拜见。谒，拜见，请见。② 为礼：还礼。③ 而：连词，表假设，如果。④ 家：大夫的封地。

【阅读指南】

1.《资治通鉴》是北宋司马光编撰的一部编年体通史，共二百九十四卷。以时间为纲、事件为目，从周威烈王二十三年（前403年）写起，到后周世宗显德六年（959年）征淮南停笔，涵盖十六朝一千三百二十六年的历史。此书是中国第一部编年体通史，在中国官修史书中占有极重要的地位。

2. 田子方，名无择，字子方，战国时期魏国人，是孔子弟子子贡的学生，以道德学问闻名于诸侯，魏文侯慕名聘他为师，执礼甚恭。

3. 子击，魏文侯的长子，国君的继承人。

【积累思考】

1. 解释下列加点的词。

（1）富贵者骄人乎（　　　　）　（2）纳履而去耳（　　　　）

2. 用现代汉语翻译文中画线的句子。

安往而不得贫贱哉！

____

3. 田子方教导子击的治国之道是：____________________

____________________。（用自己的话简洁回答）

【参考译文】

（魏国太子）子击出行，在路上遇见老师田子方，下车行礼拜见。田子方（却）不还礼。子击很生气，对田子方说：“是富贵的人能对人自高自大，还是贫贱的人能对人自高自大呢？”田子方说：“只能是贫贱的人能对人自高自大，富贵的人怎么敢对人自高自大呢！国君如果对人自高自大，那么就要失去他的国家；大夫如果对人自高自大，就将失去他的封地。失去他的国家的人，没有听说有人用国君的规格对待他的；失去他的封地的人，也没有听说有人用大夫的规格对待他的。贫贱的游士，言语不中听，行为不融洽，就穿上鞋子离去罢了，到哪里去不能成为贫贱的人呢！”子击于是向田子方道歉。

11. 晏子为齐相

晏子为齐相，出，其御[1]之妻从门间而窥。其夫为相御，拥大盖，策驷马，意气扬扬，甚自得也。既而归，其妻请去。夫问其故。妻曰："晏子长不满六尺，身相[2]齐国，名显诸侯。今者妾观其出，志念[3]深矣，常有以自下[4]者。今子长八尺，乃为人仆御。然子之意，自以为足。妾是以求去也。"其后，夫自损抑[5]。晏子怪而问之，御以实对。晏子荐以为大夫。

（选自《史记·管晏列传》，有删改）

注：①御：马夫。②相：担任国相。③志念：心意，思想。④自下：谦虚。⑤损抑：谦恭，退让。

【阅读指南】

晏婴（？—前500），字平仲，史称"晏子"，春秋时期齐国政治家、思想家、外交家。他是齐国上大夫晏弱之子，历任齐灵公、齐庄公、齐景公三朝大夫，辅政长达五十余年。他以有政治远见、外交才能和作风朴素闻名于诸侯，聪颖机智，能言善辩。对内他辅助国政，屡谏齐国君主；对外他既有灵活性，又坚持原则，出使不受辱，捍卫了齐国的国格和国威。其思想和轶事典故多见于《晏子春秋》。

【积累思考】

1. 解释下列加点的词。

（1）夫问其故（　　　　　）　（2）名显诸侯（　　　　　）

2. 用现代汉语翻译文中画线的句子。

然子之意，自以为足。

____

3. 结合本文，用自己的话说说晏子选用人才的标准是：__________

____。

【参考译文】

晏子担任齐国国相时，有一天出去，他车夫的妻子从门缝里偷看。她丈夫替国相驾车，坐在伞下，用鞭子鞭打车前的四匹马，趾高气扬，十分得意。车夫回来后，他妻子要求和离。车夫问她是什么原因。妻子说："晏子身高不满六尺，身为齐国国相，名声闻于各国。今天我看他出门，志向和考虑都很深远，常常还以为自己不如别人。眼下你身高八尺，做人家的车夫，然而（看）你的意思，却自认为这样就足够了，我因此要求和离。"从此之后，她丈夫处处收敛，谦卑多了。晏子觉得奇怪，就问他怎么回事，车夫据实相告，晏子就推荐他做大夫。

12. 李遥买杖

随州大洪山人李遥，杀人亡命。逾年，至秭归，因出市，见鬻①柱杖者，等闲②以数十钱市之。是时，秭归适又有邑民为人所杀，求贼甚急。民之子见遥所操杖，识之，曰："此吾父杖也。"遂以告官司。执遥验之，果邑民之杖也。榜掠备至③。遥实买杖，而鬻杖者已不见，卒未有以自明。有司诘其行止来历，势不可隐，乃递随州，而大洪杀人之罪遂败④。卒不知鬻杖者何人。市人千万而遥适值之，因缘及⑤其隐匿，此亦事之可怪者。

（选自《梦溪笔谈·卷二十一》）

注：①鬻：卖。②等闲：轻易，随意。③榜掠备至：一切拷打手段都用尽了。榜，古代刑法之一，杖击或鞭打。掠，拷打。备，完备，尽。④败：破案。⑤缘及：牵连到。

【阅读指南】

1.《梦溪笔谈》由北宋科学家、政治家沈括（1031—1095）所撰，是一部涉及古代自然科学、工艺技术及社会历史现象的综合性笔记体著作。此书在国际上亦受重视，被英国科学史家李约瑟誉为"中国科学史上的里程碑"。

2."州"与"郡"是中国古代常见的两种地方行政组织，前者出于州县制，后者出于郡县制。以本文来说，它记的是宋朝的事，宋朝实行州县制，全国分数州，一州下有数县，州相当于今天的省。秦朝、汉朝实行郡县制，全国分数郡，一郡分数县。

【积累思考】

1. 文中有两个“市”：(1)“出市”及“市人”中的“市”，它的词性是________，意为________；(2)“以数十钱市之”中的“市”，它的词性是________，意为________。

2. 用现代汉语翻译文中画线的句子。

是时，秭归适又有邑民为人所杀。

____

3. 本文告诉我们的一个道理是：________________________。

【参考译文】

随州大洪山镇有个叫李遥的人，他杀了人后就逃亡外地。过了一年，李遥来到秭归县城，正路过集市，看见有卖拐杖的人，就随意地用几十枚铜钱把拐杖买了下来。在这个时候，秭归城中恰好又有乡民被人杀害，官府正急于抓捕凶手。被害人的儿子看见李遥手拿的拐杖，认出了它，说道：“这是我父亲的拐杖。”就把他告到了官府。衙役们抓住李遥，经验证，果然是被害人的拐杖。一切严刑拷打的手段都用尽了。李遥仍称自己只是买拐杖之人，但是那个卖拐杖的人已经找不到了，最终也没有办法证明自己。有司又责问李遥的来历，李遥知道无法隐瞒（就说出自己的真实住址）。秭归县衙与随州地方官府取得联系后（得知此人就是大洪山杀人潜逃的嫌犯），于是大洪山杀人案告破。最终不知道那个卖拐杖的人是谁。集市上的人有千千万万，而李遥恰巧遇到卖拐杖的人，于是牵连到他的过去，导致隐情败露，这一件事也真的是奇怪啊。

13. 长者子得沉香木

昔有长者子①，入海取沉水②。积有年载，方得一车，持来归家。诣市卖之，以其贵故，卒无买者。经历多日，不能得售。心生疲厌，以为苦恼。见人卖炭，时得速售，便生念言："不如烧之作炭，可得速售。"即烧为炭，诣市卖之，不得半车炭之价直③。

（选自《百喻经·卷第二》）

注：①长者子：年长有声望之人的儿子。②沉水：即沉香木。③直：通"值"。

【阅读指南】

《百喻经》，全称《百句譬喻经》，由古印度僧伽斯那撰，南朝齐求那毗地译。《百喻经》称"百喻"，就是指有一百篇譬喻故事，但现存的譬喻故事只有九十八篇。之所以称之为"百"，有两种说法：一是就整数而言；二是加上卷首引言和卷尾偈颂，共为百则。《百喻经》是一部佛教通俗说教的文学作品，结构形式单一，每篇都采用两步式，第一步是讲故事，是引子，第二步是比喻，阐述一个佛学义理。

【积累思考】

1. 解释下列加点的词。

（1）方得一车（　　　　）　（2）不如烧之作炭（　　　　）

2. 用现代汉语翻译文中画线的句子。

诣市卖之，以其贵故，卒无买者。

3. 你从文中得到什么启示?

【参考译文】

从前，有一位年长有声望的人的儿子。他到海中打捞沉香这种木料。过了一年，才打捞了一车，并把它运回家。(他)把沉香木拿到集市上去卖，因为价钱太贵的缘故，一直没有买的人。过了许多天，他都没能卖出去，感到疲劳厌烦，十分苦恼。他看到卖木炭的人都很快地将木炭卖了出去，便想:“不如把沉香烧成木炭，这样就可以很快卖出去了。”于是就把沉香木烧成木炭，运到市场上卖掉，只卖了不到半车炭的价钱。

14. 伯乐相马

人有卖骏马者，比①三旦②立于市，人莫之知。往见伯乐曰："臣有骏马，欲卖之，比三旦立于市，人莫与言，愿子还③而视之，去而顾之。臣请献一朝④之费。"伯乐乃还而视之，去而顾之，一旦而马价十倍。

（选自《战国策·燕策二》）

注：①比：接连。②三旦：三天。③还：环绕。④朝：早晨，也指一天。

【阅读指南】

《战国策》，又称《国策》，为西汉刘向编订的国别体史书。原作者不明，一般认为非一人之作，成书推断也并非一时。书中资料大部分出于战国时期，包括策士的著作和史料的记载。刘向编订时，删去了其中明显荒诞不经的内容，按照国别重新编排体例，定名为《战国策》。

【积累思考】

1. 解释下列加点的词。

（1）人莫之知（　　　　）　（2）人莫与言（　　　　）

2. 用现代汉语翻译文中画线的句子。

伯乐乃还而视之，去而顾之，一旦而马价十倍。

____

3. 文中"马价十倍"的原因是什么？这说明了什么？

____

【参考译文】

有个人要卖骏马，接连三天站在马市上，却没有人知道他的马是骏马。这个人找到相马的伯乐说："我有匹骏马要卖掉，接连三天站在马市上，没有人来问过。希望您去围着我的马转个圈儿看看它，临走的时候再回过头来看它一眼，我愿意奉送给您一天的花费。"伯乐于是就过去围着那匹马转圈儿看了看，临走的时候又回头看了它一眼。才一天，这匹马的价钱暴涨了十倍。

15. 朝三暮四

宋有狙公①者，爱狙，养之成群。能解狙之意，狙亦得公之心。损其家口，充狙之欲。俄而②匮焉，将限其食，恐众狙之不驯③于己也，先诳之曰："与若芧，朝三而暮四，足乎？"众狙皆起怒。俄而曰："与若芧，朝四而暮三，足乎？"众狙皆伏而喜。

（选自《列子·黄帝》）

注：①狙（jū）公：养猴子的老人。②俄而：一会儿，不久。③驯（xùn）：驯服，顺从，听从。

【阅读指南】

列子（约前450—前375），名御寇，又名寇，字云，战国前期道学家、思想家、哲学家、文学家、教育家，先秦天下十豪之一。列子是介于老子与庄子之间道家学派承前启后的重要人物，是老子与庄子之外的又一位道家学派代表人物。其学归同于老、庄，主张清静无为，又多与佛经相参合。创立了先秦哲学学派中的贵虚学派（列子学），对后世哲学、美学、文学、科技、养生、乐曲、宗教影响深远。东汉班固《汉书·艺文志》"道家"部分录有《列子》八卷，早佚。现存的《列子》八卷，从思想内容和语言使用上看，大约为后人根据古代资料编著。全书共载民间故事、寓言、神话传说等一百三十四则，题材广泛，有些颇富教育意义。

【积累思考】

1. 解释下列加点的词。

（1）狙亦得公之心（　　　）（2）损其家口（　　　）

2. 用现代汉语翻译文中画线的句子。

与若芧，朝三而暮四，足乎？

---

3. 你从狙“朝三暮四”而怒、“朝四暮三”而喜中得到什么启示？

【参考译文】

宋国有一个养猴子的老头，很喜欢猴子。他家养了一大群猴子。他能理解猴子的意思，猴子也懂得他的心意。他宁可减少全家的食物，也要满足猴子的需要。然而过了不久，家里越来越穷困了。狙公打算限制猴子食物的数量，但又怕猴子不顺从自己。狙公就先欺骗猴子说：“给你们橡子，早上三个、晚上四个，够了吗？”猴子一听都站了起来，十分恼怒。过了一会儿，他又说：“给你们橡子，早上四个、晚上三个，这该够吃了吧？”猴子一听都趴在地上，非常高兴。

16. 副使失物

李士衡①为馆职，使高丽②，一武人为副。高丽礼币赠遗之物，士衡皆不关意，一切委于副使。时船底疏漏，副使者以士衡所得缣帛藉船底，然后实己物以避漏湿。至海中，遇大风，船欲倾覆，舟人大恐，请尽弃所载，不尔船重必难免。副使仓惶悉取船中之物投之海中，更不暇拣择。约投及半，风息船定。既而点检所投，皆副使之物，士衡所得在船底，一无所失。

（选自《梦溪笔谈·卷九》）

注：①李士衡：北宋人，当时在昭文馆为官。②高丽：古国名。

【阅读指南】

馆职，用来统称唐宋于昭文馆（唐代又称弘文馆）、史馆、集贤院等处担任修撰、编校等工作的官职。《古今小说》："次日，张说入朝，见帝谢罪，因力荐浩然之才，可充馆职。"副使，官名，指派往外国的正使或公使的副手。《史记·司马相如列传》："副使，王然于、壶充国、吕越人，驰四乘之传，因巴蜀吏币物以赂西夷。"也可以指节度使或三司使等的副职。《旧唐书·职官志三》："节度使一人，副使一人。"

【积累思考】

1. 解释下列加点的词。

（1）李士衡为馆职，使高丽（　　　　）

（2）副使者以士衡所得缣帛藉船底（　　　　）

2. 用现代汉语翻译文中画线的句子。

既而点检所投，皆副使之物。

____

3. 短文讽刺了副使______________________________

______________________________。

【参考译文】

李士衡在昭文馆任职时，出使高丽，一名武官做他的副使。高丽赠送的礼品财物，李士衡都不关注和在意，一切都委托给副使去处理。当时，船底破漏，这个副使把李士衡所得的细绢及其他丝织品垫在船底，这样以后才把自己所得的东西放在上边，以避免漏落或浸湿。航行到海当中时，遇到了大风，船将要倾覆，船工们非常恐慌，请求把所装载的东西全丢弃到海里去，不这样，船太重必定难以免祸。副使在匆忙慌张间，把船里的东西全部投到海里去，更没有时间去挑选。大约投到一半的时候，风停了，船也安定了。过了一会，点数、检查所投的物品，都是这个副使的东西。而李士衡所得的东西，由于在船底，一件也没有损失。

17. 荀巨伯探友人疾

荀巨伯①远看友人疾，值胡贼攻郡，友人语巨伯曰："吾今死矣，子可去。"巨伯曰："远来相视②，子令吾去，败义以求生，岂荀巨伯所行邪？"贼既至，谓巨伯曰："大军至，一郡尽空，汝何男子，而敢独止？"巨伯曰："友人有疾，不忍委③之，宁以我身代友人命。"贼相谓曰："我辈无义之人，而入有义之国。"遂班军④而还。一郡并获全。

（选自《世说新语·德行》）

注：①荀巨伯：东汉许州人。②相视：探望你。③委：弃，丢下。④班军：回师，撤军。

【阅读指南】

《世说新语》是南朝宋文学家刘义庆撰写（一说刘义庆组织门客编写）的文言志人小说集，是魏晋轶事小说的集大成之作，是魏晋南北朝时期"笔记小说"的代表作。其内容主要是记载东汉后期至魏晋年间一些名士的言行与轶事。

【积累思考】

1. 解释下列加点的词。

（1）值胡贼攻郡（　　　　）　（2）一郡并获全（　　　　）

2. 用现代汉语翻译文中画线的句子。

败义以求生，岂荀巨伯所行邪？

____

3. 对荀巨伯的“义”理解最正确的一项是（　　）

A. 讲诚信

B. 重情义

C. 有勇气

D. 忠国家

【参考译文】

荀巨伯到远方看望生病的朋友，正好遇上胡人来攻城。朋友对荀巨伯说：“我如今是快死的人了，你赶快离开吧！”荀巨伯说：“我远道而来看望你，你却要我离开，败坏道义来求生，怎么是我荀巨伯的行为呢？”等到贼兵来了，问荀巨伯：“大军一到，全城的人都逃走了，你是什么人，竟敢独自停留在这里？”荀巨伯回答说：“朋友有疾病，我不忍心抛下他，宁愿用我的性命来换取朋友的生命！”贼兵（听了）相互说道：“我们这些无义的人，却攻入这个讲道义的地方！”于是调动整个军队回去了，全城因而得以保全。

18. 一行尊法

初，一行①幼时家贫，邻有王姥，前后济之约数十万。一行常思报之。及开元②中，一行承玄宗敬遇，言无不可。未几，会王姥儿犯杀人，狱未具，姥诣一行求救。一行曰："姥要金帛，当十倍酬也；君上执法，难以请求，如何？"王姥戟手③大骂曰："何用识此僧！"一行从而谢之，终不顾。

（选自《太平广记·卷第九十二》）

注：①一行：唐代僧人，中国古代天文学家。②开元：唐玄宗年号。③戟手：以食指和中指指斥人。

【阅读指南】

1.《太平广记》是中国古代文言纪实小说的第一部总集。全书五百卷，目录十卷，是以取材于汉代至宋初的纪实故事为主的杂著，属于类书。宋代李昉、扈蒙、李穆、徐铉等人奉宋太宗之命编纂，始于太平兴国二年（977年），次年完成。许多已失传的书，仅在此书内存有佚文，有些六朝志怪小说、唐代传奇作品，全赖此书得以流传。

2. 一行和尚首创唐代新历《大衍历》，一直沿用达八百年之久；制成水运浑天仪、黄道游仪；在世界上首次用科学方法实测地球子午线。一行以其天文历法和数学上的成就深得唐玄宗的信任，也深得民众的信赖。

【积累思考】

1. 解释下列加点的词。

（1）未几，会王姥儿犯杀人（　　　　）（2）狱未具（　　　　）

2. 用现代汉语翻译文中画线的句子。

一行从而谢之，终不顾。

____

3. 一行和尚是个怎样的人？

____

【参考译文】

当初，一行和尚小时候家里贫穷，邻居有个王老太，前前后后大约补助接济了他几十万钱。一行和尚常想报答她。等到开元年间，一行受到唐玄宗的尊重，所说的没有不被应允的。不久，碰上王老太的儿子犯了杀人罪，案子没判决，王老太来见一行，向他求救。一行说：“老太太您如果要金银财物，我该用十倍的数目来报答；皇上执行法纪，很难用人情来求说，怎么办呢？”王老太抬手大骂道：“我认识你这个和尚有什么用！”一行跟着她并向她道歉，最终（王老太）头也不回地离开了。

19. 锡饧不分

明名医戴原礼尝至京，闻一医家术甚高，治病辄效，亲往观之。见其迎求溢户①，酬应不暇。偶一求药者既去，追而告之曰："临煎时加锡一块。"原礼心异之，叩其故。曰："此古方尔。"殊不知古方乃饧②字，饧即今糯米所煎糖也。嗟乎！今之庸医，妄谓熟谙古方，大抵不辨锡、饧类耳！

（选自《冷庐医话补编·宜忌》）

注：①迎求溢户：家里都是迎他就诊和来求医的人。②饧（táng）：同"糖"。

【阅读指南】

1.《冷庐医话》为晚清医家陆以湉所著，成书于1859年。全书共五卷，卷一和卷二论述医范医鉴、保生慎药和诊法、用药等项，以及古今医家、古今医书足资取法者。卷三至卷五系摭拾历来名医对多种病症的治验医案等，间附己意，加以发明，推究原委，详其利弊，言多中肯。陆以湉（约1802—1865），字定圃，浙江桐乡人，医术精工，博览群书，识见超人。

2. 戴原礼（1324—1405），名思恭，以字行，号肃斋，明代医学家。其父戴士尧为名医，原礼幼承父业，继向朱震亨学习医术并得其真传，治疾多获神效，以医术名世。洪武中为明太祖朱元璋治病，药到病除，召为太医院御医，深得器重。永乐初以老乞归，卒于家，享年八十二岁。明成祖亲撰祭文，派人致祭。

【积累思考】

1. 下列句子中“之”的用法不同于其他三项的是（　　）

A. 亲往观之

B. 追而告之

C. 原礼心异之

D. 今之庸医，妄谓熟谙古方

2. 用现代汉语翻译文中画线的句子。

原礼心异之，叩其故。

3. 这个故事讽刺了哪些人？

【参考译文】

明朝的名医戴原礼曾经到京城，他听说有一个医生医术非常高明，治病立即见效，于是亲自去察看情况。看见那些上门求医的人充满了门庭，医生应接不暇。偶然看到一个买药的人已经离开，名医追上去告诉他说：“在煎之前加入一块锡。”戴原礼心里对此感到奇怪，便询问那个医生是什么缘故。医生说：“这只是古代的药方罢了。”他竟然不知道古方说的其实是“饧”字，也就是糯米煎成的糖。唉！当今的平庸的医生胡说自己对古方非常熟悉，大多只是连锡、饧都分不清楚的人罢了！

20. 贾人食言

济阴之贾人①，渡河而亡其舟，栖于浮苴②之上，号焉。有渔者以舟往救之，未至，贾人急号曰："我济阴之巨室也，能救我，予尔百金！"渔者载而升诸陆，则予十金。渔者曰："向许百金，而今予十金，无乃不可乎？"贾人勃然③作色④曰："若，渔者也，一日之获几何？而骤⑤得十金，犹为不足乎？"渔者黯然⑥而退。他日，贾人浮吕梁而下，舟薄⑦于石，又覆，而渔者在焉。人曰："盍救诸？"渔者曰："是许金而不酬者也！"舣⑧而观之，遂没。

（选自《郁离子·卷二》）

注：① 贾人：商人。② 浮苴（jū）：浮在水面的水草。③ 勃然：发怒的样子。④ 作色：改变神色。⑤ 骤：一下子。⑥ 黯然：沮丧的样子。⑦ 薄：碰，撞。⑧ 舣（yǐ）：停船靠岸。

【阅读指南】

《郁离子》是元末明初刘基（字伯温）所作的笔记。郁，有文采的样子；离，八卦之一，代表火；郁离，就是文明的意思，意谓"天下后世若用斯言，必可抵文明之治"。刘基写《郁离子》的时候，是在他四十七至五十岁期间。当时的他经历了元朝官场上的四起四落，正值人生的低谷，不能施展抱负，被夺去兵权后，弃官归隐，发愤而著《郁离子》。书成不久，他出山离家，成为朱元璋的亲信谋士，协助朱元璋建立了统一的明王朝。《郁离子》不仅集中反映了作为政治家的刘伯温治国安民的主张，也反映了他的人才观、哲学思想、经济思想、文学成就、道德为人以及渊博学识。

【积累思考】

1.“兼词”是文言文中一类特殊的词，这类词兼有互相结合的两个字的意义和用法，文中的“诸”和“盍”就属于这类词：“渔者载而升诸陆”中的“诸”相当于________；“盍救诸”中的“诸”相当于________，“盍”相当于________。

2. 用现代汉语翻译文中画线的句子。

向许百金，而今予十金，无乃不可乎？

____

3. 这个故事告诉我们一个什么道理？

____

【参考译文】

济阴有个商人，渡河的时候沉了船，趴在浮草上大声呼救。一名渔夫驾着小舟去救他，不等船划到跟前，商人就急忙大喊：“我是济阴的大户，（如果）你能救我，我送给你一百两银子！”渔夫用船把他载到岸上后，他却只给了渔夫十两银子。渔夫问他：“你先前许诺给我一百两银子，可是现在只给十两，恐怕不合理吧？”商人马上变了脸，生气地说：“你是个打鱼的，一天能有多少收入？现在一下子得了十两银子，还不满足吗？”渔夫很不高兴地走开了。过了些日子，这个商人坐船沿着吕梁河东下，船撞在礁石上又沉了，而那名渔夫刚好在他沉船的地方。有人问渔夫：“你怎么不去救他呢？”渔夫回答说：“这是那个答应给我百两银子却又说话不算话的人。”于是，渔夫把船停在岸边，那个商人最终沉没在河水之中。

21. 楚庄王欲伐越

楚庄王欲伐越，庄子谏曰："王之伐越，何也？"曰："政乱兵弱。"庄子曰："臣患智之如目也，能见百步之外而不能自见其睫。王之兵自败于秦、晋，丧地数百里，此兵之弱也；庄蹻[1]为盗于境内，而吏不能禁，此政之乱也。王之弱乱，非越之下也，而欲伐越，此智之如目也。"王乃止。故知之难，不在见人，在自见。故曰："自见之谓明。"

（选自《韩非子·喻老》）

注：① 庄蹻：战国时期楚国人，曾在楚怀王时起兵反楚，导致楚国分裂。

【阅读指南】

1. 楚庄王（？—前 591），熊氏，名旅（一作侣、吕），楚穆王之子，春秋时期楚国国君，公元前 613—前 591 年在位，春秋五霸之一。为了争当霸主，楚晋之间进行了长期的战争，双方互有胜负。楚国在楚庄王十七年（前 597 年）的邲之战中大获全胜。楚国声威大震，国势日强，而晋国在中小国中威信下降，失去了支配它们的能力。不久，楚庄王灭萧国，又连续三年攻伐宋国，迫使宋国求和。楚庄王饮马黄河，问鼎中原，实现了自己称霸的愿望。

2. 庄子（约前 369—前 286），名周，战国时期思想家、哲学家、文学家，道家学派代表人物，与老子并称"老庄"。

【积累思考】

1. 解释下列加点的词。

（1）楚庄王欲伐越（　　　　）　（2）政乱兵弱（　　　　）

2. 用现代汉语翻译文中画线的句子。

臣患智之如目也，能见百步之外而不能自见其睫。

---

3. 从这个故事引申出的成语有哪些？

【参考译文】

楚庄王想攻打越国，庄子劝谏道："大王为什么要攻打越国呢？"楚庄王说："因为（越国）政事混乱，军队软弱。"庄子说："我担忧智慧就像眼睛一样，能看到百步之外，却看不到自己的睫毛。大王的军队被秦、晋两军打败后，丧失土地数百里，这说明楚国军队软弱；庄蹻在境内作乱，但是官吏不能禁止，这说明楚国政事混乱。可见楚国在兵弱政乱方面，并不在越国之下。您却要攻打越国，这样的智慧就如同眼睛（看不见睫毛）一样。"楚庄王便打消了攻打越国的念头。因此认识事物的困难，不在于能否看清别人，而在于能否看清自己。所以说："认识自己才叫作明智。"

22. 师旷撞晋平公

晋平公①与群臣饮，饮酣，乃喟然②叹曰："莫乐为人君③！惟其言而莫之违。"师旷④侍坐于前，援琴撞之。公被⑤衽⑥而避，琴坏于壁。公曰："太师谁撞？"师旷曰："今者有小人言于侧者，故撞之。"公曰："寡人也。"师旷曰："哑⑦！是非君人者之言也。"左右请除之。公曰："释之，以为寡人戒。"

（选自《韩非子·难一》）

注：①晋平公：姬姓，名彪，晋悼公之子，春秋时期晋国国君。②喟然：叹息的样子。③莫乐为人君：没有比做君主更快乐的了。④师旷：字子野，春秋后期晋国宫廷中的盲乐师。⑤被：通"披"，披着。⑥衽：衣襟，长袍。⑦哑：表示不以为然的惊叹声。

【阅读指南】

《韩非子》的作者为韩非（约前280—前233），又称韩非子，战国末期韩国思想家，韩王室诸公子之一。韩非多次向韩王上书进谏，希望韩王励精图治，都未被采纳。因此他发愤著书，阐述其法治思想。后来，韩非受到秦王嬴政重视，受邀出使秦国。然而韩非在秦国却未被重用，后被李斯离间而下狱。韩非死后，其法家思想被秦王嬴政所重用，奉为秦国治国经要。

【积累思考】

1. 解释下列加点的词。

（1）援琴撞之（　　　　　）　（2）左右请除之（　　　　　）

2. 用现代汉语翻译文中画线的句子。

释之，以为寡人戒。

---

3. 请用简洁的语言分析师旷的性格特征。

【参考译文】

晋平公和臣子们在一起喝酒。酒喝得正高兴时，就感叹说："没有比做君主更快乐的了！只有他的话没有谁敢违背！"师旷正在旁边陪坐，(听了这话)便拿起琴朝他撞去。晋平公(连忙)撩起衣襟躲让，琴在墙壁上撞坏了。晋平公说："乐师，您撞谁呀?"师旷(故意)答道："刚才有个小人在旁边胡说八道，因此我要撞他。"晋平公说："说话的是我呀。"师旷说："哎！这不是为人君主应该说的话啊！"左右臣子都要求惩办他。晋平公说："放了他吧，我要把这件事当作对我的一个警告。"

23. 移木立信

孝公[1]既用卫鞅[2]，鞅欲变法，恐天下议己。……令既具，未布，恐民之不信，已乃立三丈之木于国都市南门，募民有能徙置北门者予十金。民怪之，莫敢徙。复曰："能徙者予五十金。"有一人徙之，辄予五十金，以明不欺。卒下令。

（选自《史记·商君列传》）

注：① 孝公：即秦孝公，战国时期秦国国君。② 卫鞅：战国时期政治家、改革家、思想家，法家代表人物，卫国人，后因在河西之战中立功获封商于之地十五邑，号为"商君"，故也被称为"商鞅"。

【阅读指南】

《史记》是西汉史学家司马迁撰写的纪传体通史，从传说中的黄帝开始，一直写到汉武帝元狩元年，叙述了中国三千年左右的历史。全书有本纪十二篇、表十篇、书八篇、世家三十篇、列传七十篇，共一百三十篇。

【积累思考】

1. 解释下列加点的词。

（1）令既具（　　　　）　（2）民怪之（　　　　）

2. 用现代汉语翻译文中画线的句子。

募民有能徙置北门者予十金。

____

3. 下列词语最能表达“移木立信”中“信”的内涵的一项是（　　）

A. 信誉至上

B. 信守诺言

C. 取信于民

D. 笃信不移

【参考译文】

孝公已经任命了商鞅，商鞅想要实施变法图强的政策，担心天下人对自己产生非议。……法令已经完备，但没有公布，（商鞅）怕百姓不信任，于是在国都市场南门立下一根三丈长的木杆，招募百姓中有能够搬运（木杆）放到北门的，就赏赐十锭黄金。百姓对此感到奇怪，没有人敢去搬（木杆）。（商鞅）就又宣布说：“有能够搬过去的就赏赐五十锭黄金。”有一个人把木杆搬到了北门，（商鞅）立即赏给他五十锭黄金，来表明没有欺骗。（商鞅）终于颁布了（变法的）法令。

24. 惠子渡河

梁相死，惠子①欲之梁②，渡河而遽③堕水中，船人救之。船人曰："子欲何之而遽也？"曰："梁无相，吾欲往相之。"船人曰："子居船楫之间而困④，无我则子死矣，子何能相梁乎？"惠子曰："子居船楫之间，则吾不如子；至于安国家，全社稷，子之比我，蒙蒙如未视之狗耳。"

（选自《说苑·杂言》）

注：①惠子：即惠施，庄子的朋友，宋国人，战国时期政治家、辩客和哲学家，是名家的代表人物。②梁：魏国都城大梁，此处指魏国。③遽（jù）：突然。④困：遇到困难，被困住。

【阅读指南】

《说苑》为西汉刘向所著，是一部富有文学意味的重要文献。刘向（前77—前6），原名刘更生，字子政，沛郡丰邑（今江苏徐州）人。《说苑》各卷的多数篇目都是独立成篇的小故事，内含哲理深刻的格言警句，叙事意蕴讽喻，故事性颇强，又以对话体为主，情节生动，文字简洁，清新隽永，有较高的文学价值，对魏晋乃至明清的笔记小说也有一定的影响。本文中惠子与船工的一问一答就十分生动传神，人物形象跃然纸上。

【积累思考】

1. 解释下列加点的词。

（1）惠子欲之梁（　　　　）　（2）吾欲往相之（　　　　）

2. 用现代汉语翻译文中画线的句子。

子居船楫之间而困，无我则子死矣。

---

3. 这个故事告诉了我们什么道理？

【参考译文】

梁国的国相死了，惠子想要去梁国（出任这一官职），在过河的时候突然掉到了河里，路过的划船的人把他救起来。划船的人问他：“你要到哪儿去啊？怎么会那么匆忙呢？”惠子说：“梁国没有国相，我想去那里做国相。”划船的人又说：“你待在船上那么小的地方都会被困住，如果没有我的话你就死了，你哪来的本事能做梁国的国相呢？”惠子说：“在水上驾驶着船只纵横穿行我是不如你，但是说到治理国家、保全社稷，你和我比起来，就好像还没有完全睁开眼睛的幼犬罢了。”

25. 和氏之璧

楚人和氏得玉璞①楚山中，奉②而献之厉王。厉王使玉人相③之，玉人曰："石也。"王以和为诳，而刖④其左足。及厉王薨⑤，武王即位，和又奉其璞而献之武王。武王使玉人相之，又曰："石也。"王又以和为诳，而刖其右足。武王薨，文王即位，和乃抱其璞而哭于楚山之下，三日三夜，泣尽而继之以血。王闻之，使人问其故，曰："天下之刖者多矣，子奚哭之悲也？"和曰："吾非悲刖也，悲夫宝玉而题之以石，贞士而名之以诳，此吾所以悲也。"王乃使玉人理⑥其璞而得宝焉，遂命曰"和氏之璧"。

（选自《韩非子·和氏》）

注：① 璞：指未雕琢过的玉石，或指包藏着玉的石头。② 奉：双手敬捧。③ 相：鉴别，察看。④ 刖（yuè）：砍掉脚。⑤ 薨（hōng）：周代诸侯死称作"薨"。⑥ 理：雕琢、加工玉石。

【阅读指南】

和氏璧是中国古代一块著名的璞玉石，相传为楚国人卞和所发现。璧为古代礼器玉中六器（璧、琮、圭、璋、璜、琥）之一，是祭祀天地四方之神的礼器。和氏璧面世后，成为楚国的国宝。

【积累思考】

1. 解释下列加点的词。

（1）及厉王薨（　　　　）　（2）此吾所以悲也（　　　　）

2. 用现代汉语翻译文中画线的句子。

悲夫宝玉而题之以石，贞士而名之以诳。

3. 为什么将这块玉命名为“和氏之璧”？

【参考译文】

楚国人卞和，在楚山中得到了美丽的玉石，便捧着它，把它献给厉王。厉王让雕琢玉器的人鉴别它，雕琢玉器的人说：“这是石头。”厉王认为卞和在说谎，就下令砍去了他的左脚。等到厉王死去了，武王即位，卞和又捧着把玉石献给武王。武王让雕琢玉器的人鉴别它，雕琢玉器的人又说：“这是石头。”武王又认为卞和在说谎，又下令砍去了他的右脚。武王死去了，文王即位，卞和抱着他的玉石在楚山下哭，三天三夜，眼泪流尽后接着流下来的是血。文王听到后，派人问他原因，说：“天下受到刖刑的人很多，你为什么哭得这么伤心？”卞和说：“我不是因为受到刖刑而伤心，我是因为宝玉被当作石头、忠贞的人被当作说谎的人而悲伤，这（才）是我悲伤的原因。”文王于是派雕琢玉器的人雕琢他的玉石，果然得到宝玉，于是把它命名为“和氏之璧”。

26. 汲黯为官

河内失火，延烧千余家，上使黯往视之。还报曰："家人[①]失火，屋比延烧，不足忧也。臣过河南，河南贫人伤水旱万余家，或父子相食，臣谨以便宜[②]，持节发河南仓粟以振贫民。臣请归节，伏矫制[③]之罪。"上贤而释之。以数切谏，不得久留内，迁为东海太守。好清静，择丞史而任之。其治，责大指而已，不苛小。岁余，东海大治。

（选自《史记·汲郑列传》，有删改）

注：① 家人：此处指百姓。② 便宜：因利乘便，见机行事。③ 矫制：指假托天子之命行事。

【阅读指南】

汲黯（？—前112），西汉名臣，字长孺，濮阳（今河南濮阳）人。汉景帝时任太子洗马；汉武帝时，初为谒者，后来出京做官，为东海太守，有政绩，被召为主爵都尉，列于九卿。汲黯为人耿直，好直谏廷诤，汉武帝刘彻称其为"社稷之臣"。后因犯小罪被免官，居田园数年，又奉命任淮阳太守，卒于任上。

【积累思考】

1. 解释下列加点的词。

（1）上使黯往视之（　　　　）　（2）上贤而释之（　　　　）

2. 用现代汉语翻译文中画线的句子。

持节发河南仓粟以振贫民。

3. 汲黯是一个怎样的人？

【参考译文】

河内郡失火，火势蔓延烧毁了一千多家民房，武帝派汲黯前去视察。（汲黯）返回报告说："平民百姓不慎失火，因为房屋毗连而蔓延燃烧起来，不值得陛下忧虑。我经过河南郡，见河南郡的贫民遭受洪水、干旱灾害的有一万多家，有的甚至到了父子相食的悲惨境地，我谨借出使的机会，拿着陛下的符节发放了河南官仓里的粮食来救济贫民。（现在）我请求归还符节，甘愿领受假托天子之命行事的惩罚。"武帝认为汲黯贤明，就赦免了他。汲黯因为多次强硬进谏，不能够在朝廷内任职，改任为东海太守。他喜好清静无为，谨慎地选择郡丞和吏官以任用他们。（他的治理）关注大事，不苛求细枝末节。过了一年多，东海郡治理得很好。

27. 宋昭公出亡

宋昭公出亡，至于鄙，喟然叹曰："吾知所以亡矣。吾朝臣千人，发政举事①，无不曰：'吾君圣者。'侍御②数百人，被③服以立，无不曰：'吾君丽者。'内外不闻吾过，是以至此。"由宋君观之，人君之所以离国家失社稷者，谄谀④者众也。故宋昭亡而能悟，卒得反国云。

（选自《新序·杂事五》）

注：① 发政举事：施政做事。② 侍御：侍从妃子。③ 被：穿上。④ 谄谀：谄媚奉承。

【阅读指南】

1.《新序》是西汉学者刘向编撰的一部以讽谏政治为目的的历史故事类编，是现存刘向所编撰的最早的一部作品。此书的思想基础是儒家学说，书中尤其强调统治者必须为人正直，要多听民众意见并留心贤能和有德之士。

2. 宋昭公，名杵臼，宋成公之子，春秋时期宋国国君，公元前619—前611年在位。公元前620年，宋成公去世，其弟御杀宋成公太子与大司马公孙固，自立为君，史称"宋后废公"。后宋国人杀宋后废公，立宋成公少子杵臼为君，是为宋昭公。公元前611年，宋昭公庶弟公子鲍联合其嫡祖母王姬杀害宋昭公，公子鲍于是继位，是为宋文公。

【积累思考】

1. 解释下列加点的词。

（1）至于鄗（　　　　）（2）吾知所以亡矣（　　　　）

2. 用现代汉语翻译文中画线的句子。

故宋昭亡而能悟，卒得反国云。

____

3. 这个故事给我们的启示是什么？

____

【参考译文】

宋昭公亡国后出逃，到了边境，感慨地说道："我知道亡国的原因了。我朝做官的千百人，施政做事，没有一个不说：'我们君王是圣明的人！'侍从妃子几百人，穿好衣服站立，没有一个不说：'我们君王长得美！'朝内朝外都听不到说我的过错，因此到了这个地步。"在宋君看来，做君王的人之所以离开国家、失掉社稷，是因为奉承拍马屁的人太多。所以宋昭公逃出了国家后能够醒悟，最后得以返回国家。

28. 徐庶荐亮

亮躬耕陇亩[①]，好为《梁父吟》[②]。身长八尺，每自比于管仲、乐毅[③]，时人莫之许也。惟博陵崔州平、颍川徐庶元直与亮友善，谓为信然[④]。

时先主屯新野。徐庶见先主，先主器[⑤]之，谓先主曰："诸葛孔明者，卧龙也，将军岂愿见之乎？"先主曰："君与俱来。"庶曰："此人可就见，不可屈致也。将军宜枉驾顾之。"由是先主遂诣[⑥]亮，凡三往，乃见。

（选自《三国志·蜀书五》）

注：①陇亩：田地。②《梁父吟》：古歌曲名，曲调悲凉慷慨。③管仲、乐（yuè）毅：分别是春秋时期齐国和战国时期燕国的名臣。④谓为信然：认为确实是这样。⑤器：器重。⑥诣：到……去。

【阅读指南】

1. 诸葛亮（181—234），字孔明，号卧龙，琅琊阳都（今山东沂南）人，三国时期蜀汉政治家、军事家。早年随叔父诸葛玄到荆州，诸葛玄死后，就在隆中隐居。刘备三顾茅庐，诸葛亮向他提出占据荆州、益州，联合孙权共同对抗曹操的"隆中对"策。刘备根据诸葛亮的策略，成功建立蜀汉政权，与孙权、曹操形成三足鼎立之势。章武元年（221年），刘备称帝，任命诸葛亮为丞相。伐吴失败后，刘备于永安将国托付于诸葛亮。诸葛亮前后五次北伐中原，未能实现兴复汉室的目标，终因积劳成疾，于建兴十二年（234年）病逝于五丈原（今陕西宝鸡岐山境内），终年五十四岁。后主刘禅追谥他为"忠武侯”，后世常以“武侯”尊称。

2. 刘备（161—223），字玄德，涿郡涿县（今河北涿州）人，西汉中山靖王刘胜之后，蜀汉开国皇帝、政治家。史家多称其为“先主”。

【积累思考】

1. 解释下列加点的词。

（1）好为《梁父吟》(　　　　)

（2）将军宜枉驾顾之（　　　　）

2. 对文中画线句翻译正确的一项是（　）

A. 每次把自己比作管仲和乐毅，那时的人们不赞同他。

B. 常常把自己比作管仲和乐毅，当时的人们不赞同他的这个说法。

C. 常常亲自把管仲和乐毅对比，当时的人们不赞成他。

D. 每次亲自把管仲和乐毅对比，那时的人们不赞成他的这个说法。

3. 这个故事给我们的启示是：____。

【参考译文】

诸葛亮亲自在田地中耕种，喜爱吟唱《梁父吟》。他身高八尺，常常把自己比作管仲和乐毅，当时人们都不赞同他的这个说法。只有博陵的崔州平和颍川的徐庶与诸葛亮关系很好，认为确实是这样。

适逢先帝刘备驻扎在新野。徐庶拜见刘备，刘备很器重他，徐庶对刘备说：“诸葛孔明这个人，可如同一条卧着的龙啊，将军是否愿意见他？”刘备说：“你和他一起来吧。”徐庶说：“这个人只能你去他那里拜访，不可以委屈他，召他上门来，将军你应该屈尊亲自去拜访他。”因此先帝就去拜访诸葛亮，总共去了三次，才见到诸葛亮。

29. 曹冲救库吏

太祖马鞍在库，而为鼠所啮。库吏惧必死，议欲面缚首罪①，犹惧不免②。冲谓曰："待三日中，然后自归③。"冲于是以刀穿单衣，如鼠啮者，谬④为失意，貌有愁色。太祖问之，冲对曰："世俗以为鼠啮衣者，其主不吉。今单衣见啮，是以忧戚。"太祖曰："此妄言耳，无所苦也。"俄而库吏以啮鞍闻，太祖笑曰："儿衣在侧，尚啮，况鞍县⑤柱乎？"一无所问。

（选自《三国志·魏书二十》）

注：①面缚首罪：把自己捆绑起来当面向曹操请罪。②免：免于祸。③自归：自首。④谬：假装。⑤县：通"悬"，挂。

【阅读指南】

1.《三国志》是一部纪传体三国史，完整地记叙了自汉末至晋初近百年间中国由分裂走向统一的历史全貌。作者陈寿（233—297），字承祚，西晋史学家，巴西安汉（今四川南充）人。他从小好学，师从谯周，在蜀汉时曾任卫将军主簿、东观秘书郎、观阁令史、散骑黄门侍郎等职。四十八岁开始撰写《三国志》，历经十年完成。

2. 曹操（155—220），字孟德，小字阿瞒，沛国谯县（今安徽亳州）人。三国时期政治家、军事家、诗人。东汉末年权相，太尉曹嵩之子，曹魏政权的奠基者。儿子曹丕代汉称帝后，追尊曹操为太祖武皇帝，将他葬于高陵。

3. 曹冲（196—208），字仓舒，曹操和环夫人之子。从小聪明仁爱，与众不同，深受曹操喜爱。留有"曹冲称象"的典故。曹操几次对群臣夸耀他，有让他继嗣之意。曹冲未成年病逝，年仅十三岁。

【积累思考】

1. 解释下列加点的词。

（1）今单衣见啮（　　　　）　（2）是以忧戚（　　　　）

2. 对文中画线句翻译正确的一项是（　）

A. 我儿子的衣服在旁边被咬了，何必在意挂着的马鞍呢？

B. 我儿子衣服侧面尚且被咬了，何况马鞍是挂在梁柱上的呢？

C. 我儿子的衣服在侧面，和尚用牙咬了，何况马鞍是挂在梁柱上的呢？

D. 我儿子的衣服就在身边，尚且被咬坏，何况马鞍是挂在梁柱上的呢？

3. 从本文来看，曹冲是一个怎样的人？

【参考译文】

曹操的一副马鞍放在府库中，被老鼠咬了个洞。库吏（官名）害怕（曹操怪罪）必死无疑，（和人）商量着想把自己捆绑起来，当面向曹操请罪，还是害怕不能免除（罪责）。曹冲就对他说："等三天，然后自首。"之后，曹冲用刀把衣服戳了个洞，看起来好像是被老鼠咬的，假装失意，一脸愁苦的表情。曹操问他原因，曹冲说："世上俗话说，衣服若是被老鼠咬破，他的主人就会倒霉，如今我的衣服被老鼠咬了一个大洞，因此悲伤。"曹操说："这是胡言乱语，不要为这种事苦恼。"一会儿，府库进来向曹操报告马鞍被老鼠咬坏的事，曹操笑着说："我儿子的衣服在身边，尚且还会被老鼠咬破，何况是挂在柱子上的马鞍呢？"竟不追究此事。

30. 归计决矣

及操自平汉中，欲因讨刘备而不得进，欲守之又难为功，护军不知进止何依。操于是出教，唯曰“鸡肋”而已。外曹莫能晓，修独曰：“夫鸡肋，食之则无所得，弃之则如可惜，公归计决矣。”乃令外白稍严，操于此回师。修之几决，多有此类。

（选自《后汉书·杨震列传》，有删改）

【阅读指南】

1.《后汉书》是南朝宋历史学家范晔编撰的纪传体史书。原书有十纪、八十列传，北宋时期将晋司马彪《续汉书》八志与之相配，成为今本。《后汉书》主要记述了上起汉光武帝建武元年（25 年），下至汉献帝建安二十五年（220 年），共一百九十六年的东汉史事，是研究东汉历史的重要资料。此书大部分沿袭《史记》《汉书》的现成体例，但在成书过程中，范晔根据东汉历史的具体特点，又有所创新和变动。

2. 杨修（175—219）：字德祖，弘农华阴（今陕西华阴东南）人，东汉文学家。杨修出身汉魏名门弘农杨氏，为人恭敬好学，博学多才。建安年间（196—220）被推选为孝廉，不久改任郎中，后改任丞相府曹操的主簿。在曹植与曹丕争夺魏太子的事件中，杨修选择站在曹植的阵营。建安二十四年（219 年）秋天，杨修被曹操以“前后漏泄言教，交关诸侯”的罪名处死。

【积累思考】

1. 解释下列加点的词。

（1）及操自平汉中（　　　）（2）食之则无所得（　　　　）

2. 对文中画线句翻译正确的一项是（　　）

A. 想进一步讨伐刘备，但没有得到前进指令；想守住汉中，又难以奏效。

B. 想进一步讨伐刘备，但不能够前进；想守住汉中，又难以奏效。

C. 想进一步讨伐刘备，但没有得到前进指令；想守住汉朝，又难以奏效。

D. 想进一步讨伐刘备，但不能够前进；想守住汉朝，又难以奏效。

3. 这件小事表现了杨修________但________的个性，表现了曹操________________的个性。

【参考译文】

等到曹操亲自平定了汉中，想要（凭借汉中）讨伐刘备，但是无法进攻，想要防守却又难以奏效，护卫部队不知道依据什么口令前进或止步。曹操于是出来告诉他们，只是说了句“鸡肋”而已。在外面的曹氏军官不知道是什么意思，唯独杨修说：“鸡肋，吃了也吃不着多少东西，扔了又有点可惜，曹大人准备撤军的计略已经定了。”于是就命令外部军队稍微警戒，曹操于此时撤退了。杨修的事迹，大多类似于此。

31. 王羲之性爱鹅

（王羲之）性爱鹅，会稽[①]有孤居姥养一鹅，善鸣，求市未能得，遂携亲友命驾就观。姥闻羲之将至，烹以待之，羲之叹息弥日[②]。又山阴有一道士，养好鹅，羲之往观焉，意甚悦，固求市之。道士云："为写《道德经》[③]当举群相赠耳。"羲之欣然写毕，笼鹅而归，甚以为乐，其任率如此。

（选自《晋书·列传第五十》）

注：①会稽（kuài jī）：古地名，今浙江绍兴。②弥日：整天。弥，充满。③《道德经》：相传为老子的著作。

【阅读指南】

王羲之（303—361），字逸少，琅琊临沂（今属山东）人，东晋书法家，有"书圣"之称，后官拜右军将军，人称"王右军"。其书法师承卫夫人、钟繇。王羲之无真迹传世，著名的《兰亭集序》等帖，皆为后人临摹。

【积累思考】

1. 解释下列加点的词。

（1）求市未能得（　　　　）　（2）固求市之（　　　　）

（3）笼鹅而归（　　　　）

2. 用现代汉语翻译文中画线的句子。

为写《道德经》当举群相赠耳。

____

3. 王羲之爱鹅的具体表现是：

（1）______________________________

（2）______________________________

这表现了他____________的性格，同时也可以从侧面看出他________________________________。

【参考译文】

（王羲之）生性喜爱鹅，会稽有一个独居的老妇人养了一只鹅，擅长鸣叫，王羲之要求买下来却没有得到，就带着亲友驾车前去观看。老妇人听说王羲之即将到来，就把鹅宰了款待他。王羲之（为此）整日叹息。又有山阴的一个道士，喜欢养鹅，王羲之前去观看，心里很是高兴，坚决要求买了这些鹅去。道士说："只要你能替我抄写《道德经》，我一定把整群鹅都送给你。"王羲之高兴地写完，用笼装了鹅带回家，感到非常高兴。他任性率真的性情就是这样。

32. 唐太宗赐绢惩顺德

右骁卫大将军长孙顺德受人馈绢①，事觉，上曰："顺德果能有益国家，朕与之共有府库②耳，何至贪冒③如是乎！"犹惜其有功，不之罪，但于殿庭赐绢数十匹。大理少卿胡演曰："顺德枉法受财，罪不可赦，奈何复赐之绢？"上曰："彼有人性，得绢之辱，甚于受刑；如不知愧，一禽兽耳，杀之何益？"

（选自《资治通鉴·唐纪八》）

注：①馈绢：馈，本义为"以食物赠送"，此处解释为"贿赂"。绢，唐代可作为货币流通。②府库：古代指国家贮藏财物、兵甲的地方。③贪冒：贪婪。

【阅读指南】

1. 长孙顺德（生卒年不详），唐朝开国名将、外戚，文德皇后长孙氏的堂叔，"凌烟阁二十四功臣"之一。隋朝时期，门荫入仕，起家右勋卫。逃避攻打高丽的战役，投靠唐国公李渊。唐朝建立后，拜右骁卫大将军，册封薛国公。武德九年（626年），参加玄武门之变，追杀李建成和李元吉余党。唐太宗即位后深得重用。后因李孝常谋反受到牵连，被免官。

2. 唐太宗（599—649），即李世民，唐朝第二位皇帝，杰出的政治家、战略家、军事家、诗人，开创了中国历史上著名的"贞观之治"。元人戈直认为李世民"然屈己以纳谏，任贤而使能，恭俭而节用，宽厚而爱民，亦三代以下，绝无而仅有者也"。

【积累思考】

1. 解释下列加点的词。

（1）顺德果能有益国家（　　）

（2）但于殿庭赐绢数十匹（　　　　）

2. 用现代汉语翻译文中画线的句子。

犹惜其有功，不之罪。

____

3. 从文中可以看出唐太宗李世民是一个怎样的人？

____

【参考译文】

右骁卫大将军长孙顺德接受他人赠送的丝绢，事情被察觉后，唐太宗说："顺德如果确实是对国家有益的，我愿意和他共同享有官府仓库的财物，他为什么贪婪到这地步呢？"唐太宗仍然怜惜他有功绩，不惩罚他了，只是在大殿中赐给他几十匹丝绢。大理少卿胡演说："顺德违法接受财物，所犯的罪行不可赦免，怎么还赐给他丝绢？"唐太宗说："（如果）他是有人性的，获得丝绢的侮辱，超过了接受刑罚。如果不知道惭愧，就是一只禽兽了，杀了他又有什么益处呢？"

33. 正午牡丹

藏书画者多取空名①，偶传为钟、王、顾、陆②之笔，见者争售③，此所谓“耳鉴④”。又有观画而以手摸之，相传以谓色不隐指⑤者为佳画，此又在“耳鉴”之下，谓之“揣骨听声⑥”。

欧阳公尝得一古画牡丹丛，其下有一猫，未知其精粗。丞相正肃吴公与欧公姻家，一见曰：“此正午牡丹也。何以明之？其花披哆⑦而色燥⑧，此日中时花也。猫眼黑睛如线，此正午猫眼也。有带露花则房敛⑨而色泽⑩。猫眼早暮则睛圆，日渐中狭长，正午则如一线耳。”此亦善求古人笔意也。

（选自《梦溪笔谈·卷十七》）

注：①空名：指有其名而无其实的“虚名”。②钟：钟繇，三国时期魏国书法家。王：王羲之，东晋书法家。顾：顾恺之，东晋画家。陆：陆探微，南朝画家。③争售：指争相购买。④耳鉴：鉴赏事物，用耳朵来鉴别，即只闻其名而不察其实。⑤色不隐指：画卷着色均匀，手指摸上去没有高低不平的感觉。隐指，也称“隐手”，为宋人俗语，指物体表面看似平整，或看不清的物体本以为是平整的，用手去摸却有高低不平的感觉，犹今言“硌手”。⑥揣骨听声：原指封建时代“相法”的一种，不看人的相貌，只凭摸骨骼、听声音，就能判断人的贵贱吉凶。⑦披哆：完全张开、开放。⑧色燥：色彩不滋润。⑨房敛：花冠缩敛未开放。⑩色泽：色彩润泽。

【阅读指南】

《梦溪笔谈》中记述书画的条目有近三十条。作者沈括在书画收藏与鉴赏方面也是行家。他撰写过《图画歌》，用歌诗的方式，对两晋、唐五代至宋代的五十多位名画家的作品及风格进行品评，语言精练、视角独到，得到了书画家米芾等人的高度评价。

【积累思考】

1. 解释下列加点的词。

（1）此所谓“耳鉴”(　　　　)　（2）猫眼早暮则睛圆(　　　　)

2. 用现代汉语翻译文中画线的句子。

此正午牡丹也。何以明之？

____

3. 这个故事告诉我们一个什么道理？

____

【参考译文】

收藏书画作品的人，往往只注重书画家的名声，偶然传闻某幅作品是钟繇、王羲之、顾恺之、陆探微的手笔，见到者就争相购买。这就叫作“耳鉴”。又有观画而用手去摩挲的，相传以所谓画布不硌手指的为佳画，这又在“耳鉴”之下，被称为“揣骨听声”。

欧阳修曾经得到一幅牡丹丛古画，牡丹丛下方画有一只猫，欧阳修不知道这幅画的好坏优劣。丞相吴育跟欧阳修是亲家，一见到这幅画就说：“这画的是正午时分的牡丹。凭什么知道的呢？花朵完全开放、花瓣散开，而且花的色泽显得干燥，这是正午时的花。猫眼睛里黑瞳仁像条线，这是正午时的猫眼。假如是（早上）带露的花，那就应该花冠收拢、色泽鲜亮。猫的瞳孔早上和傍晚是圆的，时间越接近中午就越狭长，到正午时分就细得像一条线了。”这就是善于研究、揣摩古人作画的笔意。

34. 富人之子

齐有富人，家累①千金。其二子甚愚，其父又不教之。一日，艾子谓其父曰："君之子虽美，而不通世务，他日曷②能克③其家？"父怒曰："吾之子敏，而且恃多能，岂有不通世务耶？"艾子曰："不须试之他，但问君之子所食者米从何来，若知之，吾当妄言④之罪。"父遂呼其子问之，其子嘻然笑曰："吾岂不知此也，每以布囊取来。"其父愀然而改容⑤曰："子之愚甚也！彼米不是田中来？"艾子曰："非其父不生其子。"

（选自《艾子杂说·第二十六则》）

注：①累：积攒，拥有。②曷：何，怎么。③克：胜任。④妄言：乱说，造谣。⑤愀然而改容：神色变得严肃。

【阅读指南】

1.《艾子杂说》，小说集，相传为宋代苏轼所撰。全书共三十八则。虚拟艾子与战国诸君臣往来的故事，都属"借古讽今"之作。

2. 苏轼（1037—1101），字子瞻，号东坡居士，眉州眉山人，北宋文学家、书画家。一生仕途坎坷，学识渊博，天资极高，诗文书画皆精。其文汪洋恣肆、明白畅达，与欧阳修并称"欧苏"，为"唐宋八大家"之一；诗清新豪健，善用夸张、比喻，艺术表现独具风格，与黄庭坚并称"苏黄"；词开豪放一派，对后世有巨大影响，与辛弃疾并称"苏辛"；书法擅长行书、楷书，能自创新意，用笔丰腴跌宕，有天真烂漫之趣，与黄庭坚、米芾、蔡襄并称"宋四家"；画学文同，论画主张神似，提倡"士人画"。著有《东坡七集》《东坡乐府》等。

【积累思考】

1. 解释下列加点的词。

（1）若知之（　　　　）　（2）吾当妄言之罪（　　　　）

2. 用现代汉语翻译文中画线的句子。

子之愚甚也！彼米不是田中来？

____

3. 这个故事讽刺了现实中的哪些家长？

____

【参考译文】

齐国有个富人，家里积攒了很多钱，但是他的两个儿子很笨，父亲又不教他们。一天，艾子对富人说：“您的儿子虽然很好，但不了解世间的各种事务，日后怎么能够持家呢？”富人大怒道：“我的儿子聪明，并且具有各种本领，怎么会不了解世间的各种事务呢？”艾子说：“不需要用其他事情测试他们，只要问你的儿子们，吃的米是从哪里来的，如果知道，我承担造谣的罪名。”富人于是就叫来他的儿子们问这件事，儿子笑嘻嘻地说：“我怎么会不知道呢？米是从布袋里取来的。”富人神情变得严肃，说：“儿子（你）太笨了，那米（难道）不是从田中来的吗？”艾子说：“不是这样的父亲也养不出这样的儿子。”

35. 朱文公受骗

朱文公[①]有足疾，尝有道人为施针熨[②]之术，旋[③]觉轻安。公大喜，厚谢之，且赠以诗云："几载相扶藉瘦筇[④]，一针还觉有奇功。出门放杖儿童笑，不是从前勃窣[⑤]翁。"道人得诗径去。未数日，足疾大作，甚于未针时。亟令人寻逐道人，已莫知其所往矣。公叹息曰："某非欲罪之，但欲追索其诗，恐其持此误他人尔。"

（选自《鹤林玉露·乙编卷五》）

注：① 朱文公：即朱熹。② 熨（wèi）：中医外治法之一，用药物热敷。③ 旋：一会儿。④ 筇（qióng）：指杖。⑤ 勃窣（sū）：匍匐而行。

【阅读指南】

1.《鹤林玉露》是宋代罗大经创作的一部文言轶事小说，分甲、乙、丙三编，共十八卷。书中半数以上内容评述前代及宋代诗文，记述宋代文人轶事。

2. 朱熹（1130—1200），字元晦，又字仲晦，号晦庵，晚称晦翁，南宋儒学大师，谥"文"，故称"朱文公"。朱熹是"二程"（程颢、程颐）的三传弟子李侗的学生，与二程合称"程朱学派"。朱熹是理学集大成者，闽学代表人物，被后世尊称为"朱子"。他的理学思想影响很大，成为元、明、清三朝的官方哲学。

【积累思考】

1. 解释下列加点的词。

（1）尝有道人为施针熨之术（　　　　　）

（2）道人得诗径去（　　　　）

2. 对文中画线句翻译正确的一项是（　　）

A. 某人不想得罪他，但是想要追回他的诗。

B. 某人不想惩处他，只是想要追回他的诗。

C. 我不是想要得罪他，但是想要追回那首诗。

D. 我不是想要惩处他，只是想要追回那首诗。

3. 从朱文公受骗后的表现来看，他是个________________的人。

【参考译文】

朱熹患有脚病，曾经有个道士给他用针灸、热敷的方法治疗，一会儿便觉得轻松安适。朱熹非常高兴，重重地酬谢了道士，并且送他一首诗说："几载相扶藉瘦筇，一针还觉有奇功。出门放杖儿童笑，不是从前勃窣翁。"道士拿到诗后就直接离开了。没过几天，朱熹脚病发作得非常厉害，比没有针灸时更严重。朱熹急忙让人寻找道士，（但这时）已经不知道他到什么地方去了。朱熹叹气说："我不是想惩处他，只想追回那首诗，担心他拿着这首诗去骗其他人罢了。"

36. 郑人学为盖

郑之鄙人学为盖①，三年艺成而大旱，盖无所用，乃弃而为桔槔②。又三年艺成而大雨，桔槔无所用，则又还为盖焉。未几而盗起，民尽改戎服，鲜有用盖者。欲学为兵，则老矣。

粤有善农者，凿田以种稻，三年皆伤于涝。人谓之宜泄水以树③黍，弗对，而仍④其旧。其年乃大旱，连三岁，计其获，则偿所歉而赢焉。故曰：“‘旱斯具舟，热斯具裘’，天下之名言也。”

（选自《郁离子·卷四》）

注：① 盖：雨具。② 桔槔：亦作“桔皋”，井上汲水的工具。③ 树：种植。④ 仍：依照。

【阅读指南】

《郁离子》的作者为刘基（1311—1375），字伯温，浙江青田南田乡（今属温州文成）人，元末明初杰出的军事家、政治家、文学家，明朝开国元勋。刘基通经史、晓天文、精兵法，以神机妙算、运筹帷幄著称于世。他辅佐朱元璋完成帝业、开创明朝并尽力保持国家的安定，因而驰名天下，被后人比作诸葛武侯。在文学史上，刘基与宋濂、高启并称“明初诗文三大家”。

【积累思考】

1. 解释下列加点的词。

（1）凿田以种稻（　　　　）　（2）欲学为兵（　　　　）

2. 用现代汉语翻译文中画线的句子。

连三岁，计其获，则偿所歉而赢焉。

---

3. 对本文主旨理解恰当的一项是（　　）

A. 做事应有远见，否则将穷于应付。

B. 失败不应怨天尤人，应及时反思。

C. 学无止境，人应该活到老学到老。

D. 命运无常，个人总是无能为力的。

【参考译文】

郑国一个边远地带的人学制作雨具，三年后学会了，但碰上大旱，他做的雨具没有用处。他就放弃制作雨具，改学制作桔槔，三年后学会了，却又碰上大雨，他做的桔槔又没有用处了。于是他又回头重做雨具。不久盗贼兴起，人们都穿军装（军装能挡雨），很少有使用雨具的人。他又想学制作兵器，可他已经老了。

粤国有一个善于务农的人，垦荒造田来种植稻谷，但是三年都遇上水灾。有人对他说应排水后改种黍米，他不听从，仍然干他原来的活。过了一年竟然是干旱，连续三年。他算了一下收成，不仅补偿了以前的歉收，而且还有盈余。因此说："'天旱要准备船只，天热要准备裘皮衣'，真是世间的名言啊。"

37. 客套误事

于啴子与友连床[①]围炉而坐。其友据[②]案[③]阅书而裳[④]曳[⑤]于火，甚炽[⑥]。于啴子从容起向友前拱立，作礼而致词曰："适有一事欲以奉告，念君天性躁急，恐激君怒；欲不以告，则与人非忠。敢请，唯[⑦]君宽假[⑧]，能忘其怒，而后敢言。"友人曰："君有何陈？当谨[⑨]奉教[⑩]。"于啴子复谦让如初，至再，至三，乃始逡巡[⑪]言曰："时火燃君裳也。"友起视之，则毁甚矣。友作色曰："奈何不急以告，而迂缓如是！"于啴子曰："人谓君性急，今果然耶！"

（选自《贤奕编·应谐录》）

注：①床：古代指一种坐榻。②据：靠着。③案：矮桌。④裳：古代专指下身穿的衣服。⑤曳：拖。⑥炽：火烧得很旺。⑦唯：希望。⑧宽假：宽容大度。⑨谨：谨慎小心。⑩奉教：恭敬地听从教导。⑪逡（qūn）巡：有顾虑而欲进不进、犹疑迟缓的样子。

【阅读指南】

1.《贤奕编》是明代刘元卿所撰的文言小说集，共分六十六类。《应谐录》是其中的第十五类，内容为诙谐故事，均短篇，每篇数十字至数百字。个别篇章对世道人心颇有针砭意义。

2. 本文主要通过人物的动作、语言描写来展现人物形象。于啴子发现朋友的下衣下摆着火时，"从容起向友前拱立，作礼而致词"，可谓礼数周到，但这份"从容"显然与时不合，暗含作者的讽刺。接下来他所用的"奉告""念""恐""敢""唯"等这些词，让人感觉他说话小心谨慎，为人彬彬有礼。下衣烧着了是紧急的事，他却还在顾虑、踯躅，着实令读者也干着急。随后，他还要“复谦让如初，至再，至三，乃始逡巡言曰”，似乎礼数周到，实际则是古板、迂腐至极。“时火燃君裳也”，从一个“时”字可以看出，这件事已经发生了一段时间，已经造成了严重的后果。最终，面对朋友的生气质问，他竟然还说“人谓君性急，今果然耶”，实在是令人哭笑不得。

【积累思考】

1. 解释下列加点的词。

（1）君有何陈（　　　　）　（2）至再（　　　　）

2. 用现代汉语翻译文中画线的句子。

友作色曰：“奈何不急以告，而迂缓如是！”

---

3. 这个故事告诉我们一个什么道理？

【参考译文】

于啴子跟朋友坐在炉子跟前的榻上烤火。朋友靠在矮桌上专心看书，下衣的下摆被火烤着了，火烧得很旺（他也没有发觉）。于啴子慢条斯理地站起身来到朋友跟前抱拳作揖：“适才有一件事情想告诉您，因为您天性急躁，怕您生气；想不告诉您吧，那又对朋友不负责任。请您答应我，希望您宽容大度，绝不发怒，我才敢奉告。”朋友说：“您有什么事情就说，我一定虚心听取您的意见。”于啴子又像刚才那样谦让，又来一次，到第三次，他才不紧不慢地说：“刚才炉火烧着您的下衣了。”朋友起来看，已经烧掉了好大一块。朋友的脸都气白了，说：“为什么不急着告诉我，反而像这样迂腐缓慢！”于啴子说：“人们说你性格急躁，果真如此！”

38. 骂鸭

邑[①]西白家庄居民某，盗邻鸭烹之。至夜，觉肤痒。天明视之，茸生[②]鸭毛，触之则痛。大惧，无术可医。夜梦一人告之曰："汝病乃天罚。须得失者骂，毛乃可落。"而邻翁素雅量，生平失物，未尝征于声色[③]。某诡告翁曰："鸭乃某甲所盗。彼甚畏骂焉，骂之亦可警将来。"翁笑曰："谁有闲气骂恶人。"卒不骂。某益窘，因实告邻翁。翁乃骂，其病良已。

异史氏曰："甚矣，攘[④]者之可惧也：一攘而鸭毛生！甚矣，骂者之宜戒也：一骂而盗罪减！然为善有术，彼邻翁者，是以骂行其慈者也。"

（选自《聊斋志异·卷五》）

注：① 邑：县城。② 茸生：柔密丛生的样子。茸，重重叠叠。③ 征于声色：表现在语言和脸色上。征，这里是表现出来的意思。声色，声音和脸色。④ 攘（rǎng）：偷窃，窃取。

【阅读指南】

1.《聊斋志异》，简称《聊斋》，俗名《鬼狐传》，是清代小说家蒲松龄创作的一部文言短篇小说集。全书共有短篇小说四百九十一篇，取材广泛，内容丰富，艺术成就很高。此书成功地塑造了众多鲜明生动的艺术形象，堪称中国古典文言短篇小说之巅峰。《骂鸭》就是其中精彩的一篇。

2."异史氏曰"的意思是指蒲松龄发表自己的意见。"异史氏"，即蒲松龄在《聊斋志异》中的自称。《聊斋志异》里记有许多怪异的事，不同于正史，故称之为"异史"。"异史氏曰"这种写法其实是对前人的一种模仿，如司马迁在《史记》中写“太史公曰”以发表自己的看法。

【积累思考】

1. 解释下列加点的词。

（1）汝病乃天罚（　　　　）　（2）而邻翁素雅量（　　　　）

（3）骂者之宜戒也（　　　　）

2. 用现代汉语翻译文中画线的句子。

然为善有术，彼邻翁者，是以骂行其慈者也。

---

3. 这个故事给了我们哪些启示？

【参考译文】

县城城西白家庄的某人，偷了邻居的一只鸭子煮着吃了。到夜里，他觉得全身皮肤发痒。天亮后一看，身上长满了一层细细的鸭茸毛，一碰就疼，他非常害怕，可又没有办法医治。夜里，他梦见一个人告诉他说：“你的病是上天对你的惩罚，必须得到失鸭主人的一顿痛骂，这鸭毛才能脱落。”而邻居老翁平素善良，心胸宽阔，丢了东西从来都不去计较或流露出不高兴的样子。偷鸭的人很奸猾，便撒谎告诉老翁说：“鸭子是某某人所偷，他非常害怕别人骂，骂他可以预防他将来再偷鸭子。”老翁笑道：“谁有那么多闲工夫生气，去骂这种品行恶劣的人呢。”终不肯骂。偷鸭的人很难为情，只好把实情告诉了邻居老翁。老翁这才肯骂，那人的病果然痊愈了。

写怪异故事的人说：“太厉害啦，偷盗的人一定很害怕：一偷盗居然浑身长出鸭毛！太厉害啦，骂人的人应该小心啊：一声骂竟然会把盗贼的罪孽减轻！但是，行善的人是有办法的，那邻居老人，是用骂的方法来行善事啊。”

39. 不怕鬼

曹司农①竹虚言，其族兄自歙②往扬州，途经友人家。时盛夏，延坐书屋，甚轩爽。暮欲下榻其中，友人曰："是有魅，夜不可居。"曹强居之。夜半，有物自门隙蠕蠕入，薄如夹纸。入室后，渐开展作人形，乃女子也。曹殊不畏③。忽披发吐舌作缢鬼状。曹笑曰："犹是发，但稍乱；犹是舌，但稍长，亦何足畏？"忽自摘其首置案上。曹又笑曰："有首尚不足畏，况无首也。"鬼技穷，倏然④灭。及归途再宿，夜半，门隙又蠕动，甫露其首，辄唾曰："又此败兴物耶？"竟不入。

（选自《阅微草堂笔记·滦阳消夏录一》）

注：①司农：官职名。②歙（shè）：县名，属安徽省。③殊不畏：一点儿也不害怕。④倏（shū）然：很快地。此处指很快地消失不见了。

【阅读指南】

《阅微草堂笔记》为清朝短篇志怪小说集，于乾隆五十四年（1789年）至嘉庆三年（1798年）间由纪昀（纪晓岚）以笔记形式编写而成，共二十四卷，主要搜辑花妖狐精、鬼怪神异故事以及掌故轶闻。书中描写了各种各样的角色。如本文写曹竹虚的一位族兄，他沉着冷静，一次又一次地挫败了女鬼狰狞多变的脸谱，终于使女鬼黔驴技穷，羞惭而灭迹。本文文体简约、笔法凝练，作者仅通过语言及简单的神态描写"笑""又笑""唾"，就让我们看到了一个正义、坦荡的君子形象。

【积累思考】

1. 解释下列加点的词。

（1）但稍乱（　　　　）（2）鬼技穷（　　　　）

2. 用现代汉语翻译文中画线的句子。

甫露其首，辄唾曰："又此败兴物耶？"

---

3. 这个故事给了我们什么启示？

【参考译文】

司农曹竹虚说，他的族兄从安徽歙县到扬州，途中经过友人家。时值盛夏，友人请他到书屋坐坐，书屋非常宽敞凉爽，他晚上就想在这儿睡觉。友人说："这儿有鬼怪，夜里不可以住。"他坚持要住这里。半夜，有一东西从门缝慢慢进入，薄如纸张。进屋后渐渐展开像人形，是一个女子。他一点儿也不害怕。那鬼怪忽然披散头发吐着舌头作吊死鬼的样子。他笑着说："还是这个头发，只是稍稍乱了些；还是这个舌头，只是稍微长了些。有什么值得害怕的？"鬼怪忽然摘下自己的头放在桌上。他又笑说："有头尚且不值得害怕，何况无头。"鬼怪本领用尽，很快就消失不见了。等到他回来的途中再住这里，半夜，门缝又有声响。鬼怪刚露头，他就唾骂说："又是你这个败坏兴致的东西吗？！"鬼怪竟不进来。

40. 楚人献鱼

楚人有献鱼楚王者曰："今日渔获，食之不尽，卖之不售，弃之又惜，故来献也。"左右曰："鄙哉！辞也。"楚王曰："子不知渔者仁人也。盖闻囷仓①粟有余者，国有饿民；后宫多幽女者，下民多旷夫②；余衍之蓄③，聚于府库者，境内多贫困之民；皆失君人之道。故庖有肥鱼，厩有肥马，民有饿色，是以亡国之君，藏于府库，寡人闻之久矣，未能行也。渔者知之，其以此喻寡人也，且今行之。"

于是乃遣使恤鳏寡④而存孤独⑤，出仓粟，发币帛而振不足，罢去后宫不御者⑥，出以妻鳏夫。楚民欣欣大悦，邻国归之。故渔者一献余鱼，而楚国赖之，可谓仁智矣。

（选自《新序·杂事二》）

注：① 囷（qūn）仓：粮食仓库。圆形的叫囷，方形的叫仓。② 旷夫：成年而无妻的男子。③ 余衍之蓄：有多余的储蓄。④ 鳏寡：老而无妻曰鳏，老而丧夫曰寡。⑤ 孤独：幼而无父曰孤，老而无子曰独。⑥ 不御者：指未曾侍寝君主的宫女。

【阅读指南】

仁政是一种儒家思想，指宽厚待民、施以恩惠有利于争取民心的政治方略，是儒家思想代表人物孟子从孔子的"仁学"继承发展而来的，与"民本""王道""性善论"等同属孟子学说中的政治理想。文中的捕鱼人把"食之不尽，卖之不售，弃之又惜"的鱼献给楚王，这一番话确实说得不怎么漂亮，但楚王非但没有责罚，反而开始思考治国之道。无疑，楚王是贤明的，他有仁心和民本思想，能够从善如流。

【积累思考】

1. 解释下列加点的词。

（1）皆失君人之道（　　　　）

（2）发币帛而振不足（　　　　）

2. 用现代汉语翻译文中画线的句子。

寡人闻之久矣，未能行也。

____

3. 楚人献鱼的目的是：______________________________。

【参考译文】

楚国有人向楚王献鱼，说："我今天捕得的鱼，吃不掉，卖不掉，丢了又很可惜，所以来献给大王。"楚王的侍臣说："这样说对王太不尊敬了！不能接受。"楚王（对侍臣）说："你不知道，渔夫是个有仁德的人啊。听说仓库粮食丰余，国家却有饥饿的人；后宫有很多怨女，民间有很多成年而无妻的男子；王府国库里有多余的储蓄，国内贫民却很多；这都是因为国君不仁道啊。所以厨房有肥鱼，马棚有肥马，百姓却面带饥色，这是因为亡国之君王搜刮财物藏在府库里，我早就听说过这个道理，却不能实行。渔夫知道这个道理，大概是用献鱼这种方式来开导我吧。我要为民做好事。"

于是楚王派遣使臣安抚老弱孤苦的人，从粮仓拿出粮食，从府库取出钱财布帛，用来救济生活困难的人，释放后宫未曾侍寝君主的宫女，让她们嫁给无妻的男子。楚国人民为之欢欣鼓舞，邻国也归附于楚国。所以渔夫献了一次多余的鱼，使楚国因此得到了好处，他可称得上仁慈而明智了。

41. 忠肝义胆

建安五年，曹公①东征，先主②奔袁绍。曹公禽羽③以归，拜为偏将军，礼之甚厚。绍遣大将军颜良攻东郡太守刘延于白马，曹公使张辽及羽为先锋击之。羽望见良麾盖④，策马刺良于万众之中，斩其首还，绍诸将莫能当者，遂解白马围。曹公即表封羽为汉寿亭侯。初，曹公壮⑤羽为人，而察其心神无久留之意，谓张辽曰："卿试以情问之。"既而辽以问羽，羽叹曰："吾极知曹公待我厚，然吾受刘将军厚恩，誓以共死，不可背之。吾终不留，吾要当立效以报曹公乃去。"辽以羽言报曹公，曹公义⑥之。乃羽杀颜良，曹公知其必去，重加赏赐。羽尽封其所赐，拜书告辞，而奔先主于袁军。左右欲追之，曹公曰："彼各为其主，勿追也。"

羽尝为流矢⑦所中，贯其左臂，后创虽愈，每至阴雨，骨常疼痛，医曰："矢镞有毒，毒入于骨，当破臂作创，刮骨去毒，然后此患乃除耳。"羽便伸臂令医劈之。时羽适请诸将饮食相对，臂血流离，盈于盘器，而羽割炙引酒，言笑自若。

（选自《三国志·蜀书六》，有删改）

注：①曹公：即曹操。②先主：指刘备。③羽：即关羽。④麾（huī）盖：旗帜和车盖。⑤壮：推崇，赞许。⑥义：认为……忠义。⑦流矢：乱箭。

【阅读指南】

1.《三国志》由西晋史学家陈寿所著，记载三国时期的断代史，为"前四史"之一。全书共六十五卷，《魏书》三十卷，《蜀书》十五卷，《吴书》二十卷。

2. 关羽（？—220），本字长生，后改字云长，故又称“关云长”，东汉末年名将。刘备起兵时，跟随刘备，忠心不二，深受刘备信任。

【积累思考】

1. 解释下列加点的词。

（1）绍诸将莫能当者（　　　　）　（2）不可背之（　　　　）

2. 用现代汉语翻译文中画线的句子。

羽望见良麾盖，策马刺良于万众之中。

---

3. 根据本文内容，下列对关羽的人物特点概括不正确的一项是（　）

A. 骁勇善战

B. 忠心不二

C. 有恩必报

D. 忍辱负重

【参考译文】

建安五年，曹操东征，刘备投奔袁绍。曹操活捉关羽而回，任命关羽为偏将军，待他非常客气。袁绍派遣大将军颜良到白马攻打东郡太守刘延，曹操让张辽和关羽做先锋迎击颜良。关羽远远望见了颜良的旗帜和车盖，便策马驰入，从千军万马之中刺杀颜良，割下颜良首级回到营中，袁绍的众多将领没有人能够抵挡他，于是解了白马之围。曹操当即上表奏请朝廷封关羽为汉寿亭侯。当初，曹操推崇关羽的为人，而观察关羽的心情神态，察觉他并无久留之意，便对张辽说：“你试着凭你们的交情去问问他。”不久，张辽询问关羽，关羽感叹地说：“我非常清楚曹公待我情义深厚，但是我受刘将军的深恩，发誓与他同生死，不能背弃他。我终将不能留下，我必当立功来报答曹公后才离开。”张辽将关羽的话回报给曹操，曹操认为关羽是义士。等到关羽杀了颜良后，曹操知道他一定会离开，便重重地加以赏赐。关羽将曹操给他的赏赐全部封存，呈书告辞，到袁绍军中投奔刘备去了。曹操左右的人想要追赶关羽，曹操说：“各人都是为了自己的主人，不必追了。”

关羽曾经被乱箭所射中，箭贯穿了他的左臂，后来伤口虽然痊愈，（但是）每到阴雨天，骨头经常疼痛。医生说：“箭头有毒，毒已深入骨髓里，应当剖开手臂处理伤口，刮骨头除去毒素，这个隐患才可以除去。”关羽便伸出手臂，命令医生剖开它。当时关羽正和诸位将领围在一起喝酒吃饭，手臂鲜血淋漓，漫出盛血的盘子，但是关羽却割肉喝酒，谈笑如常。

42. 吕蒙为学

吕蒙入吴，王劝其学。乃博览群籍，以《易》为宗。常在孙策坐酣醉，忽于眠中，诵《易》一部，俄而起惊。众人皆问之。蒙云："向梦见伏羲、文王、周公，与我言论世祚①兴亡之事，日月广明之道，莫不穷精极妙；未该玄②言，政③空诵其文耳。"众坐皆知蒙呓诵文也。

（选自《太平广记·卷第二百七十六》）

注：① 世祚（zuò）：指国运。② 玄：深奥。③ 政：通"正"，只，仅仅。

【阅读指南】

吕蒙（179—220），字子明，东汉末年名将。早年果敢有胆，行事粗鲁，后来发愤读书，识见精博，渐能克己让人，有国士之风。吕蒙发愤勤学的事迹，成为了中国古代将领勤能补拙、笃志力学的代表，与其有关的成语有"士别三日，刮目相待""吴下阿蒙"等。

【积累思考】

1. 解释下列加点的词。

（1）向梦见伏羲、文王、周公（　　　　）

（2）俄而起惊（　　　　）

2. 对文中画线句翻译正确的一项是（　　）

A. 众人坐着都知道吕蒙说梦话背诵《易经》了。

B. 众人坐着都知道吕蒙说胡话朗读《易经》了。

C. 在座的人都知道吕蒙说梦话背诵《易经》了。

D. 在座的人都知道吕蒙说胡话朗读《易经》了。

3. 文中吕蒙好学的具体表现有：①______________________________；②______________________________。

【参考译文】

吕蒙来到吴国，孙权劝他好好研究学问。于是他博览群书，并以《易经》为主，常在孙权身边谈经论道，有时还喝得酩酊大醉。一日，他在睡梦中忽然背诵《易经》一部，一会儿又惊醒。大家都问他怎么回事儿。吕蒙说："我在梦中见到了伏羲、文王和周公。他们跟我谈论国家兴亡之事、天地宇宙之理，观点都十分精辟绝妙。我没有完全理解，只是背诵这篇文章罢了。"在座的人都知道吕蒙说梦话背诵《易经》这件事了。

43. 盗不劫幸秀才酒

幸思顺，金陵老儒也。皇祐中，沽[①]酒江州，人无贤愚，皆喜之。时劫江贼方炽[②]，有一官人舣[③]舟酒垆下，偶与思顺往来相善，思顺以酒十壶饷[④]之。已而被劫于蕲、黄间，群盗饮此酒，惊曰："此幸秀才酒邪？"官人识其意，即绐曰："仆与幸秀才亲旧[⑤]。"贼相顾叹曰："吾侪何为劫幸老所亲哉！"敛所劫还之，且诫曰："见幸慎[⑥]勿言。"

（选自《东坡志林·贼盗》）

注：①沽：卖。②炽：此处指猖獗。③舣（yǐ）：停船靠岸。④饷：赠送。⑤亲旧：沾亲带故。⑥慎：千万，无论如何。

【阅读指南】

1.《东坡志林》为北宋苏轼所著。此书记载了作者自元丰至元符年间二十年的杂说史论，内容广泛，无所不谈。其文长短不拘，或千言，或数语，皆信笔写来，挥洒自如，体现了作者行云流水、涉笔成趣的文学风格。谈天说地，出游交友，入仕致仕，苏轼的洒脱豪放在书中体现得淋漓尽致。

2. 本文是一篇较为典型的琐谈小说，体现了传统小说源于街谈巷议、琐言俚语的特点。小说刻画人物有独到之处。主人公幸秀才是个虚写的人物，通过与他有过交往的人以及作者的主观叙述来呈现，在盗贼还物一事上，这个虚写的人物一下子落到了实处。可笑的是，当官的遇盗竟靠欺哄盗贼、凭借一个平民的声名来保全身家性命，极具讽刺意味。

【积累思考】

1. 解释下列加点的词。

（1）时劫江贼方炽（　　　　）

（2）偶与思顺往来相善（　　　　）

2. 对文中画线句翻译正确的一项是（　　）

A.（官人）就谎称："我和幸秀才沾亲带故。"

B.（官人）就谎称："仆人和幸秀才沾亲带故。"

C.（官人）就坦白说："我和幸秀才沾亲带故。"

D.（官人）就坦白说："仆人和幸秀才沾亲带故。"

3. 官人被劫后，群盗的言行证明了幸思顺的好人缘，也就是前文所写的"＿＿＿＿＿＿＿＿＿＿＿＿＿＿＿＿＿＿＿＿"。

【参考译文】

幸思顺是金陵这个地方一位年老的读书人。皇祐朝的时候，幸思顺在江州卖酒，人们无论贤能、愚笨，都很喜欢他。当时抢劫江上过往船只的河盗很猖獗。有一个当官的人把船停靠在金陵岸边酒坊的边上，偶然与幸思顺结识，互相之间很友好，幸思顺把十壶酒赠送给那个官人。后来官人的船只行驶在蕲州、黄州地界间的时候，被河盗所劫，河盗们打开这些酒喝，非常惊讶地说："这些难道是幸思顺秀才的酒？"官人明白了河盗们的意思，就谎称："我和幸秀才沾亲带故。"河盗们互相看了看，感叹着说："我们怎么能抢幸思顺老先生朋友的东西呢！"于是河盗们收拾好所抢的东西还给那个官人，并且告诫那个官人说："见到幸思顺老人，无论如何都不要说我们抢劫你这件事。"

44. 马诉冤屈

浙西人刘承节，自赣州①税官回赴调，寓家于赣，但与一子一仆乘马而东。至信之贵溪②，午驻逆旅③，逢数贾客，刘曰："吾所资虽不富，胜此物多矣。"出箧发示之，中蓄银可百两，客密窥见。诸人乃盗也。夜久，操杖入刘室，刘本从军，有臂力，挥刃断其一臂，众惧而散走。促子仆起，具食即去。至高冈下，与盗遇，虽与拒斗，而寡不敌众，并子仆死焉。……所乘马踯躅④于道，适主簿⑤出按田，马迎之车前，局⑥足如拜。主簿异之，曰："是必有冤诉。"遣数辈随马行，到冈畔坡陀下，马跑土凝立，满地血点。四尸⑦在穴，肢体尚暖。立督里正访捕，不终朝尽成擒，并坐殊死。

（选自《夷坚志·卷第三》，有删改）

注：①赣州：地名，属江西省。②贵溪：地名，在今江西信州境内。③逆旅：旅店。④踯躅：来回走动。⑤主簿：县令的属官，负责文书印章。⑥局：弯曲。⑦文中省略处提到"适一邮卒过，亦杀之"，故为"四尸"。

【阅读指南】

1.《夷坚志》为宋代志怪小说集，取材繁杂，凡梦幻杂艺、冤对报应、仙鬼神怪、医卜妖巫、忠臣孝子、贪谋诈骗、诗词杂著、风俗习尚等，无不收录。

2. 马是勤劳、善良、忠诚的动物，在古代，马往往和主人同生共死、荣辱与共，它的精神一直被人崇尚。历史上流传着许多关于马的故事，其中比较有名的是赤兔马。据《三国演义》，赤兔马最早为西凉刺史董卓的坐骑，后被董卓用来收买丁原的义子吕布；吕布死后，赤兔马被曹操赏给关羽；关羽被杀后，赤兔马思念旧主，绝食而死。本文中，刘承节的马在故事发展的过程中起到了非常重要的作用。刘承节等人被杀后，“所乘马踯躅于道，适主簿出按田，马迎之车前，局足如拜”。让人不得不感叹这是一匹有灵性的马，感叹它对主人的忠诚。

【积累思考】

1. 解释下列加点的词。

（1）午驻逆旅（　　　　）　（2）并子仆死焉（　　　　）

2. 用现代汉语翻译文中画线的句子。

主簿异之，曰：“是必有冤诉。”

---

3. 这个故事反映了当时怎样的社会现实？

【参考译文】

浙西人刘承节奉命从江西赣州税务官的职任上调回浙江，将家眷仍暂时安置在赣州，只带着一个儿子和一个仆人骑马往东行。到了信州的贵溪，中午在旅店停下车马，遇到几个商人。刘承节说：“我的资产虽然不多，胜在这个东西很多。”把箱子拿出给同行的人看，里面存有百两银子，被客人偷偷看到了。那几个客人都是强盗，这天夜里携带着杖棒到刘承节屋子里。刘承节曾经从过军，臂力很好，挥起刀砍断了其中一个强盗的一条手臂，强盗们害怕就分散逃跑了。刘承节叫儿子和仆人起床，吃点东西就快速离去。然而到了高山下，又遇到了强盗，虽然和他们反抗搏斗，然而寡不敌众，连同儿子、仆人都死了。……（刘承节）所乘的马在道路上来回走动，遇到主簿外出巡视农田，马迎到他车前，弯下脚好像跪拜。主簿对此感到奇怪，说：“这一定是有冤情要诉说。”于是就派了几个人跟着马走，到了高冈旁不平坦的地方，马不停地刨土，不再前进，众人看到满地血迹点点。（主簿命人一挖，）四具尸体倒在地穴里，肢体还有余温。主簿立刻派人追访搜捕，不到一天强盗全被抓住了，判了死罪。

45. 巨蛇偷蛋

吴中某甲以开设鸡鸭蛋行致富，行中积蛋，不知其几万亿也，而月终统计，必少数百枚。其人不甘，早暮伺①之，见有蛇长丈余，身围如碗大，高踞②梁上，而下垂其头以吸蛋。相距尺许，蛋即升而上。既吸十数枚，则环蟠③于柱，力束其身以破蛋，如是而一餐毕矣。明夕又至，亦如之。司事者恍然悟，乃取坚木削为蛋状若干枚，置筐中，而以蛋覆其上。明日蛇至，如前吸取，蛋与木蛋相间而入。吸毕，环柱蟠束如故，而愈束愈紧，尾左右挥掉，若甚不适者。久之，直窜庭中，旋滚不已，自起自落，踊跃倾跌，上下以数尺计，而木蛋终不可化。如是者历三昼夜，乃死。

（选自《清稗类钞·动物类》）

注：①伺：偷偷观察。②踞：盘踞。③环蟠（pán）：环绕。

【阅读指南】

《清稗类钞》由清末民初徐珂编撰。徐珂从清人和近人的文集、笔记、札记、报章、说部中广搜博采，仿清人潘永因《宋稗类钞》的体例，编辑而成此书。全书分九十二类，共一万三千五百余条。书中所涉内容极其广泛，军国大事、典章制度、社会经济、学术文化、名臣硕儒、疾病灾害、盗贼流氓、民情风俗、古迹名胜，几乎无所不有，许多资料可补正史之不足，对研究清代社会历史很有参考价值。

【积累思考】

1. 解释下列加点的词。

（1）相距尺许（　　　　）　（2）力束其身以破蛋（　　　　）

2. 用现代汉语翻译文中画线的句子。

尾左右挥掉，若甚不适者。

---

3. 这个故事告诉我们一个什么道理？

【参考译文】

吴中某甲因开设鸡鸭蛋行致富，行中积攒下的蛋有成千上万枚，可是到了月底数蛋的时候，总会少掉几百枚。主人为此很不甘心，于是早晚都在行中观察，看见一条蛇有几丈长，身子有碗口这么粗，高高地盘踞在房梁上，只把头垂下来吸蛋吃。蛇离蛋还有一尺左右时，蛋就会自己向上升。吸了十几枚后，蛇就盘绕在柱子上，身子用力收束起来把蛋挤破，就这样一顿饭吃完了。第二天晚上它又来这里，用同样的方法吃蛋。主人忽然明白了，于是用坚硬的木头削了几个蛋形的木块，放在筐里，又用蛋盖在上面。第二天蛇来了，又像以前一样吸蛋吃，蛋和木蛋都被它吸到了肚子里。吸完蛋后，它又像以前那样环绕着柱子盘曲身子，只是身子越束越紧，尾巴不停地左右挥动着，像是很不舒服的样子。过了一段时间以后，蛇径直逃窜到庭院中，不停地旋转打滚，自己跳起来又落下去，来回有几尺高，可木头做的蛋是不可能被消化的。像这样过了三天三夜之后，蛇才死去。

46. 虎门节马

节马者，都督陈连升之马也。庚子冬，沙角[①]陷，公父子死之。马为逆夷[②]所获。至香港，群夷饲之不食，近则蹄击，跨则堕摇，逆怒刀斫[③]不从。放置香港山中，草亦不食，向沙滩北面悲鸣。必以手捧之，若置地，则昂首而去，以其地为夷有也。每华人围视，指为陈公马，即泪涔涔下；或呼能带归，亟摇尾随之。然逆终不肯放还，以致饥饿骨立，犹守节不变。道光壬寅[④]四月，马卒于香港。

（选自《节马行》）

注：①沙角：即沙角炮台，建于清嘉庆五年（1800年），是鸦片战争的战场之一，当时的沙角炮台与大角炮台是虎门海口的第一道防线，被誉为“粤海第一重门户”。②逆夷：对外国侵略者的蔑称，此处指当时侵略中国的英军。③斫（zhuó）：大锄，引申为用刀、斧等砍削。④道光壬寅：即道光二十二年（1842年）。

【阅读指南】

1.《节马行》出自节马碑，此碑为清代文物，刊立于清同治元年（1862年），现藏于海战博物馆。节马碑由《节马图》和《节马行》两部分组成。《节马行》由番禺庠子陈明撰稿、顺德进士赖子猷书写。《节马图》由关仲山所画，画工精致，图中战马昂首提蹄，侧目疾视，肋骨突起。

2. 陈连升（1775—1841），又名连陞，湖北鹤峰人，清代爱国将领。1838年被提拔为增城营参将，1839年被林则徐选调，指挥官兵连续六次打退英军的袭击和反扑，后调守沙角炮台；1840年6月亲率战船五艘，围歼进犯的英军；次年1月，英军向大角、沙角炮台发起袭击，陈连升指挥守军同数倍于己的敌军力战，在后援无望、敌军迫近的危急关头，陈连升仍率部激战，拼杀而死。

【积累思考】

1. 解释下列加点的词。

（1）近则蹄击（　　　　）　（2）则昂首而去（　　　　）

2. 对文中画线句翻译正确的一项是（　　）

A. 有人呼唤着马，说能带着它回去，马就急忙摇着尾巴随他回家。

B. 有人呼唤着马，说能带着它归还给主人，马就急忙摇着尾巴追随。

C. 有时马呼叫着，盼望着有人带它回去，马就急忙摇着尾巴追随他。

D. 有人呼唤着马，说能带着它回去，马就急忙摇着尾巴追随着他。

3. “节马者，都督陈连升之马也。”由马见人，人和马的“节”指的是________、________的精神品质。

【参考译文】

有一匹被称作“节马”的马，是都督陈连升的马。庚子年的冬天，沙角沦陷，陈连升父子二人战死。马被英军捕获。马被送到香港，英国人喂它食物，它不吃，有人靠近它，它就用蹄子踢，有人跨上它，它就摇晃着把人摔下来，英军感到很愤怒，就用刀砍它，马也不屈服。英军把马放养到香港的山里，马连草也不吃，对着沙滩北面悲伤地鸣叫。给马喂食的人必须用手捧起食物，如果把食物放在地上，马就昂首离开，因为它认为土地已经是外国人所有的了。每当有中国人围着看马，指着它说是陈都督的马，马立刻就潸然泪下；有人呼唤着马，说能带着它回去，马就急忙摇着尾巴追随他。然而英军始终不允许放马回内地，以至于马一直挨饿、形销骨立，但马仍然坚守着节操，从不改变。道光皇帝在位的壬寅年四月，马在香港死了。

47. 扁鹊见蔡桓公

扁鹊见蔡桓公，立有间，扁鹊曰："君有疾在腠理[①]，不治将恐深。"桓侯曰："寡人无疾。"扁鹊出，桓侯曰："医之好治不病以为功！"居十日，扁鹊复见，曰："君之病在肌肤，不治将益深。"桓侯不应。扁鹊出，桓侯又不悦。居十日，扁鹊复见，曰："君之病在肠胃，不治将益深。"桓侯又不应。扁鹊出，桓侯又不悦。居十日，扁鹊望桓侯而还[②]走。桓侯故[③]使人问之，扁鹊曰："疾在腠理，汤熨[④]之所及也；在肌肤，针石[⑤]之所及也；在肠胃，火齐[⑥]之所及也；在骨髓，司命[⑦]之所属[⑧]，无奈何也。今在骨髓，臣是以无请也。"居五日，桓侯体痛，使人索扁鹊，已逃秦矣。桓侯遂死。

（选自《韩非子·喻老》）

注：①腠（còu）理：皮肤的纹理。②还（xuán）：通"旋"，旋转，掉转。③故：特意。④汤熨（tàng wèi）：用热水敷烫皮肤。汤，同"烫"，用热水焐（wù）。熨，用药物热敷。⑤针石：金属针和石针。指用针刺治病。⑥火齐（jì）：火剂汤，一种清火、治肠胃病的汤药。齐，同"剂"。⑦司命：掌管人生命的神。⑧属：管，掌握。

【阅读指南】

1. 扁鹊（约前407—前310），姓秦，名越人，战国时期医学家。扁鹊善于运用望、闻、问、切，尤其是用脉诊和望诊来诊断疾病，被尊为"医祖"。

2. 蔡桓（huán）公，实指田氏代齐以后的第三位齐国国君田午，为了与春秋时期的齐桓公姜小白区分，史称"田齐桓公"或"齐桓公午”。因当时蔡国已亡，而齐国都上蔡，故说“蔡桓公”。

【积累思考】

1. 解释下列加点的词。

（1）不治将益深（　　　　）　（2）臣是以无请也（　　　　）

2. 用现代汉语翻译文中画线的句子。

居十日，扁鹊望桓侯而还走。

---

3. 对扁鹊逃往秦国的原因分析正确的一项是（　　）

A. 扁鹊虽然医术很高明，但为人胆小怕事。

B. 扁鹊确定蔡桓公得了不治之症，已经无法医治了。

C. 扁鹊看清了当时统治者的残暴，一气之下，一走了之。

D. 扁鹊考虑到蔡桓公病情严重，怕治不好影响自己的名声。

【参考译文】

扁鹊进见蔡桓公，站了一会儿，扁鹊说：“君王，您的病在皮肤的纹理，不医治的话，恐怕要厉害了。”桓侯说：“我没有病。”扁鹊走后，桓侯（毫不在乎地）说：“医生喜欢给没病的人治病，以此当作自己的功劳！”过了十天，扁鹊又去拜见桓侯，（对桓侯）说：“君王，您的病已经到了肌肉里，不医治的话，会更加严重。”桓侯却不回应（他）。扁鹊走后，桓侯又很不高兴。过了十天，扁鹊再去拜见桓侯，（对桓侯）说：“君王，您的病已经到了肠胃中，不医治的话，会更加严重。”桓侯又不回应（他）。扁鹊走后，桓侯又不高兴了。又过了十天，扁鹊观察了一下桓侯后转身就跑了。桓侯特地派人去问他。扁鹊说：“病在皮肤的纹理，烫熨（的力量）还能达到；（病）到了肌肉，针灸（的力量）还能达到；（病）到了肠胃里，火剂汤（的力量）还能达到；（病）到了骨髓里，（那是）司命所管的事，（医药已经）没有办法了。现在（他的病）已经到了骨髓，所以我不再说话了。”过了五天，桓侯浑身疼痛，派人寻找扁鹊，（扁鹊）已经逃到秦国去了。于是桓侯就死了。

二

人物篇

48. 读书佐酒

苏子美豪放不羁，好饮酒。在外舅杜祁公家，每夕读书，以一斗为率①。公深以为疑，使子弟密觇②之。闻子美读《汉书·张良传》，至“良与客狙击秦始皇误中副车③”，遽抚掌曰：“惜乎，击之不中！”遂引满一大白。又读至“良曰始臣起下邳与上会于留，此天以与陛下。”又抚案曰：“君臣相遇，其难如此！”复举一大白。公闻之大笑曰：“有如此下物，一斗不足多也。”

（选自《四友斋丛说·娱老》）

注：① 率（lǜ）：标准。② 觇（chān）：偷看。③ 副车：帝王外出时随从的车。

【阅读指南】

1. 古代度量单位包括容量单位、长度单位、重量单位等。常见的重量单位有石、钧。常见的长度单位有跬、仞、舍和寻。常见的容量单位由小到大有升、斗、斛（石）、钟，通常学者们认为斛和石相通，自秦汉开始这些容量单位之间都是十进制。

2. 苏舜钦（1008—1049），字子美，梓州铜山（今四川中江）人。宋代诗人。景祐元年考中进士，出任蒙山县令，历任大理评事、集贤殿校理、监进奏院等职位。苏舜钦提倡古文运动，善于诗词，与梅尧臣合称“苏梅”。

【积累思考】

1. 解释下列加点的词。

（1）好饮酒（　　　　）　（2）遽抚掌曰（　　　　）

2. 用现代汉语翻译文中画线的句子。

公深以为疑，使子弟密觇之。

---

3. 下列选项中对文章理解最准确的一项是（　　）

A. “读书佐酒”的意思是指边读书边喝酒。

B. 从苏子美的读书习惯中可看出他读书时的全神贯注。

C. 从杜祁公“深以为疑”到“大笑”的变化中可看出他对苏子美饮酒的赞赏。

D. 从苏子美两次为张良“引满一大白”的举动中可看出他对张良的赞美之情。

【参考译文】

苏子美为人豪放不受约束，喜欢饮酒。他在岳父杜祁公家时，每天黄昏的时候读书，以喝完一斗酒为标准。杜祁公对此深感疑惑，就派家中的晚辈去偷偷察看他。听到子美在读《汉书·张良传》，当他读到“张良与刺客偷袭行刺秦始皇，刺客（抛出的大铁锤）只砸在秦始皇的副车上”这一段时，他就拍手说：“真可惜呀！没有打中。”于是喝了满满一杯酒。又读到张良说：“自从我在下邳起义后，与皇上在陈留相遇，这是天将我送给陛下呀。”苏子美又拍桌子说：“君臣相遇，竟如此艰难呀！”又喝下一大杯酒。杜祁公听说后大笑说：“有这样的下酒物，一斗酒不算多啊。”

49. 书谢御史

谢御史者，吾楚湘乡谢芗泉先生也。当乾隆末，宰相和珅用事，权焰张。有宠奴常乘和车以出，人避之莫敢诘。先生为御史，巡城遇之，怒，命卒曳下奴，笞之。奴曰："汝敢笞我？我乘我主车，汝敢笞我！"先生益大怒，痛笞奴，遂焚烧其车，曰："此车岂复堪宰相坐耶？"九衢[①]中，人聚观，欢呼曰："此真好御史矣！"和珅恨之，假他事削其籍以归。先生文章名一时，喜山水，乃遍游江浙，所至，人士争奉筇屐[②]迎。饮酒赋诗，名益高，天下之人皆传称"烧车御史"。和珅诛，复官部郎以卒。

（选自《柈湖文录·卷之二》，有删改）

注：① 九衢（qú）：四通八达的道路。② 筇（qiǒng）：竹杖。屐：登山用的鞋。

【阅读指南】

1. 御史，是中国古代执掌监察的官员的一种泛称。先秦时期，天子、诸侯、大夫、邑宰下属皆置"史"，是负责记录的史官。大约自秦朝开始，御史专门作为监察性质的官职，负责监察朝廷官吏，一直延续到清朝。

2. "……者，……也"是文言判断句常用句式。主语后用"者"，表示提顿，有舒缓语气的作用，谓语后用"也"结句，对主语加以肯定的判断或解说。例如，韩愈《师说》"师者，所以传道受业解惑也"，解释为"老师是传授道理、传授学业、解释疑难的人"。

【积累思考】

1. 下列加点词的用法和意思相同的一组是（　　）

A. 有宠奴常乘和车以出 / 卷石底以处（《小石潭记》）

B. 巡城遇之 / 至之市（《郑人买履》）

C. 遂焚烧其车 / 其真无马耶（《马说》）

D. 乃遍游江浙 / 乃不知有汉（《桃花源记》）

2. 用现代汉语翻译文中画线的句子。

此车岂复堪宰相坐耶？

---

3. 本文主要记叙了什么事？表现了谢御史的什么品格？

【参考译文】

谢御史就是我们湖南湘乡的谢芗泉先生。在乾隆末年，宰相和珅掌权，权势很张狂。有一个得宠的奴仆常常乘坐和珅的车马（来）出门，人们都躲着他，没有人敢质问他。谢芗泉先生担任御史，巡查京城时遇到了他，非常生气，命令士兵将这个奴仆从车上拖了下来，鞭打他。这个奴仆说道："你敢鞭打我！我乘坐我主子的车，你敢鞭打我！"谢先生更加愤怒，将这个奴仆痛打一顿，最后将他坐的车烧掉，说："这辆车怎么再能够让宰相乘坐呢？"大街上，人们围聚在一起观看，欢呼道："这真是好御史啊！"和珅（因此）恨谢御史，借别的事情免去他的官职，让他回乡。芗泉先生的文章闻名一时，他喜好山水，于是游遍江苏、浙江一带。凡是他所到之地，当地士人都争着奉上游山玩水的竹杖和鞋子欢迎他。他饮酒赋诗，名气日益高涨，天下人都称之为"烧车谢御史"。和珅被诛后，芗泉先生恢复官职，位至部郎，在任上去世。

50. 季子赠剑

延陵季子将西聘晋①，带宝剑以过徐君②。徐君观剑，不言而色欲之。延陵季子为有上国之使，未献也，然其心已许之矣。致使于晋，顾反，则徐君死于楚，于是脱剑致之嗣君③。从者止之曰："此吴国之宝，非所以赠也。"延陵季子曰："吾非赠之也，先日吾来，徐君观吾剑，不言而其色欲之，吾为有上国之使，未献也。虽然，吾心许之矣。今死而不进，是欺心也。爱剑伪④心，廉者不为也。"遂脱剑致之嗣君。

（选自《新序·杂事七》）

注：①延陵：春秋吴邑，季札封地，故址在今江苏常州。季子：春秋吴国的公子季札。西聘晋：向西出使晋国。②过徐君：拜访徐国的君主。过，拜访。③嗣君：徐君的儿子，继位为徐国国君。嗣，继承。④伪：欺。

【阅读指南】

季札（生卒年不详），春秋时期吴国人，因受封于延陵一带，又称"延陵季子"。吴王寿梦有四子，长曰诸樊，次曰余祭，再次曰余昧，幼曰季札。史称季札最为贤明，寿梦想要传位给他。但季札恪守周礼的嫡长子继承制度，坚辞不受。诸樊即位，立即欲让国于季札。但是季札用曹宣公儿子子臧大义去国的故事表明心志，拒绝即位。诸樊等人为了让季札能够有机会继承王位，决定实行兄终弟及的继位制度。

【积累思考】

1. 解释下列加点的词。

（1）延陵季子为有上国之使（　　　　）

（2）从者止之曰（　　　　）

2. 对文中画线句翻译正确的一项是（　　）

A. 即使是这样，我心里已经赞同他了。

B. 即使是这样，我心里已经答应给他了。

C. 虽然是这样，我心里已经答应给他了。

D. 虽然是这样，我心里已经赞同他了。

3. 这个故事说明季子是一个________________的人，具体表现在________________。（用自己的话概括）

【参考译文】

延陵季子要到西边去访问晋国，佩带宝剑拜访了徐国国君。徐国国君观赏季子的宝剑，嘴上没有说什么，但脸色透露出想要宝剑的意思。延陵季子因为有出使上国的任务，就没有把宝剑献给徐国国君，但是他心里已经答应给他了。季子在晋国完成了出使任务，返还，可是徐国国君却已经死在楚国。于是，季子解下宝剑送给继位的徐国国君。随从人员阻止他说："这是吴国的宝物，不是用来做赠礼的。"延陵季子说："我不是赠送给他的。前些日子我经过这里，徐国国君观赏我的宝剑，嘴上没有说什么，但是他的脸色透露出想要这把宝剑的意思，我因为有出使上国的任务，就没有献给他。虽然是这样，在我心里已经答应给他了。如今他死了，就不再把宝剑进献给他，这是欺骗我自己的良心。因为爱惜宝剑而违背自己的良心，正直的人是不会这样做的。"于是解下宝剑送给了继位的徐国国君。

51. 孙叔敖戒子

孙叔敖疾，将死，戒其子曰："王数封我矣，吾不受也。为我死，王则封汝，必无受利地。楚、越之间有寝之丘[①]者，此其地不利，而名甚恶。荆[②]人畏鬼，而越人信禨[③]。可长有者，其唯此也。"孙叔敖死，王果以美地封其子，而子辞，请寝之丘，故至今不失。孙叔敖之知[④]，知不以利为利矣。知以人之所恶为己之所喜，此有道者之所以异乎俗也。

（选自《吕氏春秋·异宝》）

注：① 寝之丘：含有陵墓之意。② 荆：楚国的别称。③ 信禨（jī）：迷信鬼神和灾祥。④ 知：通"智"，智慧。

【阅读指南】

孙叔敖（前630—前593），芈姓，名敖，字孙叔，春秋时期楚国令尹。因出色的治水、治国、军事才能，孙叔敖官拜令尹，辅佐楚庄王独霸南方，助其成为春秋五霸之一。后因积劳成疾，孙叔敖病逝他乡。

【积累思考】

1. 解释下列加点的词。

（1）孙叔敖疾（　　　　）　（2）王数封我矣（　　　　）

2. 用现代汉语翻译文中画线的句子。

孙叔敖之知，知不以利为利矣。

____

3. 孙叔敖之子“请寝之丘”为封地，能够“至今不失”的原因是什么？

____

【参考译文】

孙叔敖病重，快要死前，告诫他的儿子说：“楚王多次封赏我，我都没有接受，假如我死了，楚王就会封赏你，一定不要接受肥沃的封地。楚国和越国交界的地方有块叫‘寝’的山地，这地方贫瘠，名声很坏。楚国人敬畏鬼神，而越国人迷信鬼神和灾祥。可以长时间享有的，大概只有这个地方。”孙叔敖死后，楚王果然把肥沃的地方封给他的儿子，但孙叔敖的儿子没有接受，请求楚王封给他叫“寝”的这块山地，所以到今天也没有失掉这块封地。孙叔敖的智慧，在于懂得不把世俗利益看作利益。懂得把别人所厌恶的作为自己所喜欢的，这就是有道的人比普通人高明的地方。

52. 侯叔献治汴堤

熙宁中，濉阳界中发汴堤淤田①，汴水暴至，堤防颇坏陷，将毁，人力不可制。都水丞②侯叔献时莅③其役，相视其上数十里有一古城，急发汴堤注水入古城中，下流遂涸，急使人治堤陷。次日，古城中水盈，汴流复行，而堤陷已完矣。徐塞古城所决，内外之水，平而不流，瞬息可塞。众皆伏其机敏。

（选自《梦溪笔谈·卷十一》）

注：①发汴堤淤田：打开汴河的河堤放水，让河水中的沉积物滋养田地。②都水丞：官名。③莅：治理，管理。

【阅读指南】

古人所采取的抗洪措施，有许多令我们当代人赞赏的地方。古代的抗洪措施主要集中在防洪、抗洪两个方面：（1）防洪。古人预防洪水的主要方法就是修建防洪堤，利用这个堤坝来阻挡洪水对农业与经济的破坏。此外，古人还在洪水到来前的监测与预警方面做出了非常大的努力。（2）抗洪。中国关于抗洪方法的记载最早见于《礼记·月令》：“季春之月……命司空曰：‘时雨将降，下水上腾，循行国邑，周视原野，修利隄防，道达沟渎，开通道路，毋有障塞……’”西周时，人们就知道利用修防洪堤、开凿泄洪通道、分流江河水等方法来减轻洪水带来的灾害。简单地说，中国古代的抗洪措施，主要采用疏浚与封堵这两种方法。

【积累思考】

1. 解释下列加点的词。

（1）古城中水盈（ ）（2）徐塞古城所决（ ）

2. 用现代汉语翻译文中画线的句子。

堤防颇坏陷，将毁，人力不可制。

____

3. 从文中看，侯叔献是一个________、________的人。

【参考译文】

熙宁年间，濉阳地区打开汴河的河堤放水，让河水中的沉积物滋养田地，河水突然暴涨，河堤受到严重损坏，即将垮塌，靠人的力量已经无法控制了。都水丞侯叔献当时亲临现场指挥治水，察看到上游几十里处有一座古城，就下令挖开汴河堤坝放水进古城，于是下游水位就下降了，他迅速派人修复河堤。第二天，古城灌满了水，注水又流向原来的河道，这时河堤已经修好了。然后慢慢地堵塞古城的堤口，此时河堤内外的水位持平，水流不急，所以很快就堵住了。人们都很佩服侯叔献的机智敏捷。

53. 以身居作

(梁鸿)牧豕于上林苑[①]中，曾误遗火，延及它舍。鸿乃寻访烧者，问所去失，悉以豕偿之。其主犹以为少。鸿曰："无它财，愿以身居作[②]。"主人许之。因为执勤[③]，不懈朝夕。邻家耆老[④]见鸿非恒人，乃共责让主人，而称鸿长者。于是始敬异焉，悉还其豕。鸿不受而去，归乡里。

(选自《后汉书·逸民列传》)

注：①上林苑：秦汉时期的皇家园林。②愿以身居作：愿意让自己留下来做事。③执勤：执守做工。④耆老：老人，长者。

【阅读指南】

梁鸿(生卒年不详)，字伯鸾，东汉初年扶风平陵(今陕西咸阳)人。家贫博学，与妻子孟光隐居，为人佣工舂米。每次梁鸿回到家，孟光为他准备食物，都是举案齐眉，以示敬爱。

【积累思考】

1. 解释下列加点的词。

(1)其主犹以为少(　　　　)　(2)鸿不受而去(　　　　)

2. 用现代汉语翻译文中画线的句子。

(梁鸿)牧豕于上林苑中，曾误遗火，延及它舍。

____

3. 作者笔下的梁鸿是一个__________、__________、__________的人。

【参考译文】

梁鸿在上林苑中放牧猪群，曾经不小心留下火种以致起火，殃及他人房屋。梁鸿寻找并拜访被烧到的人家，问其损失的财物，就把猪全都赔偿给了房子的主人。房子的主人还认为得到的补偿很少。梁鸿说："我没有别的财产，愿意让自己留下做事。"房子的主人同意了。因为梁鸿做工勤奋，早晚都不松懈，邻家的老人们见梁鸿不是一般人，于是就一同责备批评房子的主人，并且称赞梁鸿是忠厚的人。从此房子的主人（才）开始敬佩梁鸿，把猪都还给他，梁鸿不接受，离开了，回到了家乡。

54. 宗世林为人

南阳宗世林，魏武[1]同时，而甚薄其为人，不与之交。及魏武作司空[2]，总朝政，从容问宗曰："可以交未？"答曰："松柏之志犹存。"世林既以忤旨见疏[3]，位不配德[4]。文帝兄弟每造[5]其门，皆独拜床下。其见礼如此。

（选自《世说新语·方正》）

注：①魏武：即曹操，史称"魏武帝"。②司空：官名，曹操在汉献帝建安元年（196年）为司空。③疏：疏远，冷落。这里指曹操后来只是在礼节上厚待宗世林，但是压低他的官职。④位不配德：地位和德行不相配。⑤文帝兄弟：指曹操的儿子曹丕、曹植等。造：前往，到。

【阅读指南】

宗世林（生卒年不详），东汉名士，品德高尚、刚正不阿，没有因为曹操权势增大而去巴结他，从而赢得了世人的敬佩。"松柏之志"这个成语就出自这个故事，形容坚定不移的志向。

【积累思考】

1. 下列"见"与"世林既以忤旨见疏"中的"见"意思相同的一项是（　　）

A. 斗折蛇行，明灭可见（《小石谭记》）

B. 此鼠之见闭而不得去者也（《黠鼠赋》）

C. 吾不得而见之矣（《黄生借书说》）

D. 于是入朝见威王（《邹忌讽齐王纳谏》）

2. 用现代汉语翻译文中画线的句子。

而甚薄其为人，不与之交。

---

3. 对本文内容理解正确的一项是（　　）

A. 宗世林不愿和曹操交往，是因为他们都是同时代的人。

B. 曹操做了高官后，央求宗世林和他交往，说明曹操的谦虚大度。

C. 文中曹操与文帝兄弟的行为形成对比，以突出宗世林的为人和德行。

D. 宗世林是一个孤傲、固执和不可一世的人。

【参考译文】

南阳宗世林，与曹操同一时代，但瞧不起曹操的为人，不肯和他交往。等到曹操官至司空，总揽了朝政大权，不慌不忙地问他说："现在我们可以交往了吧？"宗世林拒绝说："我和松柏一样，意志不会改变。"世林因冒犯了曹操被冷落，官位一直不高，与他的德行极不相称。曹丕兄弟每次登门拜访，都跪拜在他坐榻下。他受到的礼遇就是这样。

55. 顾亭林[①]著书

顾亭林居家恒服布衣，附身者无寸缕之丝，当著《音学五书》时，《诗本音》卷二稿再为鼠啮，再为誊录，略无愠色。有劝其翻瓦倒壁一尽其类者，顾曰："鼠啮我稿，实勉我也。不然，好好搁置，焉能五易其稿耶？"

（选自《清稗类钞·雅量类》）

注：① 顾亭林：即顾炎武。

【阅读指南】

顾炎武（1613—1682），本名绛，字宁人，人称"亭林先生"，南直隶昆山（今江苏昆山）人。明末清初杰出的思想家、经学家、史地学家和音韵学家，与王夫之、黄宗羲、唐甄并称为明末清初"四大启蒙思想家"。

【积累思考】

1. 解释下列加点的词。

（1）居家恒服布衣（　　　　）　（2）实勉我也（　　　　）

2. 对文中画线句翻译正确的一项是（　　）

A.（他就）多次抄录，脸上没有一点生气的表情。

B.（他就）抄录了两次，脸上没有一点生气的表情。

C.（他就）多次抄录，脸上没有一点遗憾的表情。

D.（他就）抄录了两次，脸上没有一点遗憾的表情。

3. "鼠啮我稿，实勉我也"表现了顾亭林________________的心态；“五易其稿”则表现了他__________________的态度。

【参考译文】

顾亭林在家时常穿着粗布衣服，周身没有半点丝绸。当时他写《音学五书》时，《诗本音》第二卷屡次被老鼠咬坏，（他就）多次抄录，脸上没有一点生气的表情。有人劝他修整房屋，除去老鼠这类东西，顾亭林说：“老鼠咬我的稿子，其实是勉励我，要不然放得好好的文章，怎么能五次修改呢？”

56. 大树将军冯异

（冯）异为人谦退不伐，行与诸将相逢，辄引车避道。进止皆有表识[①]，军中号为整齐[②]。每所止舍，诸将升坐论功，异常独屏树下，军中号曰“大树将军”。及破邯郸，乃更部分诸将[③]，各有配隶，军中皆言愿属大树将军，光武[④]以此多[⑤]之。

（选自《后汉书·冯岑贾列传》）

注：①表识：标记，标识。②军中号为整齐：在各部队中号称最有纪律的。③更部分诸将：重新安排各个将领的任务。④光武：指汉光武帝刘秀。⑤多：称赞，夸赞。

【阅读指南】

冯异（？—34），字公孙，颍川父城（今河南宝丰东）人，东汉开国名将、军事家，云台二十八将之一。冯异平定赤眉起义军，为协助刘秀建立东汉政权立下赫赫战功。刘秀曾评价冯异：“将军之于国家，义则君臣，恩犹父子。”可谓高度赞扬，青睐有加。

【积累思考】

1. 解释下列加点的词。

（1）及破邯郸（　　　　）

（2）军中皆言愿属大树将军（　　　　）

2. 用现代汉语翻译文中画线的句子。

（冯）异为人谦退不伐。

3.“军中皆言愿属大树将军”的原因是什么？（用自己的话回答）

【参考译文】

冯异为人处世谦虚退让，不自夸。出行与别的将军相遇，就把马车驶开避让。军队进退号令分明，在各部队中号称最有纪律。每到一个地方停下宿营，各位将军坐在一起讨论功劳时，冯异经常独自退避到树下，军队中称他为“大树将军”。等到攻破邯郸，要重新安排各将领任务、分配隶属时，士兵们都说愿意跟随大树将军。光武帝因为这件事而对他赞扬有加。

57. 任末好学

任末年十四，学无常师，负笈①不远险阻。每言："人而不学，则何以成？"或依林木之下，编茅为庵②，削荆为笔，刻树汁为墨。夜则映星望月，暗则缕麻蒿③以自照。观书有合意者，题其衣裳，以记其事。门徒悦其勤学，常以静④衣易之。非圣人之言不视。临终诫曰："夫人好学，虽死若存；不学者虽存，谓之行尸走肉耳。"

（选自《拾遗记 · 后汉》）

注：①笈：书箱。②庵：茅草小屋。③麻蒿：植物名称，点燃后可照明。④静：通"净"。

【阅读指南】

任末（生卒年不详），字叔本，东汉学者、经学家和教育家。他自幼勤奋好学，年轻时与当时的学者景鸾等去都城洛阳游学。他通晓《五经》，对西汉齐人辕固生所传《诗经》特别有研究，在洛阳教授生徒达十余年。其一生事迹感人至深。

【积累思考】

1. 解释下列加点的词。

（1）负笈不远险阻（　　　　）　（2）常以静衣易之（　　　　）

2. 用现代汉语解释文中画线的句子。

夫人好学，虽死若存。

____

3. 本文给我们的启示是：____

____。

【参考译文】

任末十四岁时，求学没有固定的老师。（他）背着书箱（去找老师求学），不怕困难险阻。他常常说："人如果不学习，那么凭什么可以成功呢?"任末有时靠在树下，编白茅为茅草小屋，削荆条制成笔，刻划树汁作为墨水。晚上就在星月的辉映下（读书），遇上没有月亮的黑夜，他便点燃麻蒿来照明。看书有领会的时候，便写在他的衣服上，用来记住这件事。同学们钦佩他的勤学精神，常用洗净的衣服换取他写满字的衣服。不是圣人的话，任末不重视。他临终时告诫别人说："人喜欢学习，即使死了也好像活着；不学习的人，即便是活着，也不过是行尸走肉罢了。"

58. 子奇治阿

子奇年十六，齐君使治阿[①]。既而君悔之，遣使追。追者反，曰："子奇必能治阿。共载皆白首也。"子奇至阿，铸[②]库兵以作耕器。魏闻童子治邑，库无兵，仓无粟，乃起兵击之。阿人父率子，兄率弟，以私兵战，遂败魏师。

（选自《新序·附录》，有删改）

注：① 阿：阿县，故址在今山东境内。② 铸：熔铸。

【阅读指南】

1. 子奇，相传为春秋时期齐国人。十六岁（一说十八岁）治理阿县，阿县大治。后用"子奇"称年少有才华的人。

2. 自古英雄出少年，子奇十六岁治理阿县，大败魏师，中国历史上也有许多这样的少年在军事与政事上大放异彩。汉朝元朔六年（前123年），汉武帝筹划了一场大规模的对匈奴反击战，未满十八岁的霍去病主动请缨，武帝便封他为骠姚校尉随军出征。霍去病凭着一腔血气，骁勇善战，首战即带领八百骑兵斩敌二千余人，匈奴单于的两个叔父，一个毙命，一个被活捉。大喜过望的汉武帝立即封他为"冠军侯"，赞叹他勇冠三军。战国时期的甘罗，自幼聪明过人，入丞相吕不韦门下，担任少庶子。十二岁时，他出使赵国，使用计谋，帮助秦国得到十几座城池。甘罗得到秦王嬴政嘉奖，被封为上卿（相当于丞相）。

【积累思考】

1. 解释下列加点的词。

（1）齐君使治阿（　　　　）　（2）以私兵战（　　　　）

2. 用现代汉语翻译文中画线的句子。

铸库兵以作耕器。

____

3. 追者认为子奇“必能治阿”的原因是：______________________________

______________________________。（用自己的话回答）

【参考译文】

子奇十六岁的时候，齐国的国君派（他）去治理阿县。不久，（齐君）对这事懊悔了，派使者追回（子奇）。使者回来说：“子奇一定能够治理好阿县的。（因为）跟他同坐在一辆车里的都是白头发的老人。”子奇到了阿县，熔化兵库里的兵器用来锻造成耕田的农具。魏国的人听说一个少年在治理阿县，兵库里没有武器，粮仓里没有存粮，于是就起兵攻打阿县。阿县的人，父亲带领儿子，兄长带领弟弟，用自己家的武器跟魏人战斗，于是打败了魏国的军队。

59. 范式

范式字巨卿，山阳金乡人也，一名氾。少游太学①，为诸生，与汝南张劭为友，劭字元伯。二人并告归乡里。式谓元伯曰："后二年当还，将过拜尊亲，见孺子焉。"乃共克②期日。后期方至，元伯具以白母，请设馔以候之。母曰："二年之别，千里结言，尔何相信之审③邪？"对曰："巨卿信士，必不乖违④。"母曰："若然，当为尔酝⑤酒。"至其日，巨卿果到。升堂拜饮，尽欢而别。

（选自《后汉书·独行列传》）

注：①太学：汉朝设在京城的最高学府。②克：约定。③审：确实。④乖违：违背，背离。⑤酝：酿酒。

【阅读指南】

1. 做人要言而有信。范式"千里结言"，"二年之别"而不失信，确实是个守信用的人。同时高山流水遇知音，也须有张劭这个知音，他的回答自信而坚决，"巨卿信士，必不乖违"。铮铮的承诺，彼此的信任，这才成就一段千古佳话。

2. 范式（生卒年不详），字巨卿，山阳郡金乡县（今山东金乡）人，东汉时期名士。他与汝南郡人张劭是好朋友，分开两年后，范式跋涉千里赴张劭家拜访，张家以鸡黍相待。两人约定来年张劭去山阳范式家，同样以鸡黍相待。不料，张劭不久即病故，托梦与范式，告知他的死讯和下葬日期。范式千里迢迢赶至张家，为张劭主丧下葬，并为之守墓百日，因此留下了"鸡黍之交"的美名。本文讲的是故事的前半部分。

【积累思考】

1. 解释下列加点的词。

（1）将过拜尊亲（　　　）　（2）元伯具以白母（　　　）

2. 用现代汉语翻译文中画线的句子。

二年之别，千里结言，尔何相信之审邪？

____

3. 从范式和元伯身上我们分别能学到什么？

____

【参考译文】

范式字巨卿，山阳金乡人，又名氾。小时候在太学学习，成为儒生，和汝南的张劭是朋友，张劭字元伯。（后来）二人都要回故乡了。范式对张元伯说："两年以后我会回来，拜访你的父母，看望你的子女。"（两人）就一同约定了时间。后来约定的时间快到了，张元伯把这事详细地告诉了母亲，请母亲设宴等待范式到来。张元伯的母亲说："已经分别了两年，相隔千里的约定，你怎么能相信它是真的呢？"张元伯回答说："巨卿是讲诚信的人，一定不会违背诺言。"他母亲说："如果是这样的话，我自当为你们酿酒。"到了那一天，范式果然到了。在厅堂拜见了张元伯的父母，一同喝酒，尽兴后分别。

60. 母子忠烈

王经少贫苦，仕至二千石①，母语之曰："汝本寒家子，仕至二千石，此可以止乎！"经不能用。为尚书，助魏，不忠于晋②，被收。涕泣辞母曰："不从母敕，以至今日！"母都无戚容，语之曰："为子则孝，为臣则忠。有孝有忠，何负吾邪？"

（选自《世说新语·贤媛》）

注：① 二千石：年俸米石的多少对应职官的不同等级，司隶校尉、州牧、郡太守等都是二千石，因而以二千石代指这些官职。② 晋：此处指司马氏政权，当时尚未建国。

【阅读指南】

1. 王经（？—260），字彦纬，三国时期曹魏大臣。初为江夏太守，后升为二州刺史、司隶校尉。高贵乡公曹髦即位后，任尚书。甘露五年（260 年），魏帝因为相国司马昭权倾帝室，召侍中王沈、尚书王经、散骑常侍王业共谋讨伐司马昭，王沈、王业跑去向司马昭告密，并叫王经一起去，王经不肯。随后，魏帝被杀，王经和家属也被害。

2.《世说新语·贤媛》中的"贤媛"指有德行、有才智、有美貌的女子。"贤媛"篇中所记述的妇女，或有德，或有才，或有貌，而以前两种为主，目的是依士族阶层的伦理道德观点褒扬那些贤妻良母型的妇女，以之为妇女楷模。

【积累思考】

1. 解释下列加点的词。

（1）为尚书（　　　　）　（2）不从母敕（　　　　）

2. 用现代汉语翻译文中画线的句子。

为子则孝，为臣则忠。有孝有忠，何负吾邪？

---

3. 你认为王经的母亲身上具备哪些品质？请结合文中相关句子说出两种以上。

【参考译文】

王经年少时家境贫苦，后来做官做到二千石的职位时，他母亲对他说："你本来是贫寒人家的子弟，现在做到二千石这么大的官，这就可以止步了吧！"王经不能采纳母亲的意见。后来担任尚书，帮助魏朝，对晋司马氏不忠，被逮捕了。他流着泪辞别母亲说："没有听从母亲的告诫，以致有今天！"他母亲一点愁容也没有，对他说："做儿子就能够孝顺，做臣子就能够忠君，现在你有孝有忠，有什么对不起我呢！"

61. 陈元方候袁公

陈元方年十一时，候①袁公。袁公问曰："贤家君在太丘，远近称之，何所履行②？"元方曰："老父在太丘强者绥③之以德弱者抚之以仁恣其所安久而益敬。"袁公曰："孤④往者尝为邺令，正行此事。不知卿家君法孤，孤法卿父？"元方曰："周公、孔子，异世而出，周旋动静，万里如一。周公不师⑤孔子，孔子亦不师周公。"

（选自《世说新语·政事》）

注：①候：拜访，问候。②履行：实践，做。③绥：安，安抚。④孤：封建时代王侯对自己的谦称。⑤师：学习。

【阅读指南】

我们已经通过课文《陈太丘与友期》认识了"陈元方"，一个敢于维护父亲尊严的孩子。在《世说新语》里，直接介绍陈元方言行的至少有八条，分布在《德行》《言语》《政事》《方正》《规箴》《夙慧》六门中。这八条记录，除了《德行》之十的内容为空泛评价的话以外，其余七条都是七个精彩的瞬间，记载了陈元方和他家人的生活。《世说新语》叙事、记言乃至刻画人物形象，主要运用白描手法，用质朴的语言简洁地勾勒物象，传神写照，言约旨远。本文用简单的人物对话勾勒出了一个机智聪明的少年的形象。

【积累思考】

1. 解释下列加点的词。

（1）远近称之（　　　　　）　（2）孤法卿父（　　　　　）

2. 文章画线句没有标点符号。请在需要加标点的地方用“｜”标出来。

老 父 在 太 丘 强 者 绥 之 以 德 弱 者 抚 之 以 仁 恣 其 所 安 久 而 益 敬。

3. 用自己的话说说陈元方第二次答语的巧妙之处。

____

____

【参考译文】

陈元方十一岁时，去拜会袁绍。袁绍问：“你贤良的父亲在太丘做官，远近的人都称赞他，他到底做了些什么事情？”元方说：“我父亲在太丘，对蛮狠之徒用德行去教化，对弱者用仁慈去抚恤，让人们心安理得地做事，久而久之，大家就对他老人家更加敬重。”袁绍说：“我曾经也当过邺县县令，正是做这样的事情。不知是你的父亲学我，还是我学你的父亲？”元方说：“周公、孔子生在不同时代，虽然时间相隔遥远，但他们的行为却是那么一致。周公没有学孔子，孔子也没有学周公。”

62. 县令挽纤

何易于尝为益昌令，县距刺史治所四十里，城嘉陵江南。刺史崔朴尝乘春[①]自上游，多从宾客歌酒。泛舟东下，直出益昌旁。至则索民挽舟[②]。易于即自腰笏[③]，引舟上下。刺史惊问状，易于曰："方春，百姓不耕即蚕，隙[④]不可夺。易于为属令，当其无事，可以充役。"刺史与宾客跳出舟，偕骑还去。

（选自《文苑英华·杂文二十一》）

注：①乘春：乘着春天的美景。②挽舟：指拉纤。③腰笏（hù）：把手板插在腰带上。④隙：空闲，此处指时间。

【阅读指南】

1. 本文作者孙樵（生卒年不详），字可之，关东人，唐代散文家。大中九年（855年）登进士第，官至中书舍人。广明初，黄巢起义军入长安。孙樵随僖宗奔赴岐陇，被授予职方郎中的官位。孙樵曾经删择其所作，得三十五篇，为《经纬集》三卷。

2.《新唐书·循吏传》中载有何易于其人。他是唐文宗太和年间（826—836）益昌（今四川广元南）县令，为官清正廉洁、勤政爱民。从本文可见，为了维护百姓的利益，他甘冒革职、坐牢、砍头的风险，抵制上司滥用民力。

【积累思考】

1. 解释下列加点的词。

（1）至则索民挽舟（　　　　）　（2）引舟上下（　　　　）

2. 用现代汉语翻译文中画线的句子。

方春，百姓不耕即蚕，隙不可夺。

---

3. 对何易于亲自引舟这一行为，理解最恰当的一项是（　　）

A. 表现他“俯首甘为孺子牛”，时刻为百姓着想的精神。

B. 他身先士卒，希望能对百姓起模范带头作用。

C. 这是他为了讨好上司而故意做出的姿态。

D. 他身为属令，无所事事，大材小用，未尽其责。

【参考译文】

何易于曾经担任益昌县县令。益昌县离刺史的治所四十里，县城在嘉陵江南岸。有一次，刺史崔朴曾经趁着春光明媚，带了许多宾客，坐着大船，唱歌喝酒，从上游坐船向东而下。船一直到益昌县附近。船一到，刺史就下令要民夫拉纤。何易于就亲自把手板插在腰带上，拉着纤，跑上跑下奔忙。刺史（发现县令在拉纤，）很吃惊，问他为什么。何易于说：“现在正是春天，百姓不是忙于春耕，就是养桑喂蚕，一点点时间都不能损失。易于是您主管下的县令，现在没什么事干，可以来承当这个差使。”刺史（听了很羞愧，）和几个宾客跳出船舱，上岸骑马一起回去了。

63. 戴渊弃剑

戴渊[1]少时，游侠[2]不治行检，尝在江、淮间攻掠商旅。陆机赴假还洛，辎重[3]甚盛，渊使少年掠劫，渊在岸上，据胡床[4]，指麾左右，皆得其宜。渊既神姿锋颖[5]，虽处鄙事，神气犹异。机于船屋上遥谓之曰："卿才如此，亦复作劫邪？"渊便泣涕，投剑归机，辞厉非常。机弥重之，定交，作笔荐焉。过江，仕至征西将军。

（选自《世说新语·自新》）

注：①戴渊：字若思，东晋广陵（今江苏淮阴东南）人，官至征西将军。②游侠：指勇于广交朋友、重江湖义气的人。③辎（zī）重：行李。辎，一种可载重的有帷盖的车。④胡床：东汉后期传入中国的一种坐具。⑤锋颖：俊美出众。

【阅读指南】

1.《世说新语》记录了关于魏晋名士的种种活动如清谈、品题，种种性格特征如栖逸、任诞、简傲，种种人生的追求以及种种嗜好，描写都很生动。综观全书，可以看到魏晋时期几代士人的群像，进而了解那个时代上层社会的风尚。

2.《世说新语》"自新"篇中的另一篇文章是人们熟知的《周处除三害》。周处、戴渊年少时都曾为恶一方，为世人所憎，但二人却能痛定思痛，闻过则改，由一邪侠变为国之栋梁，其中自然少不了陆机、陆云的点化之功，但更重要的是存在于他们身上的自新精神。人不仅难于自知、自明，更为难得的是在自省自知后的自我否定和超越。周、戴二人正是有了这样的勇气、决心和魄力，才能摆脱过去，成为令人瞩目的一代英豪。

【积累思考】

1. 解释下列加点的词。

（1）渊使少年掠劫（　　　　）　（2）机弥重之（　　　　）

2. 对文中画线句翻译正确的一项是（　　）

A. 戴渊既然神态风姿俊美出众，虽然是指挥人干抢劫的坏事，神采风度还是不同。

B. 戴渊神态风姿俊美出众，虽然是指挥人干抢劫的坏事，神采风度还是非同一般。

C. 戴渊神态风姿俊美出众，虽然是处理边境的事，神采风度还是非同一般。

D. 戴渊既然神态风姿俊美出众，虽然处理边境的事，神采风度还是不同。

3. 戴渊为什么能从一个坏少年变成一个好人？

【参考译文】

戴渊年轻时，任侠气盛，不约束自己的品行，曾在长江、淮河上劫掠商贾游客。陆机休假后回洛阳，携带的行李物品很多，戴渊指使一些少年抢劫。戴渊当时在岸上，坐在胡床上指挥手下行动，安排得恰到好处。戴渊原本就神态风姿俊美出众，即使干这种指挥人抢劫的坏事，神采风度还是非同一般。陆机在船舱里，隔着很远对他说："你这样才华出众的人，怎么也当强盗呢？"戴渊听罢不禁流泪，丢掉佩剑，归附了陆机。戴渊言辞慷慨，非同一般。陆机越发器重他，两人结为好友，陆机给他写了推荐信。渡江以后，戴渊官至征西将军。

64. 祖莹夜读

祖莹，字元珍，范阳遒人也。莹年八岁，能诵《诗》《书》，十二为中书[①]学生，好学耽[②]书，以昼继夜，父母恐其成疾，禁之不能止。常密于灰中藏火，驱逐僮仆，父母寝睡之后，燃火读书，以衣被蔽塞窗户，恐漏光明，为家人所觉。由是声誉甚盛，内外亲属呼为"圣小儿"。尤好属[③]文，中书监高允每叹曰："此子才器，非诸生所及，终当远至。"

（选自《魏书·列传第七十》，有删改）

注：①中书：中书学，即太学，北魏时期中央教育机构。②耽：迷恋，沉溺。③属（zhǔ）：撰著。

【阅读指南】

列传，是中国纪传体史书的体裁之一，司马迁撰《史记》时首创，为以后历代纪传体史书所沿用。司马贞《史记索隐》："列传者，谓列叙人臣事迹，令可传于后世。"张守节《史记正义》："其人行迎可序列，故云列传。"一般用以记述帝皇以外的人物事迹。

【积累思考】

1. 解释下列加点的词。

（1）以昼继夜（　　　　）　（2）由是声誉甚盛（　　　　）

2. 用现代汉语翻译文中画线的句子。

此子才器，非诸生所及，终当远至。

____

3. 请用文中具体事例阐述祖莹的勤奋好学。

【参考译文】

祖莹，字元珍，是范阳遒县人。祖莹八岁的时候能够背诵《诗》《书》，十二岁时是中书学的学生，他迷恋读书，日日夜夜地学习，他的父母害怕他会读书成瘾，禁止他这样做，却没能使他停止读书。他经常偷偷地在灰里藏木炭，赶走僮仆，等到父母睡着之后，点燃木炭读书，用他的衣服和被子遮盖窗和门，担心漏出光亮，被家里人发觉。因为这件事情，他的名声传得更广了，里里外外的亲属都叫他“圣小儿”。他还特别喜欢写文章，中书监高允（谈到他都）感叹说：“这个孩子的才能不是其他学生能够达到的，他最终会大有作为的。”

65. 寇准读书

初，张咏在成都，闻准入相①，谓其僚属②曰："寇公奇材，惜学术不足尔。"及准出陕，咏适自成都罢还③，准严④供帐，大为具待⑤。咏将去，准送之郊，问曰："何以教准？"咏徐曰："《霍光传》⑥不可不读也。"准莫谕⑦其意，归，取其传读之，至"不学无术⑧"，笑曰："此张公谓我矣。"

（选自《宋史·寇准传》）

注：①入相：当了宰相。②僚属：下属的官。③罢还：免去官职归来。④严：这里作尊敬解。寇准很恭敬地为张咏供设帷帐。⑤大为具待：盛情款待。⑥《霍光传》：出自《汉书》。霍光，西汉大臣，是名将霍去病的异母弟弟。⑦莫谕：不明白。⑧不学无术：《霍光传》原文为"不学亡术"，"亡"通"无"，指霍光不能学习古人，所行不合道术。后指没有学问，缺乏修养。本文中是指寇准学术不足，即学问还不够。

【阅读指南】

1. 寇准（961—1023），字平仲，华州下邽（今陕西渭南北）人，北宋政治家、诗人。太平兴国进士。淳化五年（994年）为参知政事，其政治才能深得宋太宗赏识。宋真宗时，曾任同中书门下平章事。景德元年（1004年），辽军大举侵宋，寇准力主抵抗，并促使真宗渡河亲征，与辽立澶渊之盟，起到了稳定局势的作用。不久被大臣王钦若排挤罢相，晚年再度被起用，封莱国公。后又因大臣丁谓等陷害而遭贬，远徙道州、雷州。宋仁宗时病死于雷州，谥号"忠愍"。

2.《宋史》是二十四史之一，元至正三年至五年（1343—1345）

由丞相脱脱和阿鲁图先后主持修撰，保存了不少重要的原始资料，是研究宋代历史的基本史料之一。

【阅读指南】

1. 解释下列加点的词。

（1）惜学术不足尔（　　　　）（2）咏徐曰（　　　　）

2. 用现代汉语翻译文中画线的句子。

咏将去，准送之郊，问曰："何以教准？"

____

3. 从文中可以看出寇准具有哪些品质？

____

【参考译文】

起初，张咏在成都，听说寇准当宰相，对自己的下属说："寇公是奇才，可惜学问不够啊。"等到寇准出使陕州，张咏恰好从成都免职回来，寇准非常敬重地供设帷帐，盛情款待。张咏将离开，寇准送他到郊外，问他说："您有什么教我的？"张咏缓缓地说："《霍光传》不能不读。"寇准没明白他的意思，回来就拿这本书读，读到"不学无术"时，（恍然大悟，）笑着说："这是张公在说我呢。"

66. 司马光砸缸

司马光，字君实，陕州夏县人也。父池，天章阁待制。光生七岁，凛然[①]如成人，闻讲《左氏春秋》，爱之，退为家人讲，即了其大指[②]。自是手不释书，至不知饥渴寒暑。群儿戏于庭，一儿登瓮，足跌没水中，众皆弃去，<u>光持石击瓮破之，水迸，儿得活。</u>

（选自《宋史·司马光传》）

注：① 凛然：稳重的样子。② 指：同“旨”，主要意思。

【阅读指南】

中国有一句古话叫“三岁看到老”。从司马光的一生来看，此话不假。司马光幼时爱学、乐学、机智、勇毅、有担当。曾有这样一说：司马光任宰相后，亲自处理国家事务，不分昼夜，用自己的健康换取国家的强大。宾客看到他身体羸弱，就用诸葛亮吃得少、事情多导致体弱患病的例子来提醒他。司马光却说“死与生是命决定的”，办事更加努力。病重之后，他神志不太清楚，说梦话时还在议论国家大事。这种勇担大任的精神，也能从他小时候的砸缸之举中看到迹象。

【积累思考】

1. 解释下列加点的词。

（1）退为家人讲（　　　　　）　（2）自是手不释书（　　　　　）

2. 用现代汉语翻译文中画线的句子。

光持石击瓮破之，水迸，儿得活。

---

3. 司马光是一个怎样的人？

【参考译文】

司马光，字君实，是陕州夏县人。父亲司马池任天章阁待制。司马光长到七岁时，稳重的样子如同大人，听人讲《左氏春秋》，十分喜爱，回去之后让家人讲给他听，马上了解它的主要意思。从此手里放不下书本，甚至到了不知道饥饿口渴、寒冷炎热的地步。一群小孩在庭院里玩耍，一个小孩站在缸上，失足掉了进去，大家都扔下他跑掉了，（只有）司马光拿起石头砸破缸，（缸里的）水涌出，落水的小孩得救了。

67. 曾巩议石

（曾巩）为文章，上下驰骋，愈出而愈工，本原《六经》，斟酌于司马迁、韩愈，一时工作文词者，鲜能过也。少与王安石游，安石声誉未振，巩导之于欧阳修，及安石得志，遂与之异。神宗尝问："安石何如人？"对曰："安石文学行义，不减扬雄①，以吝故不及。"帝曰："安石轻富贵，何吝也？"曰："臣所谓吝者，谓其勇于有为，吝于改过耳。"帝然之。

（选自《宋史·曾巩传》）

注：① 扬雄：西汉辞赋家。

【阅读指南】

1. 曾巩（1019—1083），字子固，南丰（今属江西）人，世称"南丰先生"，北宋政治家、散文家，"唐宋八大家"之一。嘉祐二年（1057 年）进士及弟，官至中书舍人。他年少能文，颇受欧阳修赏识，后为欧阳修诗文革新运动的积极支持者，在学术思想和文学事业上成就卓越。

2. 王安石（1021—1086），字介甫，号半山，抚州临川（今江西抚州）人，北宋政治家、文学家、思想家，"唐宋八大家"之一。庆历二年（1042 年）进士及第，历任扬州签判、鄞县知县、舒州通判等，政绩显著。熙宁二年（1069 年）升为参知政事，次年拜相，主持变法。因守旧派反对，熙宁七年（1074 年）罢相。一年后被再次起用，旋即又罢相，退居江宁。元祐元年（1086 年），保守派得势，新法皆废，王安石病逝于钟山，享年六十六岁，谥号"文"，世称"王文公”。

【积累思考】

1. 解释下列加点的词。

（1）一时工作文词者（　　　　）　（2）以吝故不及（　　　　）

2. 对文中画线句翻译正确的一项是（　　）

A.（曾巩）就对王安石有了不同的看法。

B.（曾巩）就觉得王安石很奇特。

C.（王安石）就对曾巩有了不同的看法。

D.（王安石）就觉得曾巩很奇特。

3. 本文表现了曾巩__________、__________、__________等形象特征。

【参考译文】

曾巩写文章，涉猎广泛，文章越写越好，一开始学习《六经》，后参考司马迁、韩愈的文章，当时擅长写文章的人，很少有能超过他的。年轻时与王安石交往，王安石当时声誉不大，曾巩将他引荐给欧阳修。王安石得志后，曾巩对他有了不同的看法。神宗曾经问曾巩：“王安石是怎样的人？”曾巩回答说：“王安石的文章学问和行为道义，不在扬雄之下，但因为他吝啬，所以比不上扬雄。”皇上说：“王安石对富贵看得很轻，怎么说他吝啬呢？”曾巩说：“我所说的吝啬，是说他勇于作为，但吝啬于改正自己的过错啊。”神宗赞同他的看法。

68. 季文子以德为荣

季文子相宣成[①]，无衣帛之妾，无食粟之马。仲孙它谏曰："子为鲁上卿[②]，相二君矣，妾不衣帛，马不食粟，人其以子为爱[③]，且不华[④]国乎？"文子曰："吾亦愿之，然吾观国人，其父兄之食粗而衣恶者犹多矣，吾是以不敢。人之父兄食粗衣恶，而我美妾与马，无乃非相人者乎？且吾闻以德荣为国华，不闻以妾与马。"

（选自《国语·鲁语上》）

注：① 宣成：指春秋时期鲁宣公和鲁成公。② 上卿：古代官名。春秋时期将卿分为上、中、下三等，上卿位次于公，居卿之首。③ 爱：吝啬。④ 华：使……有光彩。

【阅读指南】

《国语》相传是春秋时期左丘明所撰的一部国别体著作。他的编纂方法是以国分类、以语（言论）为主，故名"国语"。《国语》记载了各国贵族间的朝聘、宴飨、讽谏、辩说、应对之辞以及部分历史事件与传说。《国语》是中国第一部国别体史书。

【积累思考】

1. 解释下列加点的词。

（1）季文子相宣成（　　　　）

（2）人其以子为爱（　　　　）

2. 用现代汉语翻译文中画线的句子。

且吾闻以德荣为国华，不闻以妾与马。

---

3. 结合本文内容，说说季文子有哪些“德”是值得称颂的。

【参考译文】

季文子任鲁宣公和鲁成公的相国，没有一个穿丝绸衣服的婢女，没有一匹吃粮食的马。仲孙它劝谏他说：“您担任鲁国的上卿，辅佐了两代国君，婢女不穿绸衣，马不吃粮食，人们或许会认为您是吝啬的，况且这样又使国家不光彩啊！”文子说：“我也愿意那样。然而我看到国家的百姓，那些父老兄长吃着粗粮又穿着破衣的很多啊，我因此不敢不节俭。人们的父老兄长吃粗粮、穿破衣，而我让婢女和马穿好的、吃好的，恐怕不是辅佐君主的人该做的事吧？况且我听说凭借高尚的德行及荣誉才可以为国争光，没有听说因为婢女穿得好和马吃得好为国争光的。”

69. 太祖视事东阁[1]

太祖视事东阁，天热甚，汗湿衣，左右更衣以进，皆经浣濯者。参军宋思颜曰："主公躬行节俭，真可示法子孙。臣恐今日如此，而后或不然，愿始终如此。"太祖喜曰："此言甚善。他人能言，或惟及于目前，而不能及于久远，或能及于已然，而不能及于将然。今思颜见我能行于前，而虑我不能行于后。信能尽忠于我也。"乃赐之币。

（选自《典故纪闻·卷一》）

注：①视事东阁：在东阁处理政务。

【阅读指南】

《典故纪闻》是明代余继登所撰的笔记，为研究明代的政治、经济，尤其是典章制度等方面，提供了有用的史料。其中有些史料不见于他书的记载，或他书记载不详，就更值得重视。如卷十五记载官吏俸禄将粮食折合成布匹计算：每阔布一匹，折合米四十石；成化十六年户部议减，改折为三十石，还相当于白银三十两之数。又如卷十八记嘉靖初年边费，每年二十九万两白银，以后竟递增到二百五十一万两。明中叶以后吏治的腐败、边防的吃紧，由此可见一斑。

【积累思考】

1. 解释下列加点的词。

（1）此言甚善（　　　　）　（2）而虑我不能行于后（　　　　）

2. 对文中画线句翻译正确的一项是（　　）

A. 侍从拿着另外的衣服进前给他换，这些衣服都是经过洗涤的。

B. 侍从拿着更换的衣服进前给他换，这些衣服都是准备洗涤的。

C. 侍从拿着另外的衣服进前给他换，这些衣服都是准备洗涤的。

D. 侍从拿着更换的衣服进前给他换，这些衣服都是经过洗涤的。

3. 对宋思颜谏言的目的，理解最恰当的一项是（　　）

A. 赞扬太祖躬行节俭。

B. 表明对太祖的忠心。

C. 希望太祖始终节俭。

D. 暗示太祖给予奖赏。

【参考译文】

太祖（明帝朱元璋）在东阁处理政务，天气很热，汗水湿透了衣服，侍从给太祖换衣服，更换的衣服都是经过洗涤的（洗过之后继续穿）。参军宋思颜看见了说："主公亲自厉行节俭，真可以做子孙的榜样。老臣担心您只是今天这么做，以后可能不会这么做，希望您能够坚持一直这么做。"太祖听后非常高兴："你说的话太好了。别人向我进言，有的只能谈及眼前的事，而不能指明长远的事；有的只能谈及已经发生的事，而不能指出将来要发生的事。今天宋思颜看见我现在能这么做，而顾虑我之后不能继续这么做，你确实能对我竭尽忠心。"于是赏赐钱币给宋思颜。

70. 何岳拾金不昧

秀才何岳，号畏斋。曾夜行拾得银二百余两，不敢与家人言之，恐劝令留金也。次早携至拾银处，见一人寻至，问其银数与封识①皆合，遂以还之。其人欲分数金为谢，畏斋曰：“拾金而人不知，皆我物也，何利此数金乎？”其人感谢而去。又曾教书于宦官②家，宦官有事入京，寄一箱于畏斋，中有数百金，曰：“俟他日来取。”去数年，绝无音信，闻其侄以他事南来，非取箱也。因托以寄去。

夫畏斋一穷秀才也，拾金而还，暂犹可勉③；寄金数年，略不动心，此其过人也远矣！

（选自《金陵琐事·卷一》）

注：①封识：封存的标记。识，标记。②宦官：官吏的通称。③暂犹可勉：短时期内还可以勉励自己不起贪心。暂，短时期。勉，勉励。

【阅读指南】

1. 本文记叙了何岳两件事。在阅读的过程中，要注意作者着笔的几处细节。第一件事中，有两个表示时间的词：“夜”和“早”。从头天晚上至第二天早上这一过程中何岳没有任何犹豫，面对金钱的诱惑没有丝毫动摇。第二件事中，提到官吏离开数年，“绝无音信”。后来，官吏的侄子来了，作者特别强调“非取箱也”，可见，何岳是主动把这箱银子交给他，更能体现何岳的人物形象。

2. 这两件事中，作者都提及了钱财的数目：“银二百余两”“数百金”，而在文末“夫畏斋一穷秀才也”，可谓是点睛之笔，原来他只是一个清贫的读书人，将他的“穷”和他捡到的、寄存在他那里的金钱进行对比。这两件事的顺序不能颠倒，正如文章结尾的议论“拾金而还，暂犹可勉；寄金数年，略不动心，此其过人也远矣”。何岳不仅胜过了一般人都会有的贪念，而且高尚太多。

【积累思考】

1. 解释下列加点的词。

（1）俟他日来取（　　　　）　（2）绝无音信（　　　　）

2. 用现代汉语翻译文中画线的句子。

因托以寄去。

____

3. 何岳是一个______________________________的人。

【参考译文】

秀才何岳，号畏斋，曾经在夜晚走路时捡到两百多两银子，不敢和家人说这件事，担心家人让他留下这笔钱。第二天早晨，他携带着银子来到捡到钱的地方，看到有一个人正在寻找东西，便走上前问他关于银子的事情，那人回答的数目与封存的标记都与他捡到的相吻合，于是他就把银子还给了那个人。那人想从丢失的钱中分一部分给何岳作为酬谢，何岳说：“我捡到钱时没人知道，都可以算是我的了，我连那些都不要，又怎么会贪图这些钱呢？”那人心存感激地离开。何岳又曾经在做官的人家中教书，官吏有事要去京城，将一个箱子寄放在何岳那里，里面有几百两银子，官吏说：“等以后我回来再来取。”官吏离开了许多年，没有一点音信，后来何岳听说官吏的侄子因为其他事情到南方来，不是取箱子的事。何岳就把箱子委托官吏的侄子带回官吏那儿。

何岳只是一个穷秀才而已，捡到钱归还，在短时期内还可以勉励自己不贪心；那银子寄放在他家多年，而他却毫不动心，这种高尚的品质远远超过了普通人啊！

71. 海瑞遗物

都御史刚峰海公，卒于官舍①，同乡宦南京者，惟户部苏民怀一人。苏检点其宦囊②，竹笼中俸金八两，葛布一端③，旧衣数件而已。如此都御史，那可多得！王司寇凤洲④评之云："不怕死，不爱钱，不立党。"此九字断尽海公生平，即千万言谀之，能加于此评乎？

（选自《金陵琐事·卷一》）

注：①官舍：官府。②宦囊：指海瑞死后的遗物、遗产。囊，口袋。③葛布一端：葛麻布一块。端，量词，一端相当于两丈。④王司寇凤洲：即王世贞，明代文学家、史学家，号凤洲。

【阅读指南】

1. 海瑞（1514—1587），字汝贤，号刚峰，广东人，明朝著名清官，有"海青天"之誉，与宋朝包拯齐名。海瑞为人正直刚毅，职位低下时就敢于蔑视权贵，从不谄媚逢迎。他一生忠心耿耿，直言敢谏，曾经买好棺材，告别妻子，冒死上疏。海瑞一生清贫，抑制豪强，安抚穷困百姓，打击奸臣污吏，深得民众爱戴。海瑞的为人，正如王世贞所评价的：不怕死，不要钱，不立党。

2. 现代汉语表示数量的一般形式是：数词＋量词＋名词，如"一张桌子""一斤大米"。但在文言文中，除了度量衡的单位必须用量词外，其他情况一般无量词，而是数词直接与名词组合，如"一桌""一椅"。文言文中的数词在句中的位置，有时与现代汉语相同，有时不同。如"俸金八两，葛布一端，旧衣数件"，三个数量词均后置，翻译时需将数量词提前。

【积累思考】

1. 对文中画线句翻译正确的一项是（　　）

A. 即使用千言万语来奉承阿谀海瑞，也不如王世贞这九个字的评语。

B. 即使用千言万语来赞美海瑞，能及得上王世贞这三句话的评价吗？

C. 王世贞这九个字的评语，就是不同于对海瑞千万言的奉承阿谀。

D. 王世贞这九个字的评语，为千千万万对海瑞的赞美作佐证。

2. 文中最能表明海瑞一生清廉的文字是____。

3. 请用一个四字词语解释“不怕死”，来表现海瑞为官的正直：____________________________________。

【参考译文】

都御史海瑞，死在官衙的屋子里。他在南京做官的同乡人，只有户部苏民怀一个人。苏民怀检查、清点海瑞的遗物，竹箱中只有八两俸银、一块葛麻布、几件旧衣服罢了。像这样的都御史怎么会多呢？王凤洲评价海瑞说：“不怕死，不爱钱，不结党。”这九个字写全了海公的一生，即使用千言万语赞扬他，能胜过这评价吗？

72. 宋濂不隐真情

（宋濂）尝与客饮，帝①密使人侦视。翼日②问濂："昨饮酒否？坐客为谁？馔③何物？"濂具以实对。笑曰："诚然，卿不朕欺④。"间召问群臣臧否⑤，濂惟举其善者曰："善者与臣友，臣知之；其不善者，不能知也。"

（选自《明史·宋濂传》）

注：①帝：指明太祖朱元璋。②翼日：第二天。翼，通"翌"。③馔：吃、喝。④不朕欺：即"不欺朕"，没欺瞒我。否定句宾语"朕"前置。⑤臧否（pǐ）：好坏，善恶。

【阅读指南】

1. 宋濂（1310—1381），字景濂，号潜溪，浙江浦江人，元末明初文学家，曾被明太祖朱元璋誉为"国文臣之首"，学者称"太史公"，与高启、刘基并称为"明初诗文三大家"。他因长孙宋慎与胡惟庸党案有牵连而被流放茂州，途中病死于夔州。他的代表作有《送东阳马生序》《朱元璋奉天讨元北伐檄文》等。

2. 文言文经常会省略一些成分，如主语、宾语、介词，在阅读时要根据上下文补充省略的内容，否则会造成阅读的障碍或理解的错误。文中"间召问群臣臧否"一句省略了"召问"的宾语——宋濂，召问的对象是"宋濂"，召问的内容是"群臣臧否"，不能错误地理解。

【积累思考】

1. 解释下列加点的词。

（1）濂具以实对（　　　）　（2）诚然，卿不朕欺（　　　）

2. 用现代汉语翻译文中画线的句子。

善者与臣友，臣知之；其不善者，不能知也。

3. “濂惟举其善者”句中“惟”是“只”的意思，此句是否表明宋濂是在欺骗明太祖？请用自己的话表明观点并分析理由。

【参考译文】

宋濂曾经在自己的家中与客人饮酒，皇帝秘密派人监视。第二天，皇帝问宋濂：“昨天喝酒了吗？在座的宾客是哪些人？吃了什么食物？”宋濂一一用事实回答。皇帝笑着说：“确实是这样，你没有欺骗我。”皇帝曾经私下召见宋濂，向他询问朝廷的官员谁好谁坏，宋濂只列举那些好的，说：“那些好的官员和我友好相处，所以我了解他们；那些不好的官员，我不了解他们。”

73. 原谷谏父

原谷有祖①，年老，谷父母厌憎，欲捐②之。谷年十有五。谷谏父曰："祖育女生儿，勤俭终身，岂有老而捐之者乎？是负义也。"父不从，作舆③，捐祖于野。谷随，收舆归。父曰："汝何以收此凶④具？"谷曰："他日父母老，无需更作此具，是以收之。"父惭，悔之，乃载祖归养。

（选自《太平御览·宗亲部》）

注：①祖：父母的上一辈。②捐：抛弃。③舆：手推的小车。④凶：不吉祥。

【阅读指南】

"谏"在文言文中为"好言规劝"或"用委婉的语言劝说"。文中的"谏父"，意思是原谷对父亲好言劝说。这种"谏"只能用于晚辈对长辈、下级对上级。如"大臣谏曰"，意思是大臣对皇上委婉地劝说。反之，长辈对晚辈、上级对下级要用"诫""告""戒"等。

【积累思考】

1. 解释下列加点的词。

（1）谷谏父曰（　　　　）　（2）无需更作此具（　　　　）

2. 用现代汉语翻译文中画线的句子。

父惭，悔之，乃载祖归养。

3. 原谷谏父的故事告诉了我们什么道理？

【参考译文】

原谷的爷爷老了，原谷的父母很讨厌他，就想抛弃他。原谷此时十五岁，劝父亲说："爷爷生儿育女，一辈子勤俭度日，你怎么能因为他老了就抛弃他呢？这是忘恩负义啊！"父亲不听他的劝说，做了一辆小推车，把爷爷丢弃在野外。原谷在后边跟着，把小推车带了回来。父亲问："你带这个不吉利的推车回来做什么？"原谷说："等将来你们老了，我就不必另外再做一辆，所以现在先收起来。"父亲很是惭愧，为自己的行为感到后悔，于是去把爷爷载回来赡养了。

74. 鲁人曹沫

曹沫者，鲁人也，以勇力事鲁庄公。庄公好力①。曹沫为鲁将，与齐战，三败北②。鲁庄公惧，乃献遂邑之地以和，犹复以为将。

齐桓公许与鲁会于柯而盟。桓公与庄公既盟于坛上，曹沫执匕首劫齐桓公。桓公左右莫敢动。而问曰："子将何欲？"曹沫曰："齐强鲁弱，而大国侵鲁亦甚矣。今鲁城坏即压齐境③，君其图之！"桓公乃许尽归鲁之侵地。既已言，曹沫投其匕首，下坛，北面就群臣之位，颜色④不变，辞令如故⑤。桓公怒，欲倍⑥其约。管仲曰："不可，夫贪小利以自快，弃信于诸侯，失天下之援，不如与之。"于是桓公乃遂割鲁侵地，曹沫三战所亡地尽复于鲁。

（选自《史记·刺客列传》）

注：①好力：喜好武力。②败北：打败仗。③鲁城坏即压齐境：意思是说，你们侵略鲁国，已经深入到都城边缘，假如鲁国的都城倒塌，就会压到齐国的边境了。④颜色：脸色。⑤辞令如故：像平常一样谈吐从容。⑥倍：通"背"，背弃，违背。

【阅读指南】

曹沫（生卒年不详），春秋时期鲁国人，侍奉鲁庄公，为人刚烈勇猛。鲁庄公任命曹沫为将军，与齐国交战，三战三败。鲁庄公便割让遂邑之地求和，但仍以曹沫为将。在齐鲁两国的结盟仪式上，曹沫突然手持匕首挟持齐桓公，令桓公答应归还所侵占的鲁国之地。曹沫三战之失地，又回到鲁庄公手中。

【积累思考】

1. 解释下列加点的词。

（1）齐桓公许与鲁会于柯而盟（　　　　）

（2）曹沫三战所亡地尽复于鲁（　　　　）

2. 用现代汉语翻译文中画线的句子。

夫贪小利以自快，弃信于诸侯，失天下之援，不如与之。

____

3. 说说“曹沫执匕首劫齐桓公”的目的是什么？

____

____

【参考译文】

曹沫，是鲁国人，凭借勇力侍奉鲁庄公。鲁庄公喜好武力。曹沫是鲁国将军，与齐国作战，三战三败。鲁庄公害怕了，就献上遂邑这块地方求和，但仍然任用曹沫为将军。

齐桓公答应和鲁国在柯地会盟订约。桓公与庄公已经在坛上订了盟约，曹沫手持匕首胁迫齐桓公，齐桓公近旁的人没有敢动手的，问道：“你想干什么？”曹沫说：“齐国强，鲁国弱，而贵国侵犯鲁国也太过分了。如今鲁国的都城倒塌，就会压到齐国的边境了，大王一定要考虑考虑这件事！”齐桓公于是答应全部归还鲁国被侵占的土地。齐桓公说完话，曹沫就扔掉匕首，走下盟坛，朝北回到群臣的位置上，脸色不变，言辞从容如故。齐桓公大怒，要背弃自己的誓约，管仲说：“（您）不能这样。贪图小的利益来求得一时的快意，就会在诸侯面前丧失信用，失去天下人对您的支持，不如归还他们失地。”这样，齐桓公就割还了侵占的鲁国领土，曹沫三次战役所失去的土地，全部都还给了鲁国。

75. 陶公性检厉[①]

陶公性检厉，勤于事。作荆州时，敕船官悉录锯木屑，不限多少。咸不解其意。后正会[②]，值积雪始晴，听事[③]前除雪后犹湿，于是悉用木屑覆之，都无所妨。官用竹，皆令录厚头[④]，积之如山。后桓宣武[⑤]伐蜀，装船，悉以作钉。

（选自《世说新语·政事》，有删改）

注：①陶公：即陶侃，字士行，晋朝鄱阳人，曾任侍中、太尉、荆江二州刺史。检厉：认真，严肃。②正会，元旦集会。③听事：处理政事的厅堂。④厚头：剩余的比较大的竹头。⑤桓宣武：即桓温，曾任大将军、大司马。

【阅读指南】

陶侃（259—334），字士行，一作士衡，东晋名将。他出身贫寒，冲破门阀政治为寒门入仕设置的重重障碍，跻身朝堂，是个颇具传奇色彩的人物。为稳定东晋初年动荡不安的政局，他多次领兵平定叛乱，为东晋政权的建立及巩固立下大功。他又精勤于吏职，治下荆州太平安定、路不拾遗，为后世所称道。

【积累思考】

1. 解释下列加点的词。

（1）咸不解其意（　　　　）　（2）值积雪始晴（　　　　）

2. 用现代汉语翻译文中画线的句子。

于是悉用木屑覆之，都无所妨。

____

3. 文中写了哪两件事？表现了陶公是怎样的人？请用自己的话概括。

【参考译文】

陶侃生性认真而严肃，对政事十分勤勉。他任荆州刺史时，命令建造船只的官员把锯木屑全部收集起来，不论多少。大家都不明白他的用意。后来元旦集会，恰好遇到久雪初晴，厅堂前的台阶除雪后还是很湿。这时陶公就让人都用木屑覆盖在上面，（人们出入）一点都不受妨碍。官府用的毛竹，陶侃总是命令把截下的竹头收集起来，（以至于）堆积得像山一样。后来桓温伐蜀，把战船组装起来的时候，都用这些竹头做钉子。

76. 颜回好学

回年二十九，发尽白，蚤死。孔子哭之恸，曰："自吾有回，门人益亲。"鲁哀公问："弟子孰为好学?"孔子对曰："有颜回者好学，不迁怒，不贰过。不幸短命死矣，今也则亡。"

（选自《史记·仲尼弟子列传》）

【阅读指南】

颜回（前521—前490），名回，字渊，鲁国都城人，孔门七十二贤之首。十三岁拜孔子为师，终生事奉他，是孔子最得意的门生。孔子对颜回称赞最多，赞其好学、有德行。历代文人学士对颜回推尊有加，尊称他为"复圣颜子"，将他的牌位供奉在孔庙陪祀。

【积累思考】

1. 解释下列加点的词。

（1）蚤死（　　　　）　（2）门人益亲（　　　　）

2. 用现代汉语翻译文中画线的句子。

弟子孰为好学?

____

3. 孔子"哭之恸"的原因是什么?

____

【参考译文】

颜回二十九岁，头发全白了，过早地死了。孔子哭得十分伤心，说：“自从我有了颜回，学生们（以颜回为榜样）更加亲近我。”鲁哀公问：“你的学生中哪个最好学？”孔子回答说：“有个叫颜回的最好学，（他）从不把脾气发到别人身上，也不犯同样的错误。可惜短命死了！现在再也没有这样的人了。”

77. 林琴南友[①]菜佣

林琴南早年贫甚，授徒奉母，时苦不给[②]。一日，有卖菜佣[③]弛担息其门首，出见，与语。菜佣自言家止一母，负贩所得，以供甘旨外，无他求。林叹曰："若然，我侪[④]之友也。"菜佣谢弗敢当，林曰："若无然。我侪操业不同，能孝母一也，我今友汝矣。"

（选自《清稗类钞·师友类》）

注：① 友：交友。② 时苦不给：时常苦于生活不能维持。③ 佣：受雇出卖劳动力的人。④ 侪（chái）：同类，同辈。

【阅读指南】

1. 林纾（1852—1924），字琴南，福建闽县人，清末民初文学家、翻译家。擅长诗词古文，兼作小说、戏曲，尤以译著闻名于世。

2. 古训云："万恶淫为首，百善孝为先。"又云："孝，德之本也。"自古以来，人们把父母抚育子女、子女孝敬父母，看成是做人的基本道德。

【积累思考】

1. 解释下列加点的词。

（1）菜佣自言家止一母（　　　　）

（2）我侪操业不同（　　　　）

2. 对文中画线句翻译正确的一项是（　　）

A. 背菜卖得的钱，除了母亲外，没有其他人需要供养。

B. 背菜卖得的钱，除了用来供养母亲外，没有其他的要求。

C. 背着母亲贩卖所得到的，只能用来养家，其他都没有要求。

D. 背着母亲卖菜赚钱，只能用来养家，其他都没有要求。

3. 文中林琴南与菜佣在生活境遇上的共同点是______________，二人共同拥有的品质是______________。

【参考译文】

林琴南年轻时很穷，他就靠教学生来奉养母亲，但是经常因为生活难以维持而苦闷。有一天，有个卖菜的人放下扁担在林家门口休息，林琴南走出门来和他聊天。卖菜的人说自己家里只有一个老母亲，卖菜所得的除了能让母亲吃好之外，别无他求。林赞叹道："假如这样，你是我的朋友。"卖菜人推辞不敢当，林说："如果不是这样的话（我们不必交朋友）。我们职业不同，却可以同样孝敬母亲，我今天一定要结交你这个朋友。"

78. 淳于髡使赵

威王八年，楚大发兵加齐。齐王使淳于髡之赵请救兵，赍[①]金百斤，车马十驷[②]。淳于髡仰天大笑，冠缨索绝。王曰："先生少之乎？"髡曰："何敢！"王曰："笑岂有说乎？"髡曰："今者臣从东方来，见道傍有禳田者[③]，操一豚蹄，酒一盂，祝曰：'瓯窭[④]满篝，污邪[⑤]满车；五谷蕃熟，穰穰[⑥]满家。'臣见其所持者狭而所欲者奢，故笑之。"于是齐威王乃益赍黄金千镒[⑦]，白璧十双，车马百驷。髡辞而行，至赵。赵王与之精兵十万，革车千乘。楚闻之，夜引兵而去。

（选自《史记·滑稽列传》）

注：①赍（jī）：以礼物送人。②驷：四马驾一车。③禳（ráng）田者：向天祈求丰收的人。④瓯窭（ōu jù）：狭小的高地。⑤污邪：水洼地。⑥穰（ráng）穰：庄稼丰收。⑦镒（yì）：古代重量单位，二十四两为一镒，一说二十两为一镒。

【阅读指南】

1. 淳于髡（生卒年不详），战国时期齐国人，姓淳于，曾受髡刑（截去头发），因此称"淳于髡"。以博学强记著称，被任命为大夫。多次讽谏齐威王与相国邹忌，推动内政改革。楚国攻齐，他赴赵求援，赵王给他精兵十万、革车千乘，楚国因此退兵。

2. 史传文学用细节来塑造人物形象，在先秦作品中已大量运用。司马迁运用细节塑造人物的一个新成就，就是使细节更加符合人物性格，更能体现人物性格。

【积累思考】

1. 解释下列加点的词。

（1）冠缨索绝（　　　　）　（2）先生少之乎（　　　　）

（3）于是齐威王乃益赍黄金千镒（　　　　）

2. 用现代汉语翻译文中画线的句子。

臣见其所持者狭而所欲者奢，故笑之。

---

3. 文中淳于髡运用什么方法对齐威王说理，体现了他是一个怎样的人？

【参考译文】

齐威王八年，楚国大肆派遣军队攻打齐国。齐威王派淳于髡到赵国请救兵，让他把一百斤黄金、十辆由四匹马驾的马车当作礼物送给赵王。淳于髡仰天大笑，笑得连系帽子的带子都断了。齐威王说："先生认为这些东西少吗？"淳于髡说："怎么敢嫌少呢！"齐威王说："你这样大笑，难道有什么说法吗？"淳于髡说："今天我从东边来时，看到路旁有一个向天祈求丰收的人，拿着一个猪蹄、一杯酒，祈祷说：'愿狭小的高地上收获的庄稼能盛满竹笼，水洼地里收获的庄稼能装满车子；五谷生长成熟，庄稼丰收，装满我的屋子。'我看见他所拿的祭品很少，但想要的东西却很多，所以笑他。"于是齐威王就把礼物的数量增加到一千镒黄金、十对白璧、一百辆由四匹马驾的马车。淳于髡告辞出行，来到赵国。赵王拨给他十万精兵、一千辆裹有皮革的战车。楚将听到这个消息后，在夜里率领军队离开了。

79. 孙叔敖为楚令尹[①]

孙叔敖为楚令尹，一国吏民皆来贺。有一老父衣粗衣，冠白冠，后来吊。孙叔敖正衣冠而出见之，谓老父曰："楚王不知臣不肖，使臣受吏民之垢[②]，人尽来贺，子独后来吊，岂有说乎?"父曰："有说。身已贵而骄人者民去之，位已高而擅权[③]者君恶之，禄已厚而不知足者患处之。"孙叔敖再拜曰："敬受命[④]，愿闻余教。"父曰："位已高而意益下，官益大而心益小，禄已厚而慎不敢取。君谨守此三者，足以治楚矣！"

（选自《说苑·敬慎》）

注：① 令尹：官名，楚国最高官职。② 受吏民之垢：意为担任楚国的宰相一事，这是一种谦虚的说法。③ 擅权：擅弄职权。④ 敬受命：恭敬地接受您的教导。

【阅读指南】

本文讲述的是孙叔敖担任楚国令尹的第一天，一位老人前来劝诫他的故事。孙叔敖第一天上任，别人"皆来贺"，老人却独来谏，面对老人不中听，甚至有些不吉利的话，孙叔敖并没有撵走他，反而是虚心接受。作者通过生动的动作及语言描写来表现人物形象，将孙叔敖这个人物刻画得栩栩如生。从"敬受命，愿闻余教"的"敬"和"愿"，不仅可以看出孙叔敖的彬彬有礼，更展现了其礼贤下士、虚心纳谏的贤相形象。

【积累思考】

1. 解释下列加点的词。

（1）一国吏民皆来贺（　　　　）　（2）衣粗衣（　　　　）

（3）君恶之（　　　　）

2. 用现代汉语翻译文中画线的句子。

子独后来吊，岂有说乎？

---

3. 阅读全文，孙叔敖采纳了老人哪三条谏言？

【参考译文】

孙叔敖担任楚国的宰相，全国的官吏、百姓都来祝贺。有一个老人，穿着麻布制的衣服，戴着白色的帽子，最后（像是）来吊丧。孙叔敖整理好衣帽出来接见了他，对老人说："楚王不知道我没有贤德，让我当了宰相，人们都来祝贺，只有您最后（像是）来吊丧，莫非有什么要说的吗？"老人说："是有话要说。那些身份已经很高贵但是待人傲慢的人，人民会离开他；地位已经很高但是擅弄职权的人，君主会厌恶他；俸禄已经很多但是不知足的人，祸患就会和他共处。"孙叔敖向老人拜了两拜，说："我恭敬地接受您的教导，愿意再听您的教诲。"老人说："地位已经很高，越要为人谦恭；官越大，思想越要小心谨慎；俸禄已很丰厚，就不应索取分外财物。您严格地遵守这三条，就足以把楚国治理好了！"

80. 商鞅治秦

卫鞅亡魏入秦，孝公[①]以为相，封之於商，号曰商君。商君治秦，法令至行，公平无私；罚不讳[②]强大，赏不私亲近；法及太子，黥劓其傅[③]。期年之后，道不拾遗，民不妄取；兵革大强，诸侯畏惧。然刻深寡恩[④]，<u>特以强服之耳。</u>

（选自《战国策·秦策一》）

注：①孝公：即秦孝公，战国时期秦国国君。②讳：回避。③黥（qíng）：在罪人脸上刺字。劓（yì）：割掉鼻子。傅：老师。④刻深寡恩：（为人）刻薄少仁慈。

【阅读指南】

商鞅通过变法使秦国成为富裕强大的国家，史称“商鞅变法”。政治上，商鞅改革了秦国户籍、军功爵位、土地制度、行政区划、税收、度量衡以及民风民俗，并制定了严酷的法律；经济上，商鞅主张重农抑商、奖励耕织；军事上，商鞅作为统帅率领秦军收复了河西。

【积累思考】

1. 解释下列加点的词。

（1）卫鞅亡魏入秦（　　　　）　（2）兵革大强（　　　　）

2. 对文中画线句翻译正确的一项是（　　）

A. 特意用强硬的办法来压服人们罢了。

B. 只是用强硬的办法来压服人们罢了。

C. 特意用强硬的办法来使人顺服他罢了。

D. 只是用强硬的办法来使人顺服他罢了。

3. 下列对商鞅的评价不恰当的一项是（　　）

A. 公平无私

B. 善良仁慈

C. 赏罚分明

D. 治国有方

【参考译文】

商鞅逃出魏国进入秦国，秦孝公让他当丞相，并把於地和商地分封给他，号称“商君”。商君治理秦国，法令一到就要执行，而且公平无私。处罚时，不回避有权势的人；论功行赏时，不偏袒自己的亲信。太子犯法，就在他的老师脸上刺字并割掉其鼻子。一年之后，没人拾取别人遗失在路上的东西，也无人敢（随意）谋取非分的财物；秦国武器装备大大增强，其他诸侯国都感到害怕。但是商鞅对百姓刻薄少恩惠，只是用强硬的办法来使人顺服他罢了。

81. 鲁恭治中牟[①]

拜中牟令，恭专以德化[②]为理，不任刑罚……河南尹袁安[③]闻之，疑其不实，使仁恕掾肥亲[④]往廉之。恭随行阡陌，俱坐桑下。有雉[⑤]过，止其傍，傍有童儿。亲曰："儿何不捕之？"儿言："雉方将雏。"亲瞿然而起，与恭诀曰："所以来者，欲察君之政迹耳。今虫不犯境，此一异也；化及鸟兽，此二异也；竖子有仁心，此三异也。久留徒扰贤者耳。"还府，具以状白安。

（选自《后汉书·卓鲁魏刘列传》）

注：① 中牟：古地名，在今河南境内。② 德化：用道德来教化。③ 袁安：河南郡太守，是鲁恭的上司。④ 仁恕掾肥亲：仁恕掾是官职名，肥亲是人名。⑤ 雉（zhì）：野鸡。

【阅读指南】

《后汉书》中褒赞了大量的勤政爱民者，好官鲁恭便是其中一位。本文在构思上有匠心，没有通过直接描写的方法，而是借助袁安派出的特使的考察，体现鲁恭治县有方，既重视法治，又重视德治。从文中我们不难发现，袁安也是一个贤明的上司，他能发现人才，不埋没人才，给了鲁恭这样的好官发展的空间。至于那个特使通过到田间地头考察、与一个孩子聊天等，就总结出鲁恭的三条政绩，可谓观察细致、才思敏捷。

【积累思考】

1. 解释下列加点的词。

（1）止其傍（　　　　）　（2）欲察君之政迹耳（　　　　）

2. 用现代汉语翻译文中画线的句子。

还府，具以状白安。

---

3. 鲁恭任中牟令时，上司袁安派人去考察，特使此行目的何在？请用自己的话概括回答。

【参考译文】

鲁恭担任中牟令，注重用道德来感化人民，不采用刑罚的方式……河南尹袁安听说以后，怀疑这不是真的，派仁恕掾肥亲前往考察。鲁恭随行田间，一起坐在桑树下。有野鸡跑过，停在他们身旁，旁边有个小孩。肥亲问："你为什么不抓它？"小孩说："（因为）野鸡正在孵小鸡。"肥亲惊讶地站起身，和鲁恭告别说："我来的原因，是想考察一下您的政绩罢了。现在蝗虫不侵犯中牟县境，这是第一个让人惊异的地方；德化惠及鸟兽，这是第二个让人惊异的地方；小孩子都有仁慈的心，这是第三个让人惊异的地方。我在这里住得久了，只会打扰贤明的人罢了。"肥亲回去以后，把这些情况都汇报给袁安听了。

82. 陶侃留客

陶公少有大志，家酷贫①，与母湛氏同居。同郡范逵素知名，举孝廉，投侃宿。于时冰雪积日，侃室如悬磬，而逵马仆甚多。侃母湛氏语侃曰："汝但出外留客，吾自为计。"湛头发委地，下为二髲②，卖得数斛③米，斫④诸屋柱，悉割半为薪，剉⑤诸荐⑥以为马草。日夕，遂设精食，从者皆无所乏。逵既叹其才辩，又深愧其厚意。明旦去，侃追送不已，且百里许。逵曰："路已远，君宜还。"侃犹不返。逵曰："卿可去矣。至洛阳，当相为美谈。"侃乃返。逵及洛，遂称之于羊晫、顾荣诸人，大获美誉。

（选自《世说新语·贤媛》）

注：①酷贫：非常贫穷。②髲（bì）：假发。③斛：古代量器名，也是容量单位，一斛本为十斗，后来改为五斗。④斫（zhuó）：用刀斧砍。⑤剉（cuò）：同"锉"，割。⑥荐：草垫子。

【阅读指南】

本文的标题是《陶侃留客》，但有一个很重要的人物不得不提，那就是陶侃的母亲。如此贫穷的家庭，要招待范逵的大队人马，母亲告诉陶侃"汝但出外留客，吾自为计"，一句话打消了儿子心中的顾虑，随即"下为二髲，卖得数斛米，斫诸屋柱，悉割半为薪，剉诸荐以为马草"。尤其让人感动的是，她剪了自己的头发，卖了换米。《孝经》中说："身体发肤，受之父母，不敢毁伤，孝之始也。"陶母真的可以说是倾其所有。身教重于言教，陶母以身垂范，令人敬佩，这样伟大的母亲，才会培养出陶侃这样的一代名士。

【积累思考】

1. 解释下列加点的词。

（1）悉割半为薪（　　　）　（2）且百里许（　　　）

2. 用现代汉语翻译文中画线的句子。

陶公少有大志，家酷贫。

____

3. 陶侃是一个________________________的人。

【参考译文】

陶侃年少时就有大志，家境却非常贫寒，和母亲湛氏相依为命。同郡人范逵一向很有名望，被举荐为孝廉，有一次到陶侃家做客。当时，冰雪满地已经多日了，陶侃家一无所有，可是范逵的车马、仆从很多。陶侃的母亲湛氏对陶侃说："你只管到外面留下客人，我自己来想办法。"湛氏头发很长，拖到地上，她剪下来做成两条假发，卖掉换到几斗米。又把房屋的每根柱子都削下一半来当柴烧，把草垫子都剁了做草料喂马。到傍晚，便摆上了精美的饮食，范逵的随从也都不缺乏。范逵既赞赏陶侃的才智和口才，又对他的盛情款待深感愧谢。第二天早晨，范逵告辞，陶侃送了一程又一程，快要送到百里左右。范逵说："路已经走得很远了，您该回去了。"陶侃还是不肯回去。范逵说："您该回去了。我到了京都洛阳，一定给您美言一番。"陶侃这才回去。范逵到了洛阳，就在羊晫、顾荣等人面前称赞陶侃，使陶侃获得了很好的名声。

83. 桓公善求士

齐桓深知宁戚，将任之以政。群臣争谗之，曰：“宁戚卫人，去齐不远，君可使人问之。若果真贤，用之未晚也。”

公曰：“不然，患其有小恶者，民人知小恶忘其大美，此世所以失天下之士也。”乃夜举火而爵①之，以为卿相，九合②诸侯，一匡③天下。桓公可谓善求士矣。

（选自《刘子·妄瑕章》）

注：①爵：宴请。②九合：多次联合。③一匡：安定统一。

【阅读指南】

齐桓公之所以能在春秋时期称霸天下，与他知人善任、善于发现人才是分不开的。文中宁戚或许有小过，但齐桓公不以小过而埋没人才。古往今来，但凡成功的领导者，都能知人善任。大家熟知的唐太宗和魏征，齐桓公和管仲，刘备和诸葛亮，刘邦和萧何、韩信、张良，包括文中的故事，都是很好的例子。汉高祖刘邦就曾说过：“夫运筹帷幄之中，决胜千里之外，吾不如子房；填国家，抚百姓，给饷馈，不绝粮道，吾不如萧何；连百万之众，战必胜，攻必取，吾不如韩信。”这说明领导者未必是全才。领导者最重要的才干就是知人善用，将自己手下的人才依其所长分配工作，以提高效率。

【积累思考】

1. 解释下列加点的词。

（1）将任之以政（　　　　）　（2）以为卿相（　　　　）

2. 对文中画线句翻译正确的一项是（ ）

A. 宁戚是卫国人，（卫国）离齐国不远，您可以派人去调查一下他。

B. 宁戚是守卫者，到齐国上任不久，您可以叫人去问问他的情况。

C. 宁戚保卫人民，消灭齐国时间不久，您可以让人调查这件事了。

D. 宁戚是卫国人，（卫国）与齐国距离不远，您可能派人问过了吧。

3. 齐桓公认为“失天下之士”的原因是____。（用原文回答）

【参考译文】

齐桓公很了解宁戚，准备委任他管理国家的政务。朝中的大臣争相向齐桓公说毁谤宁戚的话，说：“宁戚是卫国人，卫国离齐国不远，您可以派人去调查一下他。如果他真是一个有才有德的贤人，再重用他也不迟。”

齐桓公说：“不能这样做，我担心他有小小的过失。因为一般人常是斤斤计较那些表面的、鸡毛蒜皮的缺点，而忽视他本质的好的一面，这就是真正有才有德的人得不到重用的原因。”于是连夜点灯，宴请宁戚，请他担任齐国的相国。（宁戚担任相国之后，协助齐桓公）多次联合诸侯，使天下安定统一。齐桓公可说是善于发现人才了。

84. 刘殷辞官

刘殷，字长盛，新兴人也。高祖陵，汉光禄大夫。殷七岁丧父，哀毁过礼[①]，服丧三年，未曾见齿。弱冠，博通经史，综核群言[②]，文章诗赋靡不该览，性倜傥，有济世之志，俭而不陋，清而不介，望之颓然[③]而不可侵也，乡党亲族莫不称之。太傅杨骏辅政，备礼聘殷，殷以母老固辞。骏于是表[④]之，优诏遂其高志。赵王伦篡位，孙秀夙重殷名，以散骑常侍征之，殷逃奔雁门。

（选自《晋书·列传第五十八》，有删改）

注：① 哀毁过礼：居丧悲哀超于礼制。② 综核群言：综合考察各家的学说。③ 颓然：恭顺的样子。④ 表：上表。

【阅读指南】

刘殷（生卒年不详），东汉光禄大夫刘陵的玄孙，十六国时期前赵名士、官员。州郡、朝廷屡次征召他任职，他都推辞不就任。这是他性格中淡泊名利的一面。文中也写到其“有济世之志”。当齐王司马冏辅政时，以大司马军谘祭酒之职征任刘殷。刘殷到任后，齐王对他说：“先王虚心地征召你，你不来。现在我征召你，你怎么就肯屈就呢？”刘殷说：“现在殿下凭着神武聪慧，除暴复帝位，而且圣迹初具规模，严威更重，刘殷如果再像以前那样，恐怕要招致诛罚，所以不敢不来。”司马冏认为他很特别，改任他为新兴太守。刘殷在任内惩恶扬善，赏罚分明，很有政绩。

【积累思考】

1. 解释下列加点的词。

殷以母老固辞（ ）

2. 用现代汉语翻译文中画线的句子。

乡党亲族莫不称之。

____

3. 刘殷的淡泊名利表现在哪里？

____

【参考译文】

刘殷，字长盛，是新兴人。高祖刘陵是汉光禄大夫。刘殷七岁丧父，居丧超于礼制，服丧三年，从不露齿而笑。到二十岁，就已经广泛地通晓经史知识，综合考察各家的学说，文章诗赋无不备览。性情洒脱，有济世的志向，俭朴而不简陋，耿直而不孤傲，看上去恭顺却又不可侵犯，乡人亲族无不称赞他。太傅杨骏辅政时，备礼聘请刘殷，刘殷以母亲年老为由坚决推辞。杨骏于是上表，皇帝下褒美嘉奖的诏书成全他的高志。赵王司马伦篡位后，孙秀向来看重刘殷的名望，以散骑常侍之职征召他，刘殷逃奔到雁门。

85. 孙晷

孙晷，字文度，吴国富春人，吴伏波将军秀之曾孙也……兄尝笃疾经年，晷躬自扶侍，药石甘苦，必经心目，跋涉山水，祈求恳至。而闻人之善，欣若有得；闻人之恶，惨若有失。见人饥寒，并周赡[①]之，乡里赠遗，一无所受。亲故有穷老者数人，恒往来告索，人多厌慢之，而晷见之，欣敬逾甚，寒则与同衾，食则与同器，或解衣推被以恤之。时年饥谷贵，人有生刈[②]其稻者，晷见而避之，须去而出，既而自刈送与之。乡邻感愧，莫敢侵犯。

（选自《晋书·列传第五十八》）

注：① 赡：供给，供养。② 刈（yì）：割。

【阅读指南】

1. 阅读写人的文章要善于从事例中分析人物的性格，要把表现人物同样性格特点的内容梳理归并，这样才能准确提炼出人物的形象。

2. 文言文中有些看似陌生的词，我们可以通过将单音节词扩展成双音节词，再从现代汉语的用法来揣摩它们在文中的意思。例如"躬""赡""慢"，扩展成"躬亲""赡养""怠慢"，我们就能理解这些生僻的词的意思了。

【积累思考】

1. 解释下列加点的词。

（1）晷躬自扶侍（　　　　　）　（2）乡里赠遗（　　　　　）

2. 用现代汉语翻译文中画线的句子。

而闻人之善，欣若有得。

3.“暑见而避之，须去而出，既而自刈送与之”，试分析孙暑这样做的用意。

【参考译文】

孙暑，字文度，吴国富春人，是伏波将军孙秀的曾孙……兄长曾长期卧病，孙暑亲自照顾，尝药送水，精心照料，远涉山水（求医），恳切地祈祷。孙暑听说别人的优点，高兴得像是自己有所得；听说别人的缺点，难过得像是自己有所失。孙暑看见别人挨饿受冻，就周济供养他，乡人的馈赠，一点都不接受。亲朋故交中有几个穷困年老的，常常要钱要东西，人们大多厌烦、轻慢他们，而孙暑看到他们，非常愉快恭敬，天冷了与他们同盖一条被子，饿了和他们同吃一锅饭，有时脱下衣服、赠送被子来救济他们。当时收成不好导致谷物昂贵，有人偷割他家未成熟的稻子，孙暑看到后躲起来，一定等人家离开后才出来，然后又亲自割下稻子送过去。乡邻又感动又惭愧，没有人敢再去侵扰他。

86. 杨氏救城

建中四年，李希烈陷汴州。既又将盗陈州，分其兵数千人抵项城①县。盖将掠其玉帛，俘累其男女，以会于陈州。县令李侃不知所为。其妻杨氏曰："君，县令，寇至当守。力不足，死焉，职也。君如逃，则谁守？"侃曰："兵与财皆无，将若何？"杨氏曰："如不守，县为贼所得矣，仓廪②皆其积也，府库皆其财也，百姓皆其战士也，国家何有？"……于是召胥吏③百姓于庭，杨氏言曰："县令，诚主也；虽然，岁满则罢去。非若吏人百姓然。吏人百姓，邑人也，坟墓存焉，宜相与致死以守其邑，忍失其身而为贼之人耶？"众皆泣，许之。

（选自《李文公集·杨烈妇传》）

注：①项城：唐代的一个县，在今河南东南部。②仓廪：粮仓。③胥吏：旧时官府中办理文书的小官吏。

【阅读指南】

这个故事后续的发展是这样的：杨氏宣布"凡是用砖瓦石块击中敌人的，奖赏他千钱；用刀、箭等兵器击中敌人的，奖赏他万钱"。得到数百人响应，杨氏的丈夫李侃带领他们登上城墙。杨氏亲自为他们煮饭，不分老小，一律照顾周到。杨氏让李侃对敌人喊话："项城父老，守义而决不从贼，都全力死守不怕牺牲，即使得到我们的城也不能显示你们的军威，不如赶快离去，白白地失利，没有什么好处。"这时有流矢射中李侃的手，李侃受伤而归。杨氏责备他说："你不在，谁能固守阵地！即使死在城上，不也比死在家里有意义吗？"李侃忍着伤痛，又登上了城墙。项城是小地方，没有精良武器，也没有高城深沟可以用来固守。叛贼气焰嚣张，率领他们的士兵快要跳过城墙攻下项城了。此时守城士兵用弓箭射贼人，射中了他们的统帅，统帅落马而死。叛贼乱作一团，全都逃跑了。项城得以保全。

【积累思考】

1. 解释下列加点的词。

（1）县令，诚主也（　　　）　（2）众皆泣，许之（　　　）

2. 用现代汉语翻译文中画线的句子。

力不足，死焉，职也。

______

3. 杨氏一番说辞能使“众皆泣”的原因是什么？

______

【参考译文】

建中四年，李希烈攻陷汴州，接着想要攻下陈州，派几千个士兵到项城县，可能要抢劫玉帛，俘虏男女，以汇集到陈州。县官李侃不知怎么才好。他的妻子杨氏说：“您是县官，叛贼来到自当守卫。抵抗的力量不足，即使死了，也是忠于职守。您假如逃跑，那么谁来坚守城池？”李侃说：“既没有军队又没有钱财，该怎么办？”杨氏说：“假如不守住，县城将被叛贼抢夺去，粮仓里储藏的都成了叛军的储备，政府的财库都成了他们的财产，百姓都成了他们的士兵，国家还有什么呢？”……于是在庭院召集胥吏和百姓，杨氏说：“县官，确实是一城之主，虽然如此，但任期满了就要离职而去，不像吏人和百姓那样。吏人和百姓，都是本地人，坟墓也在这里，应该一起出力死守这个县城，怎能忍心让自己成为叛贼俘虏呢？”众人都流下眼泪，答应（听）她（调遣）。

87. 张孝基仁爱

许昌①士人张孝基，娶同里富人女。富人只一子，不肖②，斥逐之。富人病且死，尽以家财付孝基。孝基与治后事如礼③。久之，其子丐于涂，孝基见之，恻然谓曰："汝能灌园乎？"答曰："如得灌园以就④食，何幸！"孝基使灌园。其子稍自力，孝基怪之，复谓曰："汝能管库乎？"答曰："得灌园，已出望外，况管库，又何幸也。"孝基使管库。其子颇驯谨，无他过。孝基徐察之，知其能自新，不复有故态，遂以其父所委财产归之。

（选自《厚德录·卷一》）

注：①许昌：古地名，在今河南境内。②不肖：不成才。③如礼：按规定礼节。④就：本义为接近，此处指得到。

【阅读指南】

1.《厚德录》是宋朝李元纲所辑录的一本讲述君子品德的著作。

2. 本文主要讲述了张孝基如何使妻子的兄弟改过自新、由浪荡子变为新人的故事。全文不过百余字，后经世人的加工与创作，丰富了情节与人物，以小说的形式收录于《醒世恒言》，小说名为《张孝基陈留认舅》，后人又将此篇小说易名为《金不换》。

【积累思考】

1. 下列句子中的"以"与例句中的"以"用法相同的一项是（　　）

例句：遂以其父所委财产归之

A. 何以战

B. 不以物喜

C. 故临崩寄臣以大事

D. 以塞忠谏之路

2. 用现代汉语翻译文中画线的句子。

其子稍自力，孝基怪之。

____

3. 张孝基的“仁爱”体现在______________、______________。

【参考译文】

许昌有个士人叫张孝基，娶同乡某富人的女儿。富人只有一个儿子，不成才，富人便骂着把他赶走了。后来富人生病将要死了，把家产全部托付给孝基。孝基按礼节为富人办了后事。过了许久，富人的儿子在路上讨饭，孝基见到他，同情地说道：“你会灌园吗？”富人的儿子答道：“如果灌园能让我有饭吃，那我很高兴啊！”孝基便叫他去灌园。富人的儿子渐渐地能自食其力了，孝基对他的变化感到奇怪，又说道：“你能管理仓库吗？”他答道：“让我灌园，已出乎我的意料，更别说管理仓库了，那真是太好啦。”孝基就叫他管理仓库。富人的儿子很顺从、谨慎，没犯什么过错。孝基慢慢观察他，知道他能改过自新，不会像以前那样，于是将他父亲所托付的财产归还给他了。

88. 江天一传

江天一，字文石，徽州歙县人。少丧父，事其母，及抚弟天表，具有至性。尝语人曰："士不立品者，必无文章。"……天一虽以文士知名，而深沉多智，尤为同郡金佥事①公声所知。当是时，徽人多盗，天一方佐佥事公，用军法团结乡人子弟，为守御计。而会张献忠②破武昌，总兵官左良玉东遁，麾下狼兵③哗于途，所过焚掠。将抵徽，徽人震恐，佥事公谋往拒之，以委天一。天一腰刀帓首，黑夜跨马，率壮士驰数十里，与狼兵鏖战祁门，斩馘④大半，悉夺其马牛器械，徽赖以安。

（选自《四库全书·尧峰文钞》）

注：①佥事：官职名。②张献忠：明末农民起义军领袖。③狼兵：左良玉部下那些广西土司的军队。④斩馘（guó）：杀敌。馘，古代战争中割取所杀敌人的左耳以计功，也指割下的敌人的左耳。

【阅读指南】

"士不立品者，必无文章。"明末抗清义士江天一的"品"表现在各个方面。在家中他侍奉寡母，抚育弟弟。他广读诗书，沉着冷静，足智多谋。大敌当前，他又有勇有谋：面对盗贼，他制定防守之计，团结乡邻共同御敌；当哗变部队危及地方时，他又率兵出战，杀敌无数，奏凯而归。据记载，最后他抗击清军失败而被捕，慷慨就义。他用一生很好地践行了一个"品"字。

【积累思考】

1. 解释下列加点的词。

（1）事其母（　　　　）　（2）总兵官左良玉东遁（　　　　）

（3）悉夺其马牛器械（　　　　）

2. 用现代汉语翻译文中画线的句子。

士不立品者，必无文章。

____

3. 文中写总兵官左良玉及徽人的举止行动有什么目的？

____

【参考译文】

江天一，字文石，徽州歙县人。小时候就死了父亲，他侍奉母亲，扶养弟弟天表，有着纯朴的本性。他曾经对别人说："读书人不树立好的道德品行，就必然没有好文章。"……天一虽然以文士而出名，却冷静沉着、足智多谋，特别受到同郡佥事金声的赏识。在那个时候，徽州一带盗匪很多，江天一便辅助佥事金声，用军队的办法组织乡里的年轻人，做好防守的打算。适逢张献忠攻破了武昌，总兵官左良玉向东逃跑，他部下那些广西土司的军队在半路上发动叛乱，在所经过的地方放火抢劫。乱军将要到达徽州，徽州人非常震惊、恐惧。佥事金声打算派兵去抵抗，把这件事委派给了天一。天一佩腰刀，裹头巾，黑夜里骑着马，率领一批勇士驰骋了几十里，与叛乱的广西土司军队在祁门激战，杀死了一大半叛兵，夺取了他们所有的牛马和兵器，徽州城因此而得以平安。

89. 汤敦甫不欺翁

汤敦甫在京师，乘车过宣武门大街，有卖菜翁弛担坐，御者误触之，菜倾于地。翁捽①其御者，詈②且殴，索偿菜直。公启帘问曰："直几何？我偿汝。"翁言钱一贯，公揣囊中已空，命同来家中取钱。翁不肯曰："偿则此地偿耳。"公为之窘。适南城兵马司指挥至，起居③已，曰："此小人，由某携回重惩可也。"翁始惶恐，叩首乞哀。公谓指挥曰："无庸，假贯钱足矣。"指挥如数与之。翁叩谢去。公仍停辔，与指挥言良久，意翁行已远，乃别指挥，叱驭去。

（选自《新世说·卷三》）

注：① 捽（zuó）：揪。② 詈（lì）：骂。③ 起居：问安。

【阅读指南】

1.《新世说》是民国时期易宗夔模仿《世说新语》之作，上起清初叶，下至民国，内分德行、言语、政事、文学等三十六门。作为一部文言笔记性质的志人小说，尽管其影响和艺术成就不能和《世说新语》相提并论，但《新世说》中的士人形象还是很有特色的。

2."士人"是对中国古代士大夫、儒生等知识阶级的泛称。他们既是国家政治的直接参与者，又是中国文化艺术的创造者、传承者，是中华文明所独有的一个社会群体。在上起春秋、下至清代的两千多年的历史变迁中，"士"在每一时期的变化也就是中国历史进入一个新阶段的折射。在他们身上，可以领略到传统士人的风采，亦可一窥历史的进程。

【积累思考】

1. 解释下列加点的词。

（1）有卖菜翁弛担坐（　　　　）　（2）索偿菜直（　　　　）

2. 用现代汉语翻译文中画线的句子。

无庸，假贯钱足矣。

3. 通读全文，谈谈汤敦甫的为人。

【参考译文】

汤敦甫在京师的时候，坐车经过宣武门大街，有个卖菜的老翁放下担子坐在路旁，赶车人不小心碰到了，把菜都打翻在地上。老翁抓住赶车人不放，责骂并且殴打他，要他赔偿菜钱。汤敦甫掀开帘子问："值多少钱？我赔你。"老翁要一贯钱，汤敦甫摸了摸袋子，里边没钱，就叫他一块儿到家里拿钱。老翁不肯，说："要赔就在这儿赔。"汤敦甫为此很是尴尬。正好南城兵马司指挥到了，问安完，就说："这纯属小人，让我抓回去重重治罪就行了。"老翁害怕起来，磕着头哀声乞求。汤敦甫对指挥说："不用，借我一贯钱就够了。"指挥把钱给了他。老翁磕头道谢走了。汤敦甫仍然停着车与指挥讲了好一会儿话，估算着老翁已经走远，才与指挥告别，叫车子离开。

90. 五柳先生传

先生不知何许人也，亦不详其姓字，宅边有五柳树，因以为号焉。闲静少言，不慕荣利。好读书，不求甚解；每有会意，便欣然忘食。性嗜酒，家贫不能常得。亲旧①知其如此，或置酒而招之；造②饮辄尽，期在必醉。既醉而退，曾不吝情③去留。环堵萧然，不蔽风日；短褐穿结④，箪瓢⑤屡空，晏如⑥也。常著文章自娱，颇示己志。忘怀得失，以此自终。

赞⑦曰：黔娄⑧有言："不戚戚于贫贱，不汲汲于富贵。"其言兹若人之俦⑨乎？酣觞⑩赋诗，以乐其志。无怀氏之民欤？葛天氏之民欤？

（选自《陶渊明集·卷六》）

注：① 亲旧：亲戚朋友。亲，亲戚。旧，此处指旧交，旧友。② 造：往，到。③ 吝情：舍不得。④ 短褐：用粗麻布做成的短上衣。穿结：指衣服上有洞和补丁。⑤ 箪：古代盛饭用的圆形竹器。瓢：饮水用具。⑥ 晏如：安然自若的样子。⑦ 赞：传记结尾的评论性文字。今义称赞、赞美。此处可直接翻译为"赞语"。⑧ 黔（qián）娄：战国时期齐国的隐士。⑨ 俦：辈，同类。⑩ 觞（shāng）：酒杯。

【阅读指南】

1. 陶渊明（约 365—427），东晋诗人，中国文学史上的大家，不但开创了山水田园诗派，散文造诣也很高。在一定意义上，可以说《五柳先生传》就是作者的自画像。

2. 古人重视家族在地方上的名望，姓氏前常冠以家世、籍贯，而五柳先生却“不知何许人”，古人又重视声名，希望能够声名不朽，而五柳先生却连姓氏、名字也不清楚，竟指宅旁五柳为号，可见他不在乎这些流俗观念。文中这几笔不仅把五柳先生隐姓埋名、深藏避世的意思说足，而且凸显了他的不俗，语极平淡，味极深醇。

【积累思考】

1. 解释下列加点的词。

（1）宅边有五柳树，因以为号焉（　　　　）

（2）好读书，不求甚解（　　　）

2. 用现代汉语翻译文中画线的句子。

不戚戚于贫贱，不汲汲于富贵。

____

3. 找出文中表现五柳先生性格、生活、志趣的语句。

（1）性格：______________________________。

（2）生活：______________________________。

（3）志趣：______________________________。

从以上的表现来看，陶渊明具有______________________________的精神。

【参考译文】

五柳先生不知道是哪里人，也不知道他的姓名。他因房子旁边种着五棵柳树，就以此为号。他安安静静的，很少说话，不羡慕荣华利禄。他爱好读书，只求领会要旨，不在一字一句的解释上过分深究；每当对书中的内容有所领会的时候，就会高兴得忘了吃饭。他天性喜欢喝酒，但家境贫寒而不能常喝。亲戚朋友知道他有此嗜好，有时摆了酒席来招待他；他去喝酒就喝个尽兴，希望一醉方休。他（只要）喝醉了就回家去，从来没有舍不得离开。他简陋的居室里空空荡荡，无法遮蔽狂风和烈日；粗布短衣上打了补丁，盛饭的篮子和喝水用的瓢里经常是空的，但他依然安然自若。他经常以写文章来自娱自乐，很是能表达自己的志趣。他从不把自己的得失放在心上，就这样过完了自己的一生。

赞语说：黔娄曾经说过："不为贫贱而忧愁，不对富裕显贵热衷。"这话大概说的就是五柳先生一类的人吧？一边喝酒一边作诗，为自己的志向而快乐。他大概是无怀氏或葛天氏时候的百姓吧？

91. 柳子厚风范

其召至京师，而复为刺史①也，中山刘梦得禹锡亦在遣中，当诣播州②。子厚泣曰："播州，非人所居，而梦得亲在堂，吾不忍梦得之穷，无辞以白其大人；且万无母子俱往理。"请于朝，将拜疏，愿以柳易播，虽重得罪，死不恨。遇有以梦得事白上者，梦得于是改刺连州③。呜呼！士穷乃见节义。今夫平居④里巷相慕悦，酒食游戏相征逐，诩诩强笑语以相取下，握手出肺肝相示，指天日涕泣，誓生死不相背负，真若可信。一旦临小利害，仅如毛发比，反眼若不相识；落陷阱，不一引手救，反挤之，又下石焉者，皆是也。此宜禽兽夷狄所不忍为，而其人自视以为得计。闻子厚之风，亦可以少愧矣！

（选自《韩昌黎文集·第七卷》）

注：①复为刺史：指柳宗元被贬为永州司马后，被召回京城，又被贬为柳州刺史。②播州：唐时州名，今贵州遵义。③连州：唐时州名，今广东连州。④平居：平日。

【阅读指南】

说到古代的文坛知己，就不得不提有着"大唐铁三角"之称的柳宗元、刘禹锡和韩愈这三位了。他们既是科举应试的同学，而后又陆续调到御史台任监察御史，成为私交很好的朋友，经常在一起谈天论地、共赏奇文。他们三人的友谊既因为当年同学而源远，又因为后来同事而流长。柳宗元去世后，韩愈为其撰写了墓志铭，本文即为其中一段。

【积累思考】

1. 解释下列加点的词。

（1）当诣播州（　　　　）　（2）一旦临小利害（　　　　）

（3）亦可以少愧矣（　　　　）

2. 用现代汉语翻译文中画线的句子。

虽重得罪，死不恨。

____

3. 写出出自本文的一个成语：______________________。

【参考译文】

（柳宗元）被召回京城，又被贬为柳州刺史。中山人刘禹锡也在这次遣放之列，应该前往播州。柳宗元流着眼泪说道："播州不适合人居住，而梦得有母亲健在，我不忍心看到梦得到那么穷困的地方，都没法把这事告诉他的老母亲，况且也绝没有让母子同赴贬所的道理。"他向朝廷请求，并准备呈递奏章，愿以柳州更换播州，即使因此再次获罪，死了也没有遗憾。此时正好有人将刘禹锡的事报告了朝廷，刘禹锡在这事之后改任连州刺史。哎！士人在困窘时才最能表现出他的气节和道义。当今的人们平日里互相敬慕爱悦，相邀饮宴，追逐游戏，假装讨好、强颜欢笑以示谦卑友好，握手发誓以见肝胆相照，指天画日，痛哭流涕，表示死也不会背弃朋友，似乎像真的一样可信。然而一旦碰上小的利害冲突，哪怕只有毛发一般细微，也会反目相向，好像从来不认识的样子。对方落入陷阱，不但不伸手援救，反而趁机排挤，又落井下石，这样的人比比皆是。这种事情恐怕连禽兽和蛮族都不忍心去做，而那些人却自以为得逞。当他们听到子厚的为人风度，也应该感到稍许惭愧吧。

92. 岑文本官高而忧

岑文本初仕萧铣①。江陵平，授秘书郎②，直中书。校省李靖骤③称其才，擢④拜中书舍人，渐蒙恩遇。时颜师古谙⑤练故事，长于文诰，时无逮，冀复用之。太宗曰："我自举一人，公勿复也。"乃以文本为中书侍郎，专与枢密。及迁中书令，归家有忧色。其母怪而问之，文本对曰："非勋非旧，滥登宠荣，位高责重，古人所戒，所以忧耳。"有来贺者，辄曰："今日也，受吊⑥不受贺。"辽东之役，凡所支度⑦，一以委之，神用顿竭。太宗忧之曰："文本与我同行，恐不与我同反。"俄病卒矣。

（选自《大唐新语·举贤》）

注：①萧铣（583—621）：隋朝末年地方割据势力首领，南兰陵（今江苏常州）人，为后梁（又称西梁）宣帝曾孙。②秘书郎：与后文的"校省""中书舍人""中书侍郎""中书令"，都是唐朝的官职。③骤：屡次，多次。④擢：提拔，选拔。⑤谙：熟悉。⑥吊：安慰。⑦支度：调拨军用物资。

【阅读指南】

1.《大唐新语》由唐代刘肃撰写，共十三卷，记载了唐初至大历年间士大夫的政治生活、著作活动等，仿照《世说新语》的体例，分匡赞、规谏、极谏、刚正等三十门，主要收有关政治和道德教化的史料，多取资于国史旧闻。

2. 岑文本（595—645）：字景仁，南阳棘阳（今河南南阳）人，唐朝宰相、文学家，西梁吏部尚书岑善方之孙，隋朝虞部侍郎岑之象之子。萧铣在荆州称帝，任岑文本为中书侍郎。武德四年，河间王李孝恭平定荆州，岑文本力劝其安民，后被授官荆州别驾。

【积累思考】

1. 解释下列加点的词。

（1）冀复用之（　　　　）　（2）及迁中书令（　　　　）

（3）所以忧耳（　　　　）

2. 用现代汉语翻译文中画线的句子。

其母怪而问之。

---

3. 下列对文意理解不正确的一项是（　　）

A. 岑文本一直都在唐朝当官，并多次受到朝廷的奖赏。

B. 岑文本当上中书侍郎，原因之一就是唐太宗不想让颜师古官复原职。

C. 岑文本被提拔到中书令后反而感到忧虑，可见他不是狂妄自大的人。

D. 综观全文，岑文本的后半生可用“鞠躬尽瘁，死而后已”来概括。

【参考译文】

岑文本起初在萧铣部下任职。平定江陵后，他被任命为秘书郎，入职中书省。校省李靖多次称赞他的才能，提拔他为中书舍人，他渐渐得到皇帝的赏识。当时颜师古对旧例非常熟悉，擅长起草文书，一时没有人比得上，他希望能重新被起用（担任中书侍郎）。唐太宗说：“我亲自推荐一个人，你就不要再担任这个职务了。”于是让岑文本担任中书侍郎，专管机密。后来岑文本又升任中书令，他回到家时脸上却有忧虑的表情。他的母亲感到奇怪并问他，岑文本回答说：“我没有功勋，也跟皇上没有旧交，获得太大的宠幸，职位高、责任重，这是古人所忌的，所以感到忧虑。”有人向他庆贺，他就说：“今天，我只接受安慰，不接受庆贺。”辽东之战时，所有军用物资的调拨，全都委托岑文本来主持，导致他劳累过度、精力耗尽。唐太宗忧虑地说：“岑文本和我一同出征，恐怕不能和我一同回去了。”不久，岑文本就病逝了。

93. 强项令董宣

陈留董宣为洛阳令[①]。湖阳公主[②]苍头[③]白日杀人，因匿主家，吏不能得。及主出行，以奴骖乘[④]，宣于夏门亭候之，驻车叩马[⑤]，以刀画地，大言数主之失；叱奴下车，因格杀之。主即还宫诉帝[⑥]，帝大怒，召宣，欲棰杀之。宣叩头曰："愿乞一言而死。"帝曰："欲何言？"宣曰："陛下圣德中兴，而纵奴杀人，将何以治天下乎？臣不须棰，请得自杀！"即以头击楹[⑦]，流血被面。帝令小黄门[⑧]持之。使宣叩头谢主，宣不从；强使顿之，宣两手据地，终不肯俯。主曰："文叔[⑨]为白衣时，藏亡匿死，吏不敢至门。今为天子，威不能行一令乎？"帝笑曰："天子不与白衣同！"因敕："强项令出！"赐钱三十万。宣悉以班诸吏。由是能搏击豪强，京师莫不震栗。

（选自《资治通鉴·汉纪三十五》）

注：①令：县令。②湖阳公主：东汉光武帝刘秀姐姐的封号。下文的"主"都是指湖阳公主。③苍头：家奴，汉代奴仆以青色头巾包头，故称"苍头"。④骖乘：陪乘。⑤叩马：拉住马。叩，通"扣"，拉住。⑥帝：光武帝刘秀。⑦楹：柱子。⑧黄门：宦官，太监。⑨文叔：刘秀的字。

【阅读指南】

董宣（生卒年不详），字少平，陈留郡圉（yǔ）县（今河南杞县南）人，东汉大臣。他当官后，无论做什么都按法令办事，因此接连被提拔，曾任北海相、江夏太守。光武帝刘秀统一全国后，实行休养生息的政策，希望国家经济尽快恢复。当时，地方豪强势力很大，他们买卖人口，大搞土地兼并，不守国法。不过，严格执法的董宣不畏权势，对他们敢于依法处置。

【积累思考】

1. 解释下列加点的词。

（1）陈留董宣为洛阳令（　　　　）　（2）宣不从（　　　　）

2. 用现代汉语翻译文中画线的句子。

而纵奴杀人，将何以治天下乎？

____

3. 董宣是一个____的人。

【参考译文】

陈留人董宣担任洛阳县令。当时湖阳公主的家奴在光天化日之下杀人，因为藏匿在公主家里，官吏无法抓捕。等到公主出门，由这个家奴陪乘时，董宣在夏门外的亭子等候，拦住公主的车马，用刀在地面上画圈，大声数说公主的过失，责令家奴下车，接着便把家奴处死了。公主立即回到宫里向光武帝告状。光武帝极为愤怒，召见董宣，要用棍棒打死他。董宣磕头说："希望能让我说一句话再死。"光武帝说："想说什么话？"董宣说："皇帝您因德行圣明而中兴复国，却放纵家奴杀害百姓，将凭借什么来治理天下呢？我不须杖打，请准我自杀。"当即用头撞击柱子，血流满面。光武帝命令小太监扶着董宣，让他磕头向公主谢罪，董宣不答应；光武帝命令小太监强迫他磕头，董宣两手撑地，一直不肯低头。公主说："过去您做百姓的时候，隐藏逃亡犯、死刑犯，官吏不敢进门抓人。现在做皇帝，你的威严还制服不了一个县令吗？"光武帝笑着说："做皇帝和做百姓不一样。"当即命令："硬脖子县令出去！"赏赐给董宣三十万钱。董宣把钱全部分给手下众官吏。从此他捕捉、打击倚仗权势横行的不法之人，京城里没有谁不害怕的。

94. 刘备纳贤

初，涿郡刘备，中山靖王之后也。少孤①贫，与母以贩履为业，长七尺五寸，垂手下膝，顾自见其耳；有大志，少语言，喜怒不形于色。尝与公孙瓒同师事②卢植，由是往依瓒。瓒使备与田楷徇③青州有功，因以为平原相。备少与河东关羽、涿郡张飞相友善，备与二人寝则同床，恩若兄弟，而稠人广坐，侍立终日，随备周旋④，不避艰险。常山赵云为本郡将吏兵诣公孙瓒，刘备见而奇之，深加接纳，云遂从备至平原，为备主骑兵。

（选自《资治通鉴·汉纪五十二》，有删改）

注：①孤：幼年丧父。②师事：以师礼相待。③徇：掠取。④周旋：交战。

【阅读指南】

本文分两层：一是刘备的出身背景、相貌与个性特征；二是他与关羽、张飞、赵云的关系。刘备是汉景帝之子中山靖王刘胜的后裔。刘备的父亲刘弘早亡，少年刘备与母亲以贩卖草鞋为业，生活非常艰苦。文中写刘备相貌奇异，不同于常人，暗示其不凡的经历和帝王之相。刘备少有大志，但不爱说话，喜怒不形于色，喜欢结交豪杰，当地豪侠都争着依附刘备。在历史上，刘备、关羽和张飞三人关系亲密，“恩若兄弟”。文中写了刘备招纳的几位大将，除关羽、张飞外，还有赵云。

【积累思考】

1. 解释下列加点的词。

（1）顾自见其耳（　　　　）（2）刘备见而奇之（　　　　）

2. 用现代汉语解释文中画线的句子。

喜怒不形于色。

---

3. 从文中看，下列对人物的分析评价有误的一项是（　　）

A. 刘备幼年就丧父，家境十分贫穷。

B. 刘备和关羽、张飞的关系很好，他们睡在同一张床上，像亲兄弟一样友爱。

C. 关羽、张飞和赵云跟随刘备一起与敌人周旋，不逃避艰难险阻。

D. 刘备“纳贤”的目的是想实现自己的雄心大志。

【参考译文】

当初，涿郡人刘备是西汉中山靖王刘胜的后裔。他幼年丧父，十分贫穷，与母亲一起靠贩卖草鞋为生。刘备身高七尺五寸，手垂下时超过了膝盖，回头（可以）看到自己的耳朵；他胸怀大志，很少说话，喜悦和愤怒都不轻易在脸上表现出来。他曾经与公孙瓒一起在卢植门下拜师学习，因此前往投靠公孙瓒。公孙瓒派刘备和田楷夺取青州，他们立下了战功，于是公孙瓒把刘备立为平原县相。刘备年轻时与河东人关羽、涿郡人张飞交情深厚，他与这两人睡在同一张床上，像亲兄弟一样友爱；在大庭广众之中，关羽和张飞整日站在刘备身边侍卫；他们跟随刘备一起与敌人交战，不逃避艰难险阻。常山人赵云率领本郡的队伍前去拜访公孙瓒，刘备见到赵云后，认为赵云很特别，十分用心去交结。赵云于是就随刘备到平原县，为他统领骑兵。

95. 八大山人传

八大山人，号人屋。人屋者，广厦万间之意也。性孤介[①]，颖异绝伦。八岁即能诗，善书法，工篆刻，尤精绘事。尝写菡萏一枝，半开池中，横斜水面，生意勃然；张堂中如清风徐来香气当满室。又画龙，丈幅间蜿蜒升降，欲飞欲动；若使叶公见之，亦必大叫惊走也。善诙谐，喜议论，娓娓不倦，尝倾倒四座。

山人既嗜酒，无他好。人爱其笔墨，多置酒招之，预设墨汁数升、纸若干幅于座右。醉后见之，则欣然泼墨广幅间。或洒以敝帚，涂以败冠，盈纸肮脏，不可以目。然后捉笔渲染，或成山林，或成丘壑，花鸟竹石，无不入妙。如爱书，则攘臂搦管[②]，狂叫大呼，洋洋洒洒，数十幅立就。醒时，欲求其片纸只字不可得。虽陈黄金百镒于前，勿顾也。其颠如此。

（选自《虞初新志·卷十一》，有删改）

注：① 介：耿直。② 攘臂搦（nuò）管：捋起袖子，伸出胳膊，执笔为文。

【阅读指南】

八大山人即朱耷（1626—1705），江西南昌人，是明末清初杰出的画家、书法家、诗人，与石涛、石拜、渐江合称“清初四高僧”，且为四僧之冠。作为明皇室后裔，八大山人身遭国亡家破之痛，一生不与清王朝合作。他性情孤傲倔强，行为狂怪，常借诗、书、画发泄其悲愤抑郁之情。他一生所用名号众多，以“八大山人”最为知名。

【积累思考】

1. 解释下列加点的词。

尤精绘事（　　　　）（　　　　）

2. 文中画线句缺标点，用“/”为其断句（两处）。

张 堂 中 如 清 风 徐 来 香 气 当 满 室

3. 用夸张手法具体写出八大山人“尤精绘事”的句子是“________________”和“________________________”。

【参考译文】

八大山人，号“人屋”。“人屋”就是“广厦万间”的意思。他生性孤傲耿直，聪明绝伦。八岁便能作诗，善于书法，长于篆刻，尤其精于绘画。曾经画一枝荷花，半开于池中，横斜在水面上，栩栩如生。挂在堂中，好像有清风徐徐吹来，香气便充满整个屋子。又曾画龙，龙在有限的纸面上蜿蜒升降，想要飞动一般。如果叶公见到了，也一定会大叫着惊慌逃跑的。他言语诙谐，喜欢议论，总是娓娓而谈，不知疲倦，曾使四座的人为之倾倒。

山人只喜好喝酒，没有其他的爱好。人们喜欢他的书画，大多置办了酒来招待他，预先在座位右边准备几升墨汁、若干纸张。山人酒醉后见到了，便高兴地在宽大的画纸上泼墨，有时候用破笤帚洒，用坏帽子涂，弄得满纸肮脏，不堪入目。这样以后他提笔渲染，有的成山林，有的成丘壑，有的成花鸟竹石，无不精妙。如果他想写字，就捋起袖子，伸出胳膊，执笔为文，狂叫大呼着，连续不断地写，几十幅字片刻就完成了。到他酒醒了，要想索求他的片纸只字都无法得到，即使将百镒黄金放在他的面前，他也不看一眼。他就癫狂到这样的地步。

三

事理篇

96. 养鸟有道

所云不得笼中养鸟，而予又未尝不爱鸟，但养之有道耳。欲养鸟莫如多种树，使绕屋数百株，扶疏茂密，为鸟国鸟家。将旦时，睡梦初醒，尚展转在被，听一片啁啾，如《云门》《咸池》① 之奏。及披衣而起，洗面漱口啜茗，见其扬翚振彩②，倏③往倏来，目不暇给，固非一笼一羽之乐而已。大率平生乐处，欲以天地为囿④，江汉为池，各适其天，斯为大快。比之盆鱼笼鸟，其钜细仁忍何如也⑤！

（选自《板桥家书·卷七》）

注：①《云门》《咸池》：古乐曲名。② 扬翚（huī）振彩：扇动五彩翅膀飞翔。③ 倏：极快地，忽然。④ 囿（yòu）：园林。⑤ 其钜细仁忍何如也：它们空间的大小、用心的仁慈或残忍，相差多么远啊！

【阅读指南】

1. 俗话说“一松一竹真朋友，山鸟山花好弟兄”，爱鸟是人类的天性，然而爱鸟亦有道。有人以笼养鸟，使鸟失去遨游天空、嬉戏林间的自由。有人则为鸟营造美好的生活环境，在与鸟的和谐相处中，真正享受到养鸟带来的乐趣。

2.《板桥家书》为清代郑燮（字板桥）所作。获乾隆帝封为“书画史”后一年，郑板桥整理往日写给其弟郑墨的家书并刻印成《板桥家书》。

【积累思考】

1. 解释下列加点的词。

（1）及披衣而起（　　　　）　（2）比之盆鱼笼鸟（　　　　）

2. 用现代汉语翻译文中画线的句子。

予又未尝不爱鸟，但养之有道耳。

____

3. 本文给你的感悟或启示是：____

____

【参考译文】

人们都说不应该把鸟关在笼子里养，而我又从来不曾不喜欢过鸟，只是养鸟有养鸟的方法罢了。想养鸟，不如多种些树木，让几百棵树围绕着房屋，枝叶茂盛，纷披拂动，成为鸟的乐园。清晨，从睡梦中刚刚醒来，还在被褥里翻来覆去时，（就可以）听到一片鸟叫声，就好像听到《云门》《咸池》的演奏声。等到起身穿好衣服，洗脸、漱口、品茶时，看到它们张开五彩缤纷的翅膀飞翔，一下子飞来又一下子飞去，连眼睛也看不过来，享受到的这种乐趣本来就不是一笼一鸟的乐趣可以相比的。大概人生的乐趣，就是把天地当作园林，把江河当作水池，各自顺着自己的天性（自由地生活），享受到这种情景才算是最大的快乐！比起用缸养鱼、用笼养鸟，它们空间的大小、用心的仁慈或残忍，相差多么远啊！

97. 为学

天下事有难易乎？为之，则难者亦易矣；不为，则易者亦难矣。人之为学有难易乎？学之，则难者亦易矣；不学，则易者亦难矣。

蜀之鄙①有二僧：其一贫，其一富。贫者语于富者曰："吾欲之南海，何如？"富者曰："子何恃②而往？"曰："吾一瓶一钵③足矣。"富者曰："吾数年来欲买舟而下，犹未能也。子何恃而往！"越明年，贫者自南海还，以告富者，富者有惭色。西蜀之去南海，不知几千里也，僧富者不能至，而贫者至焉。人之立志，顾④不如蜀鄙之僧哉！

是故聪与敏，可恃而不可恃也；自恃其聪与敏而不学者，自败者也。昏与庸，可限而不可限也；不自限其昏与庸而力学不倦者，自力者也。

（选自《白鹤堂文集》，有删改）

注：①鄙：边远的地方。②何恃："恃何"的倒装。恃，凭借，依靠。③钵：和尚用的饭碗。④顾：难道，反而。

【阅读指南】

本文原题为《为学一首示子侄》，为清代彭端淑作品，作于乾隆九年。因彭端淑同族子侄很多，仅其祖父直系就达六十九人之众，但当时连一个文举人都没有，作者见状，甚为忧心，急而训之，所以才写出这篇文章来。

【积累思考】

1. 下列加点词的用法和意思相同的一组是（　　）

A. 为之，则难者亦易矣 / 为字共三十有四（《核舟记》）

B. 蜀之鄙有二僧 / 肉食者鄙，未能远谋（《曹刿论战》）

C. 西蜀之去南海 / 我以日始出时去人近（《两小儿辩日》）

D. 顾不如蜀鄙之僧哉 / 顾野有麦场（《狼》）

2. 用现代汉语翻译文中画线的句子。

自恃其聪与敏而不学者，自败者也。

---

3. 本文是作者为勉励后辈读书而写的文章。想一想，蜀鄙之僧的故事和他讲的道理是什么关系？

【参考译文】

天下的事情有困难和容易的区别吗？只要肯做，那么困难的事情也变得容易了；如果不做，那么容易的事情也变得困难了。人们做学问有困难和容易的区别吗？只要肯学，那么困难的学问也变得容易了；如果不学，那么容易的学问也变得困难了。

四川边境有两个和尚，其中一个贫穷，其中一个富裕。穷和尚对富和尚说："我想要到南海去，你看怎么样？"富和尚说："您凭借着什么去呢？"穷和尚说："我只需要一个盛水的水瓶和一个盛饭的饭碗就足够了。"富和尚说："我几年来想要买船沿着长江而下（去南海），尚且没有成功。你凭借着什么去！"到了第二年，穷和尚从南海回来了，把到过南海的事告诉富和尚。富和尚的脸上露出了惭愧的神情。四川距离南海，不知有几千里路，富和尚不能到达，但穷和尚到达了。一个人立志求学，难道还不如四川边境的那个穷和尚吗？

因此，聪明与敏捷，可以依靠但也不可以依靠；自己依靠着聪明与敏捷而不努力学习的人，是自己毁了自己。愚笨和平庸，可以限制人但也不可以限制人；不被自己的愚笨和平庸所局限而努力不倦地学习的人，是自己尽力了。

98. 卖柑者言

杭有卖果者，善藏柑，涉寒暑不溃。出之烨然[①]，玉质而金色。置于市，贾十倍，人争鬻之。予贸得其一，剖之，如有烟扑口鼻，视其中，则干若败絮。予怪而问之曰："若所市于人者，将以实笾豆[②]，奉祭祀，供宾客乎？将炫外以惑愚瞽[③]也？甚矣哉，为欺也！"卖者笑曰："吾业是有年矣，吾赖是以食吾躯。吾售之，人取之，未尝有言，而独不足子所乎？世之为欺者不寡矣，而独我也乎？吾子未之思也。今夫佩虎符、坐皋比[④]者，洸洸[⑤]乎干城之具[⑥]也，果能授[⑦]孙、吴之略耶？峨大冠、拖长绅者，昂昂乎庙堂之器也，果能建伊、皋[⑧]之业耶？盗起而不知御，民困而不知救，吏奸而不知禁，法斁[⑨]而不知理，坐縻廪粟而不知耻。观其坐高堂、骑大马，醉醇醴而饫肥鲜者，孰不巍巍乎可畏、赫赫乎可象也？又何往而不金玉其外、败絮其中也哉？今子是之不察，而以察吾柑。"

（选自《诚意伯文集·卷四》）

注：①烨然：光彩鲜明的样子。②笾豆：装祭品的器具。③瞽（gǔ）：失明的人。④皋比：虎皮，指将军的坐席。比，通"皮"，毛皮。⑤洸（guāng）洸：威武的样子。⑥干城之具：捍卫国家的将才。⑦授：通"受"，接受。⑧伊、皋（gāo）：指古代著名政治家伊尹和皋陶。⑨斁（yì）：败坏。

【阅读指南】

"金玉其外，败絮其中"的意思是外表如金似玉，里面却是破败的棉絮。比喻外面很华美，而里面一团糟。

【积累思考】

1. 解释下列加点的词。

（1）善藏柑（　　　　）　（2）世之为欺者不寡矣（　　　　）

2. 下列句子翻译不正确的一项是（　　）

A. 盗起而不知御：有人偷盗却不知道抵抗

B. 民困而不知救：百姓穷困却不知道去救助

C. 吏奸而不知禁：官吏为非作歹却不知道禁止

D. 法斁而不知理：法律败坏却不知道治理整顿

3. 请说说作者写这个故事的寓意是什么？

【参考译文】

杭州有一个卖水果的人，善于贮藏柑橘，经历一个冬天和夏天也不溃烂，拿出来，还是光彩鲜明的样子，像玉一样的质地，金灿灿的色泽。放在集市上卖，价格是原来的十倍，人们都争着买柑橘。我买到一个，切开它，好像有烟直扑口鼻，看柑橘的里面，干得像破烂的棉絮。我感到奇怪并问卖柑橘的人："你卖给别人的东西，将要用来装满笾豆供奉神灵和祖先、招待宾客的吗？将炫耀柑橘的外观来愚弄傻子、瞎子吗？你这欺骗行为做得实在太过分了！"卖柑橘的人笑着说："我从事这职业有些年头了，我依赖这个来养活我自己。我卖柑橘，别人买柑橘，从来没有说过什么，怎么只是不能满足你的要求呢？世间有欺骗行为的人不少，难道只是我一个吗？你没有思考这件事啊。现在那些佩戴虎符、坐在将军坐席上的人，威武的样子好像是捍卫国家的将才，果真能接受孙武和吴起的谋略吗？戴着高高的帽子、拖着长长带子的人，气宇轩昂的样子好像是朝廷上有才能的人，果真能建立伊尹、皋陶的业绩吗？盗贼四起却不知道去抵御，百姓穷困却不知道去救助，官吏为非作歹却不知道去禁止，法律败坏却不知道去治理整顿，坐着浪费官方供给的粮食却不知道羞耻。看那些坐在朝廷上、骑着大马、喝着美酒且饱食山珍海味的人，哪一个不是高大的样子值得畏惧、显赫的样子值得效法啊？又到什么地方找不到外表如金似玉、内部却像破败的棉絮一样的人呢？现在你不明察这些，却来查究我卖的柑橘。”

99. 楚庄王伐陈

荆庄王①欲伐陈，使人视之。使者曰："陈不可伐也。"庄王曰："何故？"对曰："城郭高，沟洫②深，蓄积多也。"宁国③曰："陈可伐也。夫陈，小国也，而蓄积多，赋敛重也，则民怨上矣。城郭高，沟洫深，则民力罢④矣。兴兵伐之，陈可取也。"庄王听之，遂取陈焉。

（选自《吕氏春秋·似顺论》）

注：① 荆庄王：即楚庄王。② 洫（xù）：护城河。③ 宁国：楚国大臣。④ 罢：通"疲"，疲惫。

【阅读指南】

1. 本文中"也"出现多次。"也"是个语气助词，用在句中或句末，可表达各种语气。在"陈不可伐也"和"陈可伐也"中，表祈使；在"蓄积多也""赋敛重也"中，表解释；在"夫陈，小国也"中，表判断。此外，"也"还可表陈述、命令、疑问、感叹等各种语气。

2. 面对同一个现象，使者与宁国做出了完全不同的判断。使者认为陈国城高、池深、蓄积多，国力一定很强，因此不能伐陈，其实他只看到了问题的一个方面，而且是表象；宁国认为在城高、池深、蓄积多的背后是劳民伤财，造成百姓"怨上"，这是本质问题。结果证明宁国的见解是正确的。看问题要全面、辩证，而且要透过现象看本质。

【积累思考】

1. 解释下列加点的词。

（1）荆庄王欲伐陈（　　　　）　（2）何故（　　　　）

2. 用现代汉语翻译文中画线的句子。

夫陈，小国也，而蓄积多，赋敛重也，则民怨上矣。

____

3. 使者认为“陈不可伐也”的理由是：______________________________

____

【参考译文】

楚庄王想要去讨伐陈国，派人到陈国侦察。使者（回来以后）说：“陈国不能够讨伐。”楚庄王说：“什么缘故呢？”（使者）回答说：“（陈国）城墙筑得高，护城河挖得深，积蓄的财粮很多呀。”宁国说：“陈国可以讨伐。陈国是个小国家，财粮却积蓄很多，说明赋税很重，那么老百姓就会怨恨君主。城墙筑得高，护城河挖得深，那么老百姓力气用到衰竭了。派军队去讨伐它，陈国是可以攻下的。”楚庄王采纳了宁国的建议，于是攻下了陈国。

100. 狗恶酒酸

宋人有酤酒[①]者，升概甚平，遇客甚谨，为酒甚美，悬帜甚高，然不售，酒酸。怪其故，问其所知闾长者杨倩，倩曰："汝狗猛耶？"曰："狗猛则酒何故不售？"曰："人畏焉。或令孺子怀钱挈壶瓮而往酤，而狗迓[②]而龁[③]之，此酒所以酸而不售也。"

（选自《韩非子·外储说右上》）

注：①酤酒：卖酒。②迓（yà）：迎接。③龁（hé）：咬。

【阅读指南】

本文作者韩非（约前280—前233），战国末年法家之集大成者。法家是中国历史上以提倡法治为核心思想的重要学派，以富国强兵为己任。法家思想包括伦理思想、社会发展思想、政治思想、法治思想等诸多方面。法家强调"不别亲疏，不殊贵贱，一断于法"。其思想对一个国家的政治、文化、道德方面的约束还是很强的，对现代法治的影响也很深远。

【积累思考】

1. 解释下列加点的词。

（1）为酒甚美（　　　　）　（2）怪其故（　　　　）

2. 用现代汉语翻译文中画线的句子。

此酒所以酸而不售也。

---

3. 这个因“狗恶”而“酒酸”的故事，给我们怎样的启示？

【参考译文】

宋国有个卖酒的，给的量很足，待客殷勤，酒又酿得香醇，而且店铺门前高悬酒幌，但是酒却卖不出去，变质发酸了。他感到很奇怪，就向知道（很多道理）的邻人杨倩老人请教。杨倩说：“你店铺里的狗很凶恶吧？”他不解地问：“狗凶，酒为什么卖不出去？”杨倩说：“人们都害怕呀！有的人打发自己的小孩，怀里藏着钱，拿上壶，去打酒。而你的狗龇牙咧嘴窜出来咬人，这就是你的酒卖不掉变酸的原因。”

101. 甘戊使齐

甘戊使于齐，渡大河。船人曰："河水，间耳，君不能自渡，能为王者之说乎？"甘戊曰："不然，汝不知也……骐骥、騄駬[①]足及千里，置之宫室，使之捕鼠，曾不如小狸；干将为利，名闻天下，匠以治木，不如斤斧[②]，今持楫而上下随流，吾不如子，说千乘之君，万乘之主，子亦不如戊矣。"

（选自《说苑·杂言》，有删改）

注：① 骐骥、騄駬：指良马。② 斤斧：刀斧。

【阅读指南】

甘戊是战国时期秦国的名将，又名甘茂，他的名字在不同的文献中有所差异。他曾就学于史举，学百家之说，经张仪、樗里疾引荐于秦惠文王。周赧王三年（前 312 年），他辅助左庶长魏章略定汉中地。后因遭向寿、公孙奭谗毁，在攻魏国蒲阪时投向齐国，在齐国任上卿。周赧王十年（前 305 年），为齐国出使楚国。秦王想让楚国送还甘戊，为楚所拒。后卒于魏国。

【积累思考】

1. 解释下列加点的词。

（1）甘戊使于齐（　　　　）　（2）说千乘之君（　　　　）

2. 对文中画线句翻译正确的一项是（　　）

A. 假如它去捕捉老鼠，还比不上小猫

B. 假如它去捕捉老鼠，曾经比不过小猫

C. 让它去捕捉老鼠，还比不上小猫

D. 让它去捕捉老鼠，曾经比不过小猫

3. 甘戊的一番话说明了这样一个道理：______

______

【参考译文】

甘戊出使齐国，走到一条大河边。船夫说："河面很窄，你（却）不能够自己过河，能够替君王去游说吗？"甘戊说："不是这样的，你不知道。骏马日行千里，可是如果把它放在宫室里，让它去捕捉老鼠，那它肯定不如一只小猫；宝剑削铁如泥，名扬天下，可是如果用它来劈砍木柴，那它肯定不如一把斧头。而现在在河中摇船，进退自如，我不如你；游说那些国君、君王，你就不如我了。"

102. 詹懋举以工为师

万历末，詹懋举者守颍州，偶召木工，詹适弹琴，工立户外，矫首画指，若议其善否者。呼问之曰："颇善此乎？"曰："然。"使之弹，工即鼓前曲一过[①]，甚妙。詹大惊异，诘所自。工曰："家在西郭外，往见一老人贸薪入城，担头常囊此，因请观之。闻其弹，心复悦之，遂受学耳。"詹予以金，不受，曰："某，贱工也，受工之直而已。"又曰："公琴皆下材，工有琴，即老人所贻，今以献公。"果良琴也。詹乃从竟学，一时琴师莫能及。

（选自《池北偶谈·卷二十四》）

注：① 一过：一遍。

【阅读指南】

《池北偶谈》又名《石帆亭纪谈》，共二十六卷，是清代王士禛所作笔记。全书近一千三百条，分成四目：其一，谈故，记叙清代典章与科举制度、衣冠胜事等；其二，谈献，主要记叙明中叶至清初名臣、畸人、烈女等的事迹；其三，谈艺，评论诗文，采撷佳句；其四，谈异，记叙神怪传闻故事。部分内容由作者儿辈记录整理而成。

【积累思考】

1. 解释下列加点的词。

（1）颇善此乎（　　　　）　（2）一时琴师莫能及（　　　　）

2. 对文中画线句翻译正确的一项是（　　）

A. 曾经看见一位老人进城卖柴，肩上担着柴，头上常挂一个琴囊，于是请求看看。

B. 曾经看见一位老人带着薪金进城，担心薪金，便放在常挂头边的琴囊里，于是请求检查一下。

C. 曾经看见一位老人进城卖柴，总把琴装在口袋里并挂在柴担的担头，于是请求看看。

D. 曾见一老人带薪金进城，担心薪金，便放在常挂头边的装琴的口袋里，于是请求检查一下。

3. 詹懋举的行为给我们的启示是：________________________。

【参考译文】

万历年末，詹懋举任颍州的太守。有次召用木工，詹懋举恰好在弹琴，木工站在窗外，抬头指画，好像在评价好坏。詹懋举把他叫来问："你很擅长弹琴吗？"木工回答说："是这样的。"詹懋举便让他弹，木工就演奏了一遍刚才詹懋举弹的曲子，弹得很精妙。詹懋举很惊讶，问他是从哪里学来的。木工回答说："我的家在西郊外，曾经看见一位老人进城卖柴，总把琴装在口袋里并挂在柴担的担头上，于是请求看看。听他弹奏，心里听着又很高兴，于是向他学琴。"詹懋举赠予他金钱，他不要，说："我只是贫贱的木工，只要做工的酬劳。"又说："您的琴都是下品，我有一把琴，是那位老人赠送的，现在把它献给您。"（詹懋举一看，）果然是把好琴。于是詹懋举跟着木工学琴，学成之后，当时的琴师没有一个能比得上他。

103. 临江之麋

临江[①]之人，畋得麋麑，畜之。入门，群犬垂涎，扬尾皆来。其人怒，怛[②]之，自是日抱就犬，习示之，使勿动，稍使与之戏[③]。积久，犬皆如人意。麋麑稍大，忘己之麋也，以为犬良[④]我友，抵触偃仆，益狎。犬畏主人，与之俯仰[⑤]甚善，然时啖其舌。三年，麋出门外，见外犬在道甚众，走欲与为戏。外犬见而喜且怒，共杀食之，狼藉[⑥]道上。麋至死不悟。

（选自《柳宗元集·卷十九》）

注：①临江：古地名，今江西清江。②怛（dá）：惊恐。③稍：渐渐。使与之戏：即"使其与之戏"，让狗和小鹿一起玩耍。④良：的确。⑤俯仰：周旋，应付。⑥狼藉：散乱的样子。

【阅读指南】

1. 本文作者柳宗元（773—819），字子厚，世称"柳河东""河东先生"，因最后的官职是柳州刺史，又称"柳柳州""柳愚溪"，唐代文学家、哲学家、散文家和思想家。柳宗元与韩愈共同倡导古文运动，并称"韩柳"，与刘禹锡并称"刘柳"，与王维、孟浩然、韦应物并称"王孟韦柳"。

2. 本文出自柳宗元写的一组寓言《三戒》，包括《临江之麋》《黔之驴》《永某氏之鼠》三篇散文，是作者贬谪永州时所写。题名"三戒"，可能是取《论语》"君子有三戒"之意。

【积累思考】

1. 解释下列加点的词。

（1）自是日抱就犬（　　　　）　（2）习示之（　　　　）

2. 用现代汉语翻译文中画线的句子。

外犬见而喜且怒，共杀食之，狼藉道上。

---

3. 这则寓言说明了什么道理？

【参考译文】

临江有个人，打猎时捉到一只麋鹿，把它带回家饲养。刚一进门，一群狗流着口水，都摇着尾巴来了。那个人非常愤怒，便恐吓那群狗。从此，那个人每天都抱着小鹿接近狗，让狗看熟了，使狗不伤害它。后来又逐渐让狗和小鹿在一起玩耍。时间长了，那些狗也都按照主人的意愿做了。麋鹿逐渐长大，忘记了自己是麋鹿，以为狗真的是自己的朋友，时常和狗互相碰撞、在地上打滚，越来越亲近。狗害怕主人，于是和麋鹿玩耍，和麋鹿十分友善，但时常地舔自己的嘴唇。多年之后，麋鹿走出家门，看见外面有很多狗在路上，跑过去想跟狗玩耍。这群外面的狗见了麋鹿，又高兴又愤怒，一起把它吃掉，血肉散乱在路上。麋鹿到死也没有明白过来。

104. 治国安民

贞观九年，太宗谓侍臣曰：“往昔初平京师①，宫中美女珍玩，无院不满。炀帝②意犹不足，征求无已，兼东西征讨，穷兵黩武，百姓不堪，遂致亡灭。此皆朕所目见。故夙夜孜孜③，惟求清净，使天下无事。遂得徭役不兴，年谷丰稔，百姓安乐。夫治国犹如栽树，本根④不摇，则枝叶茂盛。君能清净，百姓何得不安乐乎？”

（选自《贞观政要·卷一》）

注：① 京师：京城。此处指隋朝京城大兴（今陕西西安）。② 炀（yáng）帝：杨广，隋朝的皇帝。③ 孜孜：勤勤恳恳不疲倦的样子。④ 本根：本，树干；根，树根。比喻国家的基础和根本。

【阅读指南】

徭役是中国古代统治者强迫百姓从事的无偿劳役，包括军役、力役、杂役等。它是统治阶级强加在百姓身上的两项沉重的负担之一（另一项为赋税）。徭役起源很早，《礼记·王制》中有关于周代征发徭役的规定。《孟子》中则有“力役之征”的记载。秦汉有更卒、正卒、戍卒等役，名目繁多。

【积累思考】

1. 解释下列加点的词。

（1）征求无已（　　　　）　（2）穷兵黩武（　　　　）

2. 用现代汉语翻译文中画线的句子。

夫治国犹如栽树，本根不摇，则枝叶茂盛。

3. 唐太宗使百姓安乐的措施是什么?（用原文回答）

【参考译文】

贞观九年之时,（唐）太宗对侍臣说:“以前（隋炀帝）刚刚平定京师,宫中的美女和珍奇玩物,没有一个院子不是满的。隋炀帝仍旧不满足,搜刮不停,并且东征西讨,竭尽兵力发动战争,老百姓苦不堪言,最终导致灭亡。这些都是我亲眼所见的。因此,我从早到晚孜孜不倦,只是希望清心寡欲,使得天下平安无事。这样就能不兴徭役,谷物丰收,百姓安居乐业。治理国家就像种树一样,根基不动摇,那么枝叶就会繁茂。帝王能做到清心寡欲,百姓怎么会不安居乐业呢?”

105. 庄子与惠子游于濠梁[1]

庄子与惠子游于濠梁之上。庄子曰："鯈鱼[2]出游从容，是鱼之乐也。"惠子曰："子非鱼，安知鱼之乐？"庄子曰："子非我，安知我不知鱼之乐？"惠子曰："我非子，固不知子矣；子固非鱼也，子之不知鱼之乐，全矣！"庄子曰："请循其本[3]。子曰'汝安知鱼乐'云者[4]，既已知吾知之而问我。我知之濠上也。"

（选自《庄子·秋水》）

注：①濠梁：濠水上的桥梁。濠，水名，在今安徽凤阳。②鯈（tiáo）鱼：一种淡水鱼，银白色，又名白鲦。③循其本：从话题的最初说起。循，顺着。其，话题。本，最初。④子曰"汝安知鱼乐"云者：你问我"你哪里知道鱼的快乐"的话。安，怎么，哪里。云者，如此如此。

【阅读指南】

1.《秋水》是《庄子》中的一篇，中心是讨论人应怎样去认识外物。全篇由两部分组成。前一部分写北海海神跟河神的谈话，一问一答一气呵成，构成此篇的主体。后一部分写了六个寓言故事，每个寓言故事自成一体，各不关联，跟前一部分海神与河神的对话也没有任何结构上的联系，对全篇主题的表达帮助也不大，似有游离之嫌。

2. 庄子（约前369—前286），名周，字子休，战国时期宋国人，楚庄王后裔。哲学家，文学家，道家学派代表人物，老子哲学思想的继承者和发展者，后世将他与老子并称为"老庄"。庄子曾做过漆园吏，生活贫穷困顿，却鄙弃荣华富贵、权势名利，力图在乱世中保持独立的人格，追求逍遥无恃的精神自由。唐开元二十五年，庄子被诏号为“南华真人”，后人即称之为“南华真人”。庄子一生著书十余万言，汇集为《庄子》一书。

【积累思考】

1. 解释下列加点的词。

（1）我非子，固不知子矣（　　　　）　（2）请循其本（　　　　）

2. 用现代汉语翻译文中画线的句子。

子非我，安知我不知鱼之乐？

____

3. 在这场辩论中，你欣赏的是谁？为什么？

____

【参考译文】

庄子和惠子一起在濠水的桥上游玩。庄子说：“鯈鱼在河水中游得多么悠闲自得，这是鱼的快乐啊。”惠子说：“你又不是鱼，哪里知道鱼的快乐？”庄子说：“你又不是我，怎么知道我不知道鱼的快乐？”惠子说：“我不是你，本来就不知道你（的想法）；你本来也不是鱼，你不知道鱼的快乐，这是可以完全确定的。”庄子说：“请让我们从话题的最初说起，你问我‘你哪里知道鱼的快乐’的话，就是已经很清楚我知道，所以才来问我（是从哪里知道的）。（现在我告诉你）我是在濠水的桥上知道的。”

106. 老马识途

管仲、隰朋①从于桓公而伐孤竹②，春往冬反，迷惑失道③。管仲曰："老马之智可用也。"乃放老马而随之，遂得道。行山中无水，隰朋曰："蚁冬居山之阳，夏居山之阴，蚁壤一寸而仞有水。"乃掘④地，遂得水。

（选自《韩非子·说林上》）

注：①管仲、隰（xí）朋：皆为齐桓公时大臣，帮助桓公成就了霸业。②孤竹：古国名。③迷惑失道：迷路而找不到归途。④掘：挖。

【阅读指南】

管仲（？—前645），春秋时期法家代表人物。管仲出身贫苦，以商贾为业。后为齐国宰相，在位期间，举贤任能，制定选拔人才的制度，使得行政区域更加精细化，维护了社会稳定。他提出的用人原则是："德义未明于朝者，则不可加于尊位；功力未见于国者，则不可授以重禄；临事不信于民者，则不可使任大官。"用今天的话说，就是在任命一切官员时，都必须根据其实际的政绩，特别是要有取信于民的真实政绩，而不是虚假的、表面的政绩。

【积累思考】

1. 解释下列加点的词。

（1）春往冬反（　　　　）　（2）迷惑失道（　　　　）

2. 用现代汉语翻译文中画线的句子。

管仲曰："老马之智可用也。"

3. 本文告诉我们的道理是：________________________________

____

【参考译文】

管仲和隰朋随齐桓公一同前往攻打孤竹，齐军是春天出征的，到凯旋时已是冬天，最后迷了路而找不到归途。管仲说："老马的智慧是可以利用的。"于是放开老马，跟随着它们，终于找到了回去的路。走到山里没有水，隰朋说："蚂蚁冬天住在山的南面，夏天住在山的北面。（如果）蚁穴有一寸高的话，地下八尺深的地方就会有水。"于是挖掘山地，终于得到了水。

107. 郭氏之墟①

昔②者，齐桓公出游于野，见亡国故城郭氏之墟。问于野人③曰："是为何墟？"野人曰："是为郭氏之墟。"桓公曰："郭氏者曷为④墟？"野人曰："郭氏者善善而恶恶⑤。"桓公曰："善善而恶恶，人之善行也，其所以为墟者，何也？"野人曰："善善而不能行，恶恶而不能去。是以为墟也。"桓公归，以语管仲。管仲曰："其人为谁？"桓公曰："不知也。"管仲曰："君亦一郭氏也。"于是桓公招野人而赏焉。

（选自《新序·杂事四》）

注：①墟：荒废的城址。②昔：曾经。③野人：农夫。④曷为：为什么。曷，何。⑤善善而恶（wù）恶（è）：尊重善人而厌恶恶人。前一个"善"和"恶"都用作动词，后一个"善"和"恶"都用作名词。

【阅读指南】

1. 齐桓公（？—前643），春秋时期齐国国君，为"春秋五霸"之首。他作为齐国的国君，胸襟开阔，善于纳谏，管仲作为齐国的宰相，敢于直言，最后成就了春秋时期齐国的大国地位。

2.《郭氏之墟》又名《善善恶恶而亡》。这个故事告诉我们认识和处理问题不要过于极端。全文分两层：第一层是写农夫告诉齐桓公郭氏之城成为废墟的原因；第二层是管仲直谏齐桓公，齐桓公知错即改。第一层中，齐桓公有三问："是为何墟"，"郭氏者曷为墟"，"其所以为墟者，何也"，三个问题层层推进，第三问疑惑的语气最为急切和强烈，可见齐桓公对农夫的回答非常怀疑，这样自然就引出农夫进一步的回答，也是本文的重点所在。农夫进一步的回答是："尊重好人却不能任用他们，厌恶恶人又不能让他们离开。”然而对于农夫的回答，齐桓公未有任何赞赏之举，为下文管仲对齐桓公的直言不讳埋下伏笔。“君亦一郭氏也”，言下之意是“您也不懂赏识，不会用人啊”，于是桓公重新找来那个农夫并赏赐了他。

【积累思考】

1. 解释下列加点的词。

郭氏者善善而恶恶（　　　　）　（　　　　）

2. 用现代汉语翻译文中画线的句子。

郭氏者曷为墟？

---

3. 管仲说齐桓公“亦一郭氏也”的原因是什么？

【参考译文】

有一次，齐桓公到郊外游玩，看到已亡国的郭氏荒废的城址，就问农夫：“这是谁的城址？”农夫回答说：“这是郭氏的城址。”齐桓公又问：“郭氏的城池为什么会成为荒废的城址？”农夫说：“因为他尊重好人，厌恶恶人啊。”齐桓公说：“尊重好人、厌恶恶人是一个人善良的品行，他的城池却反而成了荒废的城址，为什么呢？”农夫说：“因为他尊重好人却不能任用他们，厌恶恶人又不能让他们离开。因此（他的城池）成为荒废的城址。”齐桓公回来后，把事情的经过告诉了管仲。管仲说：“那个人是谁？”齐桓公说：“不知道啊。”管仲说：“您也是一个郭氏啊！”于是，齐桓公找来那个农夫并赏赐了他。

108. 唐太宗论止盗

上与群臣论止盗。或请重法以禁之，上哂[①]之曰："民之所以为盗者，由赋繁役重，官吏贪求，饥寒切身，故不暇顾廉耻耳。朕当去奢省费，轻徭薄赋，选用廉吏，使民衣食有余，则自不为盗，安用重法邪！"自是数年之后，海内升平，路不拾遗，外户不闭，商旅野宿[②]焉。

（选自《资治通鉴·唐纪八》）

注：①哂（shěn）：微笑，此处含有微讽之意。②野宿：在郊外露宿。

【阅读指南】

唐太宗是中国历史上的一位明君。本文说的是止盗，实则指向君民关系，唐太宗明白"水能载舟，亦能覆舟"的道理，故能慎用手中的君权。他曾对身边的大臣说："君主依靠国家，国家依靠民众。依靠剥削民众来奉养君主，如同割下身上的肉来充腹，腹饱而身死，君主富裕，国家就灭亡。所以，君主的忧患不是来自外面，而是常在自身。欲望兴盛，费用就会增大；费用增大，赋役就会繁重；赋役繁重，民众就会愁苦；民众愁苦，国家就会危急；国家危急，君主就会丧失政权。朕常常思考这些，所以就不敢放纵自己的欲望了。"

【积累思考】

1. 解释下列加点的词。

（1）上与群臣论止盗（　　　　）　（2）或请重法以禁之（　　　　）

2. 用现代汉语翻译文中画线的句子。

使民衣食有余，则自不为盗，安用重法邪！

---

3. 就本文评价唐太宗这一人物形象。

【参考译文】

唐太宗与群臣议论怎样禁止盗窃。有人请求使用严厉的刑法来制止盗窃，皇上微笑着对那官员说：“老百姓之所以去做盗贼，是由于赋税太多、徭役太重，官吏们又贪得无厌，老百姓为饥饿、寒冷所迫，所以也就顾不得廉耻了。我应该去除奢侈，节省开支，减轻徭役，少收赋税，选用廉洁的官吏，让老百姓穿的吃的都有富余，那么他们自然就不会去做盗贼了，何必要用严厉的刑法呢！”从这以后，过了几年，天下太平，没有人把别人掉在路上的东西拾了据为己有，大门可以不关，商人和旅客可以露宿郊外。

109. 邻人烹鸡

邻之人有鸡夜鸣，恶其不祥，烹之。越数日，一鸡旦而不鸣，又烹之。已而谓予曰：“吾家之鸡，或夜鸣，或旦而不鸣，其不祥，奈何？”予告之曰：“夫鸡乌能为不祥于人欤？其自为不祥而已。或夜鸣，鸣之非其时也；旦而不鸣，不鸣非其时也。则自为不祥而取烹也，人何与焉？若夫时然后鸣，则人将赖汝以时夜①也，孰从而烹之乎？”又思曰：“人之言默，何以异此？未可言而言，与可言而不言，皆足取祸也。故书之，以为言默戒。”

（选自《杨时集·杂著》）

注：①时夜：司夜，指打鸣报晓。时，掌管。

【阅读指南】

本文作者杨时（1053—1135），字中立，南剑州将乐（今属福建）人。北宋哲学家、文学家、政治家。熙宁九年（1076年）进士及第。高宗时，官至龙图阁直学士，晚年优游林泉，以读书讲学为事，学者称他为“龟山先生”。著有《龟山集》《二程粹言》等。

【积累思考】

1. 解释下列加点的词。

（1）何以异此（　　　　）　（2）皆足取祸也（　　　　）

2. 用现代汉语翻译文中画线的句子。

夫鸡乌能为不祥于人欤？其自为不祥而已。

3. 我们从邻人烹鸡的故事中可以得到什么启示?

【参考译文】

邻人有一只鸡在夜里打鸣，邻人厌恶它不吉祥，便把它烹煮了。过了几天，另一只鸡天亮了却不打鸣，邻人便又把它烹煮了。过后（他）对我说：“我家的鸡有的夜里打鸣，有的早晨却不打鸣，对这种不祥之兆该怎么办?”我告诉他说：“鸡怎么能对人不吉祥呢?只能对它们自身不吉祥罢了。有的夜里打鸣，鸣得不是时候，早晨不打鸣，不打鸣也不是时候，于是对自己不吉祥而被人烹煮了，跟人有什么关系呢?如果它们按时打鸣，那么人将依靠它们报晓，谁还会烹煮它们呢?”我又想到：“人的发言与沉默和这件事有什么不同呢?不应发言而发言，同应当发言而不发言，都足以招来灾祸啊。所以写下来作为发言和沉默的告诫。”

110. 河崖之蛇

濒河①居者为予言，近年有大蛇穴禹门②下岩石中，常束尾崖树颠，垂首于河，伺食鱼鳖之类，已而复上入穴，如是者累年。一日复下食于河，遂不即起，但尾束树端，牢不可脱。每其身一上下，则树为起伏，如弓张弛状。久之，树枝披折③，蛇堕水中。数日，蛇浮死水之漩隈④。竟不知蛇得水物，贪其腥膻⑤不舍而堕耶？抑蛇为水之怪物所得，欲起不能而堕也？

余闻之，喟⑥曰："是蛇负其险毒，稔⑦其贪婪，以食于河。所恃以安者，尾束于树耳。使树不折，则其生死犹未可知；惟树折身坠，遂死于河。此殆天理，非偶然也。且使蛇得水物，贪其腥膻不舍而死，固可为怙⑧强贪不知止之戒；使蛇为水之怪物所得而死，亦可为害物必报之戒。蛇，恶物，所不足道者。但其事有近乎理，故书以告来者。"

（选自《敬轩文集·卷十一》）

注：①濒：靠近。河：指黄河。②禹门：亦称"龙门"。在今山西河津西北，峙立于黄河两岸，状如门阙。传说是禹治水时所开凿，故称"禹门"。③披折：断裂。④漩隈（wēi）：水流回曲处。⑤腥膻：这里泛指猎物。⑥喟：叹。⑦稔（rěn）：熟悉。⑧怙：凭仗。

【阅读指南】

本文作者薛瑄（1389或1392—1464），字德温，号敬轩，河津（今属山西）人，明代理学家，世称其学派为"河东学派"。官至礼部右侍郎。谥"文清"。他擅长写文章，诗亦有名。著有《读书录》《薛文清集》等。

【积累思考】

1. 解释下列加点的词。

（1）伺食鱼鳖之类（　　　　）　（2）惟树折身坠（　　　　）

2. 用现代汉语翻译文中画线的句子。

每其身一上下，则树为起伏，如弓张弛状。

---

3. 本文的写作意图是什么？

【参考译文】

一个居住在黄河边上的人对我说，这几年有一条大蛇穴居在禹门下面的岩石中，经常用尾巴挂在悬崖峭壁的树顶上，然后垂下头对着河，等待机会吃河里鱼鳖一类的生物，吃完后再上来回到洞穴中，像这样已经很多年了。一天，大蛇又下来去河里寻找吃的，但不再起身回去，只是用尾巴挂在树端，牢固得不能掉下来。每次它的身子上上下下的时候，大树也跟着起起伏伏，就像弓被拉满又松弛下来的样子。时间长了，树枝断裂，大蛇掉进了水中。过了好几天，蛇的尸体漂浮上来，随着河水打着盘旋。终究也不知道是因为蛇看到水中的食物，贪吃鱼鳖一类的东西才掉下去的，还是大蛇被水中的怪物捉住，想要起身却不能而掉下去的呢？

我听到后，叹道："这条蛇对它的险毒太自负，它心念贪婪，到河里找吃的。以为用尾巴缠住大树就很安全。假如大树不折断，那么它是生是死还不知道。只是树折断了，它跟着掉落下来，所以死在河里。这是上天自然而然的道理，并不是偶尔发生的。况且大蛇看到水中的食物，贪求水中的肉食才死，因此可以作为自恃强大而贪念没有止境的告诫。假如蛇是被水中的怪物杀死的，那么也可以作为害人的东西必遭报应的告诫。蛇，是坏的动物，不值得拿来说事，但这种事情又有一定的道理，因此记下，用来告诫后人。"

111. 尊师

学者[①]师达[②]而有材，吾未知其不为圣人。圣人之所在，则天下理[③]焉。在右则右重，在左则左重[④]，是故古之圣王未有不尊师者也。尊师则不论其贵贱贫富矣。若此则名号显矣，德行彰矣。故师之教也，不争轻重尊卑贫富，而争于道。其人苟可，其事无不可。所求尽得，所欲尽成，此生于得圣人。圣人生于疾学。不疾[⑤]学而能为魁士名人者，未之尝有也。

（选自《吕氏春秋·劝学》）

注：①学者：从事学习的人。②达：知识通达。③理：治理，整治。④在右则右重，在左则左重：这里的"左""右"泛指所有地方。⑤疾：急速，迅猛，敏捷，这里可翻译为"努力"。

【阅读指南】

本文讲了为学之道和为师之道。第一是为学之道。作者首先强调"尊师"的重要性，圣人的诞生离不开知识通达的老师，而圣人能使天下太平，所以"古之圣王未有不尊师者也"。"古之圣王"尚且如此，更不要说一心向学的莘莘学子了。随后作者论述了如何尊师，"尊师则不论其贵贱贫富矣"，而是要看老师内在的素养和才能。最后，作者补充了"圣人生于疾学"，成功需要内因和外因共同作用，而内因比外因重要得多。所以，老师再优秀，也只是客观因素，属于外因，而求学者的主观能动性则是内因，所以勤奋学习至关重要。第二是为师之道。老师对学生的教导应"不争轻重尊卑贫富"，看重学生对"道"的态度。

【积累思考】

1. 解释下列加点的词。

（1）吾未知其不为圣人（　　　　）

（2）是故古之圣王未有不尊师者也（　　　　）

2. 用现代汉语翻译文中画线的句子。

圣人之所在，则天下理焉。

---

3. 作者认为如何才能成为圣人？

【参考译文】

从事学习的人，如果他的老师知识通达而自己又有才能，我没听说过这样的人不成为圣人的。只要有圣人在，天下就太平安定了。圣人在这个地方，这个地方就受到尊重，圣人在那个地方，那个地方就受到尊重，因此古代的圣王没有不尊重老师的。尊重老师就不会计较他们的贵贱、贫富了。像这样，名号就显达了，德行就彰明了。所以老师施行教诲的时候，也不应计较学生的重要不重要、尊卑、贫富，而看重他是否能接受理义。他倘若能够接受理义，对他的教诲就会无不合宜。所追求的完全能得到，所希望的完全能实现，这种情况在成为圣人之后才会发生。圣人是在努力学习中产生的，不努力学习而能成为贤士名人的，未曾有过。

112. 曲高和寡

楚襄王问于宋玉曰："先生其有遗行与？何士民众庶不誉之甚也？"宋玉对曰："唯，然，有之。愿大王宽其罪，使得毕其辞。客有歌于郢①中者，其始曰《下里》《巴人》②，国③中属而和者数千人；其为《阳阿》《薤露》④，国中属而和者数百人；其为《阳春》《白雪》⑤，国中属而和者不过数十人；引商刻羽⑥，杂以流徵⑦，国中属而和者，不过数人而已。是其曲弥高，其和弥寡。"

（选自《文选·卷四十五》）

注：①郢：楚国的都城。②《下里》《巴人》：楚国当时流行的民间歌曲。③国：都城。④《阳阿》《薤（xiè）露》：都是楚国当时的歌曲，不如《下里》《巴人》流行，唱歌难度比较大。《薤露》是送葬时唱的挽歌。⑤《阳春》《白雪》：楚国的高雅歌曲。⑥引商刻羽：中国古代音乐中，宫、商、角、徵（zhǐ）、羽分别代表五个依次升高的音调，称为"五音"或"五声"。此处指商音升高、羽音依次降低，即以美声唱法变换音调，使歌曲悠扬动听。引，延长。刻，削减。⑦流徵：指变徵之调，是一种难度极高的唱法。

【阅读指南】

1. 宋玉（前298—前222）是历史上有名的美男子，风流倜傥，反应敏捷，谈吐不凡，所以楚王经常要他陪伴、伺候。据《史记·屈原贾生列传》载："屈原既死之后，楚有宋玉、唐勒、景差之徒者，皆好辞而以赋见称。"宋玉的文学成就虽然难与屈原相比，但他是屈原诗歌艺术的直接继承者。后人多将屈、宋并称，可见宋玉在文学史上的地位。

2. 宋玉有才，受楚襄王的青睐，势必引起他人的嫉妒。由开篇“先生其有遗行与？何士民众庶不誉之甚也”得知，有人在楚襄王面前说宋玉的坏话，于是楚襄王责问宋玉。面对楚襄王的责问，宋玉不得不为自己辩护。然而，他的整篇应对之词，没有一句直接为自己申辩的话，而是引譬设喻，借喻晓理。以音乐为喻，以曲的低俗高雅与和者的多寡做比照，说明曲高和寡。宋玉把雅与俗对立起来，标榜自己绝凡超俗、卓尔不群，表现了他孤傲清高的情怀。

【积累思考】

1. 解释下列加点的词。

（1）唯，然，有之（　　　　）　（2）使得毕其辞（　　　　）

2. 用现代汉语翻译文中画线的句子。

是其曲弥高，其和弥寡。

____

3. 成语“曲高和寡”现在比喻____

____。

【参考译文】

楚襄王问宋玉说：“先生你品行上有缺点吗？为什么一般人民都不称赞你呢？”宋玉回答说：“对，是这样，（我）有缺点。希望大王宽恕我的罪过，让我能把话说完。有个人在郢都唱歌，他开始唱《下里》《巴人》，都城中跟随着唱的有几千人；他唱《阳阿》《薤露》时，都城中跟随着唱的有几百人；他唱《阳春》《白雪》时，都城中跟随着唱的不过几十人；他唱出最高雅的歌曲时，都城中跟随着唱的不过几人罢了。这是因为他的歌曲越高雅，能跟随着唱的人就越少。”

113. 小人无朋

大凡君子与君子以同道为朋；小人与小人以同利为朋，此自然之理也。然臣谓小人无朋，惟君子则有之，其故何哉？小人所好者禄利也，所贪者财货也。当其同利之时，暂相党引①以为朋者，伪也。及其见利而争先，或利尽而交疏②，则反相贼害，虽其兄弟亲戚不能相保③。故臣谓小人无朋，其暂为朋者，伪也。君子则不然，所守者道义，所行者忠信，所惜者名节。以之修身，则同道而相益；以之事国，则同心而共济，终始如一，此君子之朋也。故为人君者，但当退小人之伪朋，用君子之真朋，则天下治矣。

（选自《欧阳修全集·卷十七》）

注：①党引：结成私党，互相拉拢。②交疏：交情疏远。③保：保全，爱护。

【阅读指南】

1. 庆历三年（1043 年），北宋朝廷开始实行政治改革。范仲淹以直言遭贬，欧阳修在朝廷上争论力救，结果连坐被贬，当时便有一些保守派大臣将范仲淹、欧阳修等人指为朋党。后，宋仁宗将范仲淹与欧阳修召回朝廷并委以重任。欧阳修当时担任谏官，为了辩驳这种言论，奋笔写就这篇雄文。

2. 文章开篇即以对比的手法指出“君子”与“小人”结成朋党的本质区别。接着是设问：“然臣谓小人无朋，惟君子则有之，其故何哉？”明确指出小人所喜好的是利禄，所以当他们利益相同时，暂且互相勾结而成朋党，那是假的。反观君子，他们的行为完全两样：“君子则不然，所守者道义，所行者忠信，所惜者名节。”君子凭借道义、忠信和名节来修炼自身，有共同的道德规范，相助而得益，凭借这些为国效力，同心协力，始终如一。君子、小人二者对比鲜明，水到渠成地得出“退小人之伪朋，用君子之真朋，则天下治矣”的结论，增强了文章的说服力。

【积累思考】

1. 解释下列加点的词。

（1）以同利为朋（　　　　）　（2）小人所好者（　　　　）

2. 用现代汉语翻译文中画线的句子。

所守者道义，所行者忠信，所惜者名节。

____

3. 结合本文，用自己的话说说“小人无朋”的原因（至少两点）。

____

【参考译文】

一般而言，君子与君子因志趣一致结为朋党，而小人与小人则因利益相同结为朋党，这是很自然的规律。但是臣以为：小人并无朋党，只有君子才有。这是什么原因呢？小人所爱好的是荣禄名利，所贪的是钱财。当他们利益相同的时候，暂时互相勾结成为朋党，那是虚假的；等到他们见到利益而争先恐后，或者利益已尽而交情淡漠之时，就会反过来互相残害，即使是兄弟或亲戚，也不会互相爱护。所以我说小人并无朋党，他们暂时结为朋党，也是虚假的。君子却不是这样：他们坚持的是道义，履行的是忠诚守信，珍惜的是名声气节。用这些来提高自身修养，那么志趣一致就能相互补益。用这些来为国家做事，那么观念相同就能共同前进，始终如一。这就是君子的朋党啊。所以做君主的，只应当斥退小人的假朋党，任用君子的真朋党，那么天下就可以安定了。

114. 指喻

浦阳郑君仲辨，其容阗然①，其色渥然②，其气充然，未尝有疾也。他日，左手之拇有疹焉，隆起如粟。君疑之，以示人，人大笑，以为不足患。既三日，聚而如钱。忧之滋甚，又以示人，笑者如初。又三日，拇之大盈握③，近拇之指皆为之痛，若剟④刺状，肢体心膂⑤无不病者。惧而谋诸医，医视之，惊曰："此疾之奇者，虽病在指，其实一身病也，不速治，且能伤生。然始发之时，终日可愈；三日，越旬可愈；今疾且成，已非三月不能瘳⑥。终日而愈，艾可治也；越旬而愈，药可治也；至于既成，甚将延乎肝膈⑦，否亦将为一臂之忧。非有以御其内，其势不止；非有以治其外，疾未易为也。"君从其言，日服汤剂，而傅⑧以善药，果至二月而后瘳，三月而神色始复。

余因是思之：天下之事，常发于至微，而终为大患；始以为不足治，而终至于不可为。当其易也，惜旦夕之力，忽之而不顾；及其既成也，积岁月，疲思虑，而仅克之，如此指者多矣。

（选自《逊志斋集·卷六》）

注：①阗（tián）然：丰满的样子。②渥然：红润的样子。③握：指一手所能握持的大小。④剟（duō）：刺割。⑤膂（lǚ）：脊梁骨。⑥瘳：病愈。⑦肝膈：肝脏和膈膜，这里泛指人体的内脏。⑧傅：涂。

【阅读指南】

《指喻》是明代文学家方孝孺的一篇散文，是一篇典型的以小见大、借事说理的文章。第一段讲述了郑君的故事，郑君拇指发病而未能及时医治，几乎酿成大患。第二段是作者的议论，是从郑君的故事中得到的启示。

【积累思考】

1. 解释下列加点的词。

（1）拇之大盈握（　　　　）　（2）忽之而不顾（　　　　）

2. 用现代汉语翻译文中画线的句子。

君疑之，以示人，人大笑，以为不足患。

---

3. 郑君的故事告诉我们一个什么道理？

【参考译文】

浦阳县有位青年叫郑仲辨，他的身体强壮，面色红润，精力充沛，从来没有生过病。一天，他左手的大拇指生了一个疹斑，肿起来像米粒一般大。郑君对此感到疑惑，给别人看，看的人哈哈大笑，认为不值得担忧。过了三天，疹斑肿得像铜钱那般大。他更为担忧，又拿给人看，看的人像以前一样笑他。又过了三天，他的拇指肿得一手能握持那般大，靠近拇指的指头都被它牵引得疼痛起来，好像刺割一般，四肢、心脏及脊梁骨没有不痛的。郑君心中害怕，就去看医生，医生看了，吃惊地说："这是奇特难治的病，虽然病在指头上，但已经成了影响全身的病了，不赶快治疗，将会丧失生命。可是刚开始发病的时候，一天就可治好；发病三天以后，要超过十天才能治好；现在病已经形成了，不到三个月不能治愈。一天治得好，用艾草就可以了；过十天治得好，用药草才可以。到成了重病时，甚至会蔓延到内脏，不然也可能有一只手臂残废。不设法从内部治它，病势就不会停止；不设法从外面来治疗，病就不容易治好。"郑君听从他的话，每天内服汤药，又外涂有效的良药。果然到两个月后就好了，三个月后精神、脸色才复原。

我由此想到：天下的事故，通常发生在极为细微、隐而不显的地方，最后成为莫大的祸患。最初认为不值得处理，可是最后会到没有办法处理的地步。当初发生，容易处理时，往往吝惜那些细微的精力，轻忽它而不加顾虑；等到祸患形成了，花费很长的时间，用尽脑筋，精疲力竭，才仅仅能把这祸患克服。天下像这拇指的事太多了！

115. 海鸥与巷燕

鸥于海渚遇巷燕。

燕谓鸥曰："我至子所，而子不至我所，何也？"曰："吾性傲以野[①]，不乐依人焉，故也。"

曰："我以依人而处，故飙风得所障，冻雨得所蔽，炽日得所护。以是观之，子其病矣。"曰："吾病而有不病者存，不若子之昧[②]病于未见也。"

曰："我之得以依人者，以人不之憎且爱之也。子之病我者，忮[③]其爱乎？"曰："子谓人之于我，爱乎，憎乎？"曰："皆无之。"曰："吾以傲野自适，人之憎爱非所论也。即以人论，吾以不见[④]爱，故不见憎。然则，见爱者其危哉！"

燕不喻而去。其后，巷人方食，燕泥污其羹。因怒而逐燕，燕于是始思鸥言。

（选自《刘熙载文集·寤崖子》）

注：①野：不受拘束。②昧：掩盖，隐藏。③忮（zhì）：嫉妒。④见：表示被动，相当于"被"。

【阅读指南】

1. 本文作者刘熙载（1813—1881），字伯简，号融斋，晚号寤崖子，江苏兴化人，清代文学家。他因文艺理论和语言学上的成就被称为"东方黑格尔"。著有《艺概》《文概》《诗概》等。

2. 本文以海鸥和巷燕的对话为主。巷燕满足于日日"依人而处"的生活，却不能看到其背后掩藏的祸害；海鸥自强独立，虽然生活的环境充满了艰险，却依然乐观、骄傲。

【积累思考】

1. 解释下列加点的词。

（1）子其病矣（　　　）　（2）燕不喻而去（　　　）

2. 用现代汉语翻译文中画线的句子。

子之病我者，忮其爱乎？

---

3. 本文的寓意是什么？

【参考译文】

海鸥与住在巷子里的燕子在海岛相遇。

巷燕对海鸥说："我到你的住所（来看你），你却不到我那地方去，为什么呢？"海鸥答道："我性情孤傲而且不愿受拘束，不喜欢依靠人（生活），所以才这样的。"

巷燕说："我因为依靠人居住，所以狂风中能有阻挡，冷雨中有遮盖，烈日下有庇护。由此看来，你的生活是多么困苦啊。"海鸥答道："我生活困苦却能像没有困苦似的生存，不像你生活在隐藏着的困苦之中，自己却不能看到。"

巷燕又说："我得以依靠人，是因为人不讨厌我而且还怜爱我，你认为我有困苦的原因，（恐怕）是嫉妒我被人怜爱吧。"海鸥说："你说人对我怜爱吗？厌恶吗？"巷燕说："都没有。"海鸥说："我因为孤傲无束自由闲适，人的好恶也就谈不上了。就拿人对我的态度说，我因为不被人怜爱，所以也不被人厌恶。然而这样看来，被人怜爱是多么危险啊！"

巷燕不明白（海鸥的话）离开了。这以后，（一次）巷子里的人正在吃饭，巷燕衔的泥掉下来污染了他们喝的汤。巷子里的人因此发怒赶走了巷燕，巷燕在这个时候想起了海鸥的话。

四

状 物 篇

116. 古镜

世有透光鉴[①]，鉴背有铭文，凡二十字，字极古，莫能读。以鉴承日光，则背文及二十字皆透在屋壁上，了了分明。人有原[②]其理，以为铸时薄处先冷，唯背文上差[③]厚，后冷而铜缩多；文虽在背，而鉴面隐然有迹，所以于光中现。予观之，理诚如是。然予家有三鉴，又见他家所藏，皆是一样，文画铭字无纤异者，形制甚古，唯此鉴光透，其他鉴虽至薄者，皆莫能透。<u>意古人别自有术。</u>

（选自《梦溪笔谈·卷十九》，有删改）

注：① 鉴：镜子。② 原：推究。③ 差：略微。

【阅读指南】

本文作者沈括（1031—1095），字存中，浙江钱塘（今浙江杭州）人，北宋科学家、政治家。沈括一生著述颇多，传世之作有《梦溪笔谈》《长兴集》《良方》等。本文充分体现了沈括是一个善于观物的科学家。日本数学家三上义夫说："（古代）日本的数学家没有一个比得上沈括。"

【积累思考】

1. 解释下列加点的词。

（1）理诚如是（　　　　）　（2）文画铭字无纤异者（　　　　）

2. 用现代汉语翻译文中画线的句子。

意古人别自有术。

3. 沈括把透光镜、其他镜子进行比较并思考区别，说明沈括是一个________________________________的科学家。

【参考译文】

世上有透光镜，镜背面有铭文，共二十字，这些字很古老，没人能读懂。用这个镜子对着日光，背面的花纹和二十个字就都会透射在房屋墙壁上，清清楚楚。有人推究它的原理，认为是由于铸造时薄处先冷却，唯独背面有花纹的地方比较厚，冷却得慢，以致铜收缩得多。花纹虽然在背面，但是镜面上隐隐约约有痕迹，所以在光中显现出来。我观察了这面镜子，认为道理确实如此。可是我家有三面镜子，又见到了别人家所收藏的镜子，都是一个式样，图案、铭文没有丝毫差异，形制很古老。只有这面镜子可以透光，其他的镜子即使最薄的，也都不能透光。想来古人自有特殊的制作方法。

117. 松喻

松之性直上，虽数尺，自亭亭也。有人移之盆盎[①]，置之华屋之内，屈其枝，缚其节[②]，灌之溉之，蓬蓬如偃盖焉，非不取悦于人。然以视夫柚岭[③]之间，干[④]青云，凌碧霄，矫矫郁郁于严霜积雪者，相去如何也！

嘻！士君子之失身于人，亦犹是尔。

（选自《杂著十种·寓言》）

注：①盆盎：花盆一类的盛器。②节：树木枝干交接处。③柚岭：峰峦山岭。④干：直上。

【阅读指南】

本文是清代文人王晫《杂著十种》中的一篇寓言。作者通过谴责人们对松树的摧残，形象地揭露和抨击了清王朝统治阶级束缚人民思想，压制、摧残人才，表达了要求改革政治、追求个性解放的强烈愿望。除此之外，本文也给人以为人方面的启示，后人读来也意味深长。

【积累思考】

1. 解释下列加点的词。

（1）松之性直上（　　　　）　（2）相去如何也（　　　　）

2. 对文中画线句翻译正确的一项是（　　）

A. 蓬松的形状好像伞，招人喜欢。

B. 蓬松的形状好像撑开的伞，并非不招人喜欢。

C. 蓬松的形状好像撑开的伞，不喜欢招人。

D. 蓬松的形状好像伞，不招人喜欢。

3. 从本文中你得到的启示是：________________________________

____。

【参考译文】

松树的特性是挺直向上的。就是几尺高，树顶也是直直的。有人将它移栽到盆中，放到华美的屋内，弯曲它的枝干，绑缚它的关节，施肥灌溉，蓬松的形状好像撑开的伞，并非不招人喜欢。但是看那些峰峦山岭之间，直插青云、凌驾蓝天、茂盛葱郁地（生长）在严霜积雪中的松树，相差多么远啊！

唉！贤士君子委身于人，也如同这松树一样。

118. 沧浪亭[①]记

一日过[②]郡学[③]，东顾草树郁然，崇阜[④]广水，不类乎城中。并水[⑤]得微径于杂花修竹之间。东趋数百步，有弃地，纵广合五六十寻[⑥]，三向皆水也。杠[⑦]之南，其地益阔，旁无民居，左右皆林木相亏蔽。访诸旧老，云钱氏有国[⑧]，近戚孙承祐[⑨]之池馆也。坳隆胜势，遗意尚存。予爱而徘徊，遂以钱四万得之，构亭北碕[⑩]，号“沧浪”焉。前竹后水，水之阳又竹，无穷极。澄川翠干，光影会合于轩户之间，尤与风月为相宜。

（选自《苏学士集・卷九》）

注：① 沧浪亭，在今江苏苏州城南三元坊附近，原为五代十国时期吴越国广陵王钱元璙的花园，五代末为吴军节度使孙承祐的别墅，北宋庆历年间为诗人苏舜钦购得，在园内建沧浪亭，后以亭名为园名。② 过：拜访。③ 郡学：苏州府学宫，旧址在今苏州市南，在沧浪亭西面。④ 崇阜：高山。⑤ 并水：沿水而行。⑥ 寻：长度单位。八尺或七尺为一寻。⑦ 杠：独木桥。⑧ 钱氏有国：指五代十国时期钱镠建立的吴越国。⑨ 孙承祐：吴越王钱俶的小舅子，任节度使，镇守苏州，在苏州大建园亭。⑩ 碕（qí）：曲折的堤岸。

【阅读指南】

本文是苏舜钦遭受政治上的沉重打击后所作的。庆历四年（1044年），进奏院祠神之日，苏舜钦作为集贤殿校理、监进奏院，循前例用卖旧公文纸的钱宴请同僚宾客。当时朝中的保守派御史中丞王拱辰等，对宰相杜衍、参知政事范仲淹、枢密副使富弼等人力图改革弊政之举心怀不满，而苏舜钦得范仲淹荐举，又是杜衍之婿，因而保守派抓住这件事，借题发挥，弹劾他监主自盗，结果，苏舜钦被罢去官职，在席的有十余人被逐出朝廷。苏舜钦激愤不已，他带着心灵的创痛，流寓苏州，不久在城南营建沧浪亭，并写下这篇文章。

【积累思考】

1. 解释下列加点的词。

（1）不类乎城中（　　　　）　（2）遗意尚存（　　　　）

（3）无穷极（　　　　）

2. 用现代汉语翻译文中画线的句子。

杠之南，其地益阔，旁无民居，左右皆林木相亏蔽。

____

3. 本文着力写景，作者运用了____________的写作手法。

【参考译文】

一天，我拜访学官，向东看到草和树郁郁葱葱，高高的山，宽阔的水面，不像在城里。循着水边杂花修竹掩映的小径，向东走几百步，有一块荒地，方圆约五六十寻，三面临水。小桥的南面，土地更加开阔，旁边没有民房，四周林木环绕遮蔽。我询问年老的人，回答说："这是吴越国君王的贵戚孙承祐的废园。"从高高低低的地势上还约略可以看出当年的遗迹。我喜爱这地方，来回地走，最后用四万钱购得，在北面曲折的堤岸上构筑亭子，叫"沧浪"。前面是竹，后面是水，水的北面又是竹林，没有穷尽。澄澈的小河，翠绿的竹子，光和影在门窗之间交错相接，尤其是在有风有月的时候更宜人美丽。

119. 梵天寺木塔

钱氏[①]据两浙[②]时，于杭州梵天寺建一木塔，方两三级，钱帅登之，患其塔动。匠师云："未布瓦，上轻，故如此。"乃以瓦布之，而动如初。无可奈何，密使其妻见喻皓之妻，赂以金钗，问塔动之因。皓笑曰："此易耳，但逐层布板讫，便实钉之，即不动矣。"匠师如其言，塔遂定。盖钉板上下弥束[③]，六幕[④]相联如胠箧[⑤]，人履其板，六幕相持，自不能动。人皆伏[⑥]其精练。

（选自《梦溪笔谈·卷十八》）

注：① 钱氏：指五代十国时期吴越国君王钱氏。② 两浙：即两浙路，北宋时期的地方行政区，包括今上海、浙江全部及江苏东南部地区，治所在今杭州。③ 束：牵制，约束。④ 六幕：指上、下、左、右、前、后六个方位。⑤ 胠箧（qū qiè）：箱子。⑥ 伏：通"服"，佩服，服气。

【阅读指南】

本文叙述了梵天寺木塔由"动"到"定"的过程，揭示了木塔"定"的缘由，即"六幕相持，自不能动"。由此可见，中国古代巧妙的建筑结构与超高的工艺水平。文章叙述和描写也颇显功力，如以"患其塔动"和"而动如初"为下文的"塔遂定"做铺垫，又如"赂以金钗"的细节描写、"皓笑曰"的语言描写等，都颇具感染力。

【积累思考】

1. 解释下列加点的词。

（1）患其塔动（　　　　）　（2）盖钉板上下弥束（　　　　）

2. 用现代汉语翻译文中画线的句子。

乃以瓦布之，而动如初。

---

3. “皓笑曰”中的“笑”表现了喻皓当时怎样的心态？

【参考译文】

钱氏割据两浙路时，在杭州梵天寺修建一座木塔，才建到两三层时，钱帅登上木塔，因它晃动而担心不已。匠师说：“没有铺瓦，上面轻，所以才这样。”于是铺上瓦，然而塔还是像原来一样晃动。匠师无可奈何，暗中叫他的妻子去见喻皓的妻子，赠送给她金钗首饰，询问塔动的原因。喻皓笑着说：“这很容易啊！只要每层铺完了木板，便用铁钉钉牢，就不会晃动了。”匠师照喻皓说的办法做，塔就稳定了。原来是因为钉牢的木板上下紧紧约束，六个方位相互连接像箱子一样，人踩在楼板上，上下左右及四周板壁相护持，塔自然不能晃动。人们都佩服喻皓的精明练达。

120. 陆游筑书巢

吾室之内，或栖于椟①，或陈②于前，或枕藉于床，俯仰四顾，无非书者。吾饮食起居，疾痛呻吟，悲忧愤叹，未尝不与书俱。宾客不至，妻子不觌③，而风雨雷雹之变有不知也。间有意欲起，而乱书围之，如积槁枝。或至不得行，则辄自笑曰："此非吾所谓巢者耶？"乃引客就观之。客始不能入，既入又不能出，乃亦大笑曰："信乎其似巢也。"

（选自《渭南文集·卷十八》）

注：①栖于椟：堆在木箱上。②陈：陈列。③觌（dí）：相见。

【阅读指南】

陆游（1125—1210），南宋诗人。陆游生逢北宋灭亡之际。宋高宗时参加礼部考试，因受秦桧排斥而仕途不畅。宋孝宗即位后赐进士出身，历任福州宁德县主簿、敕令所删定官、隆兴府通判等职，因坚持抗金，屡遭主和派排斥。乾道七年（1171年）应四川宣抚使王炎之邀，投身军旅，任职于南郑幕府。次年，幕府解散，陆游奉诏入蜀，与范成大相知。宋光宗继位后升为礼部郎中兼实录院检讨官，不久即因"嘲咏风月"罢官，归居故里。嘉泰二年（1202年），宋宁宗召陆游入京，主持编修孝宗、光宗《两朝实录》和《三朝史》，官至宝章阁待制。书成后，陆游长期蛰居山阴，嘉定二年（1210年）与世长辞，留绝笔《示儿》。

【积累思考】

1. 解释下列加点的词。

（1）间有意欲起（　　　　　）　（2）乃引客就观之（　　　　　）

2. 对文中画线句翻译正确的一项是（　　）

A. 相信它像巢穴一样。

B. 相信了它是个书窝啊！

C. 它确实是个书巢啊！

D. 它确实就像书窝啊！

3. 文中的陆游值得我们学习的是____。

【参考译文】

我的屋子里，有的书堆在木箱上，有的书陈列在前面，有的书放在床上当枕头，抬头低头或是四周环顾下来，都是书。我饮食起居，病痛呻吟，感到悲伤、忧愁、愤怒、感叹时，都没有不与书在一起的。客人不来拜访，妻子儿女不相见，且风、雨、雷、雹等天气变化也都不知道。偶尔想要站起来，但杂乱的书围绕着我，像堆积着的枯树枝，有时到了不能行走的地步，于是我就自己笑自己说："这不是我所说的书窝吗？"便邀请客人走近看（当时的情形）。客人刚开始不能够进入屋子，等进到屋中又不能出来，于是客人也大笑着说："这确实是像书窝啊！"

121. 满井游记

廿二日天稍和，偕数友出东直①，至满井。高柳夹堤，土膏②微润，一望空阔，若脱笼之鹄。于时冰皮始解，波色乍明③，鳞浪④层层，清澈见底，晶晶然如镜之新开而冷光乍出于匣也。山峦为晴雪所洗，娟然⑤如拭，鲜妍明媚，如倩女之靧面而髻鬟之始掠⑥也。柳条将舒未舒，柔梢披风⑦，麦田浅鬣寸许⑧。游人虽未盛，泉而茗者，罍⑨而歌者，红装而蹇⑩者，亦时时有。风力虽尚劲，然徒步则汗出浃背。凡曝沙之鸟，呷浪之鳞，悠然自得，毛羽鳞鬣⑪之间，皆有喜气。始知郊田之外未始无春，而城居者未之知也。

（选自《袁中郎集笺校 · 卷十七》）

注：①东直：北京东直门，在旧城东北角。满井在东直门北三四里。②土膏：肥沃的土地。膏，肥沃。③波色乍明：水波开始发出亮光。波色，水波的颜色。乍，初，始。④鳞浪：像鱼鳞似的浪纹。⑤娟然：美好的样子。⑥靧（huì）：洗脸。掠：梳掠。⑦披风：在风中散开。披，开，分散。⑧麦田浅鬣（liè）寸许：意思是麦苗高一寸左右。鬣，兽颈上的长毛，这里形容不高的麦苗。⑨罍（léi）：酒杯。⑩蹇（jiǎn）：此处指驴。泉、茗、罍、蹇都是名词用作动词。⑪毛羽鳞鬣：泛指一切动物。毛，指虎狼等兽类。羽，指鸟类。鳞，指鱼类和爬行动物。鬣，指马一类动物。

【阅读指南】

本文作者袁宏道（1568—1610），字中郎，号石公、六休、公安（今属湖北）人，明代文学家，“公安派”主将，与其兄袁宗道、弟袁中道都有文学成就，被称为“公安三袁”。袁宏道于万历二十年

（1592 年）中进士，授吴县知县。万历二十六年（1598 年）改顺天府（治所在北京）教授，第二年升为国子监助教。《满井游记》就写于这一年的春天。

【积累思考】

1. 解释下列加点的词。

（1）于时冰皮始解（　　　　）　（2）山峦为晴雪所洗（　　　　）

2. 用现代汉语翻译文中画线的句子。

始知郊田之外未始无春，而城居者未之知也。

____

3. 分析本文最后一句表达了作者怎样的情感。

____

【参考译文】

二十二日天气略微暖和，（我）和几个朋友一起从东直门出去，到了满井。高高的柳树长在河堤的两旁，肥沃的土地微微湿润，一眼看过去空阔无际，（我）好像是从笼中飞出去的天鹅。在这时，水面上的冰层开始融化，水波开始发出亮光，像鱼鳞似的浪纹层层推动，清澈透明，可以看到底，（水面）亮晶晶的好像镜子新打开，清冷的光突然从镜匣里射出来一样。山峦被融化的雪水洗干净，美好的样子好像擦拭过，鲜艳悦目，又像美丽的少女洗了脸、刚梳好髻鬟一样。柳条将要舒展却还未舒展，柔软的柳梢在风中散开，麦苗高约一寸。游人虽然不是很多，汲泉水煮茶喝的，端着酒杯唱歌的，穿着艳装骑驴的，也时常有。风力虽然依然猛烈，但是步行却会汗流浃背。在沙滩上晒太阳的鸟，浮到水面戏水的鱼，安适愉快，自得其乐，一切动物之中都有喜悦的气氛。（我）才知道郊田的外面未尝没有春天，只是居住在城里的人不知道这一点。

122. 芙蕖

群葩当令时，只在花开之数日，前此后此皆属过而不问之秋矣。芙蕖则不然。自荷钱出水之日，便为点缀绿波；及其茎叶既生，则又日高一日，日上日妍。有风既作飘飖[①]之态，无风亦呈袅娜之姿，是我于花之未开，先享无穷逸致[②]矣。迨[③]至菡萏[④]成花，娇姿欲滴，后先相继，自夏徂秋，此则在花为分内之事，在人为应得之资者也。及花之既谢，亦可告无罪于主人矣；乃复蒂下生蓬，蓬中结实，亭亭独立，犹似未开之花，与翠叶并擎，不至白露为霜而能事不已。此皆言其可目[⑤]者也。可鼻，则有荷叶之清香，荷花之异馥；避暑而暑为之退，纳凉而凉逐之生。至其可人之口者，则莲实与藕皆并列盘餐而互芬齿颊者也。只有霜中败叶，零落难堪，似成弃物矣；乃摘而藏之，又备经年裹物之用。是芙蕖也者，无一时一刻不适耳目之观，无一物一丝不备家常之用者也。有五谷之实而不有其名，兼百花之长而各去其短，种植之利有大于此者乎？

（选自《闲情偶寄·卷五》）

注：① 飘飖（yáo）：随风摇摆。② 逸致：情趣。③ 迨（dài）：及，等到。④ 菡萏（hàn dàn）：荷花的别称。⑤ 可目：适合观赏，看着悦目。目，名词用作动词。

【阅读指南】

1. 本文作者李渔（1611—1680），原名仙侣，字谪凡，号天徒，中年改名李渔，号笠翁，明末清初戏曲家。《闲情偶寄》是李渔的代表作，位列“中国名士八大奇著”之首。全书分八部，前三部是戏曲理论，后五部写丝竹歌舞、房舍园林、家具古玩、饮馔调治等生活情趣，被誉为“古代生活艺术大全”。

2. 本文文情并茂，内中有作者感情的流动。语言生动形象，如“荷钱出水”时的“点缀绿波”，“茎叶既生”时的“飘飖之态”“袅娜之姿”，“菡萏成花”时的“娇姿欲滴”，“花之既谢”的“亭亭独立”及“与翠叶并擎”，呈现在读者面前的芙蕖有稚嫩无瑕之美，有成年娇姿之美，还有老残而犹有风韵之美。这些美感都是通过作者流畅自然、平朴清新的语言呈现出来的。我们从作者对芙蕖的描述中看到了他对芙蕖由衷的喜爱。

【积累思考】

1. 解释下列加点的词。

（1）则又日高一日（　　　　）　（2）荷花之异馥（　　　　）

2. 用现代汉语翻译文中画线的句子。

是我于花之未开，先享无穷逸致矣。

____

3. 本文具体地说明芙蕖“可人”的种种优点，从________和________两个方面阐述了它的种植之利甚大。

【参考译文】

各种花当令的时节，只在花开的那几天，在此以前、以后都属于人们经过它也不过问的时候。芙蕖就不是这样：自从荷钱出水那一天，便把水波点缀得一片碧绿；等到它的茎和叶生长出来，则又一天一天地高起来，一天比一天好看。有风时就做出飘动摇摆的姿态，没风时也呈现出轻盈柔美的风姿。因此，我们在花未开的时候，便先享受了无穷的情趣。等到花苞开花，姿态娇嫩得简直要滴水，（花儿）先后相继开放，从夏天直开到秋天，这对花来说是它的本性，对人来说就是应当得到的享受了。等到花朵凋谢，也可以告诉主人说，没有对不住您的地方；于是又在花蒂下生出莲蓬，蓬中结了果实，一枝枝独自挺立，还像未开的花一样，和翠绿的叶子一起挺立（在水面上），不到白露节下霜的时候，它所擅长的本领不会（呈献）完毕。这都是说它适于眼睛观赏的方面。适宜鼻子（闻的地方），那就有荷叶的清香和荷花奇异的香气；（以它来）避暑，暑气就因它而减退，（以它来）纳凉，凉气就因它而产生。至于它可口的地方，就是莲子与藕都可以放入盘中，一齐摆上餐桌，使人满口香味芬芳。只有霜打的枯萎的叶子，七零八落很不好看，好像成了被遗弃的废物；但是把它摘下并贮藏起来，又可以在明年用来裹东西。这样看来，芙蕖这种东西，没有一时一刻不适于观赏，没有哪部分哪一点不可供家常日用。（它）有五谷的实质而不占有五谷的名义，集百花的长处而除去它们的短处。种植的好处难道有比它还大的吗？

123. 滕王阁序（节选）

时维九月，序属三秋①。潦水尽而寒潭清，烟光凝而暮山紫。俨骖騑于上路，访风景于崇阿。临帝子②之长洲，得天人之旧馆。层台耸翠，上出重霄；飞阁流丹，下临无地。鹤汀凫渚，穷岛屿之萦回；桂殿兰宫，即冈峦之体势。披绣闼，俯雕甍：山原旷其盈视，川泽纡其骇瞩。闾阎③扑地，钟鸣鼎食④之家；舸舰迷津，青雀黄龙⑤之轴⑥。云销雨霁，彩彻⑦区明。落霞与孤鹜齐飞，秋水共长天一色。渔舟唱晚，响穷彭蠡⑧之滨；雁阵惊寒，声断衡阳⑨之浦。

（选自《王子安集·卷五》）

注：① 三秋：古人称七、八、九月分别为孟秋、仲秋、季秋，三秋即季秋，九月。② 帝子：与下文的"天人"都指滕王李元婴。③ 闾阎：里门，这里代指房屋。④ 钟鸣鼎食：古代贵族鸣钟列鼎而食。⑤ 青雀黄龙：船的装饰图纹。⑥ 轴：通"舳"（zhú），船尾把舵处，这里代指船只。⑦ 彩：虹。彻：通贯。⑧ 彭蠡：古大泽名，即今鄱阳湖。⑨ 衡阳：地名，今属湖南，境内有回雁峰，相传秋雁到此就不再南飞，待春而返。

【阅读指南】

1. 滕王阁因滕王李元婴得名。李元婴精通歌舞，善画蝴蝶，很有艺术才情。他修建滕王阁，也是为了歌舞享乐。这座江南名楼建于唐朝繁盛时期，又因王勃的这篇《滕王阁序》而很快出名。

2. 本文紧扣"秋日"和"登滕王阁"来写，写出了滕王阁壮美又秀丽的景色，把读者带入身临其境的审美境地。"潦水尽而寒潭清，烟光凝而暮山紫"写出了色彩变化之美。这两句不囿于静止的画面色彩，而着力表现水光山色的色彩变幻，被前人誉为“写尽九月之景”。作者善于选词炼字、活化物态。“飞阁流丹”“层台耸翠”，只因“飞”“流”“耸”诸字，巍峨的楼阁便腾飞起来，殷殷的丹青竟汩汩流淌，层叠亭台上的翠色也高高耸出，静物变成了动物，确有画龙点睛之妙。

【积累思考】

1. 解释下列加点的词。

（1）临帝子之长洲（　　　　）　（2）响穷彭蠡之滨（　　　　）

2. 用现代汉语翻译文中画线的句子。

层台耸翠，上出重霄。

---

3. 下列对有关语句分析不正确的一项是（　　）

A. “潦水尽而寒潭清，烟光凝而暮山紫”，在色彩上，上句淡雅，下句浓重，浓淡对比，突出了秋日景物的特征。

B. “鹤汀凫渚，穷岛屿之萦回；桂殿兰宫，即冈峦之体势”写滕王阁周围景物，是近景。

C. “落霞与孤鹜齐飞，秋水共长天一色”写彩霞自上而下，写孤鹜自下而上，相映增辉；青天碧水，天水相接，上下浑然一色，写尽了秋晚暮色之美。

D. “渔舟唱晚，响穷彭蠡之滨；雁阵惊寒，声断衡阳之浦”，此句所写为眼前所见之实。

【参考译文】

时当九月，秋高气爽。积水消尽，潭水清澈，天空凝结着淡淡的云烟，暮霭中山峦呈现一片紫色。在高高的山路上驾着马车，在崇山峻岭中访求风景。来到滕王阁前的沙洲，发现了滕王所修的滕王阁。

这里山峦重叠，青翠的山峰耸入云霄。凌空的楼阁、红色的阁道仿佛飞翔在天空，从阁上看不到地面。白鹤、野鸭停息的小洲，极尽岛屿的迂曲回环之势，华美的宫殿与起伏的山峦配合有致。推开雕花的阁门，俯视彩饰的屋脊，山峰平原尽收眼底，湖川曲折令人惊讶。遍地是里巷宅舍，许多钟鸣鼎食的富贵人家。舸舰停满了渡口，尽是雕着青雀黄龙花纹的大船。正值雨过天晴，虹消云散，阳光朗煦，落霞与野鸭一起飞翔，秋水和长天连成一片。傍晚渔舟中传出的歌声，响彻彭蠡湖滨；雁群感到寒意而发出惊叫，鸣声直到衡阳之浦。

124. 养竹记

竹似贤，何哉？竹本①固，固以树德；君子见其本，则思善建②不拔者。竹性直，直以立身；君子见其性，则思中立不倚③者。竹心空，空以体④道；君子见其心，则思应用虚受⑤者。竹节贞，贞以立志；君子见其节，则思砥砺⑥名行，夷险一致者。夫如是，故君子人多树之为庭实⑦焉。

（选自《白居易集·卷四十三》）

注：①本：根。②建：树立。③倚：偏颇。④体：体悟。⑤虚受：虚心接受。⑥砥砺：磨炼。⑦庭实：原指陈列于朝堂的贡献物品。此处指将竹子种植在庭院中，作为随时观赏之物。

【阅读指南】

本文作者白居易（772—846），字乐天，号香山居士，又号醉吟先生，唐代诗人。白居易与元稹共同倡导新乐府运动，世称“元白”，与刘禹锡并称“刘白”。文章以竹喻贤人，表达了作者仰慕贤者的高贵品质，决心坚持坚定不移、正直无私、虚心体道、砥砺名行的志向。

【积累思考】

1. 解释下列加点的词。

（1）竹本固（　　　　）　（2）夫如是（　　　　）

2. 用现代汉语翻译文中画线的句子。

故君子人多树之为庭实焉。

____

3. 文中“竹似贤”表现在哪些方面？请简要概括。

【参考译文】

竹子像贤人，这是为什么呢？竹子的根稳固，稳固是为了确立竹子的本性，君子看见它的根，就想到善于树立德操、坚贞不拔的人。竹子的秉性直，直是为了站住身体，君子看见它这种秉性，就想到正直、不偏不倚的人。竹子的心是空的，空是为了虚心体悟道，君子看见它的心，就想到虚心求道的人。竹子的节坚定，坚定是为了立志，君子看见它的节，就想到磨炼自己的品行，无论穷通祸福，始终如一的人。正因为如此，君子大多将竹子种植在庭院中，作为随时观赏之物。

125. 北高峰[①]

北高峰，石磴数百级，曲折三十六湾。上有华光庙，以奉五显之神[②]。山半有马明王[③]庙，春月祈蚕者咸往焉。浮屠七层，唐天宝中建，会昌中毁；钱王[④]修复之，宋咸淳七年复毁。群山屏列，湖水镜静，云光倒垂，万象在下。渔舟歌舫，若鸥凫出没烟波，远而益微，仅觌其影。西望罗刹江[⑤]，若匹练新濯，遥接海邑，茫茫无际。郡城[⑥]正值江湖之间，委蛇曲折，左右映带，屋宇鳞次，草木云蓊，郁郁葱葱，悉归眉睫。山顶旧有望海阁，今废。

（选自《西湖游览志·第十卷》）

注：①北高峰：杭州西湖西面的一座山峰，在灵隐寺后。②五显之神：江西德兴、婺源一带汉族民间崇奉的财神。③马明王：中国民间影响最大、流传最广的蚕神。④钱王：此处指钱镠，杭州临安（今属浙江）人，吴越国君王，谥号“武肃”。⑤罗刹江：即钱塘江，因风涛险恶故有此称。⑥郡城：此处指杭州城。

【阅读指南】

1. 本文作者田汝成（1503—1557），字叔禾，钱塘（今浙江杭州）人，出身书香之家，自幼继承家学，聪颖敏达，明嘉靖五年（1526年）中进士，嘉靖二十年（1541年）罢官归里，盘桓湖山之间，遍览浙西名胜。他不仅写得一手好文章，诗词也很出色，《钱塘县志》在为他所作的传中赞誉道：“杭士自弘（治）正（德）以来，扬声艺苑者，汝成为最。”

2. 这篇游记铺陈平淡，景物描写自然贴切，给人以安静、悠远的感觉，先介绍登山的路程、上山途中所见的庙宇、七层佛塔等古迹，再写登顶后极目远眺所看到的西湖及杭州城四周湖光山色的美景，最后补记一笔“山顶旧有望海阁，今废”。

【积累思考】

1. 解释下列加点的词。

（1）宋咸淳七年复毁（　　　　）　（2）远而益微（　　　　）

2. 用现代汉语翻译文中画线的句子。

群山屏列，湖水镜静，云光倒垂，万象在下。

____

3. 作者在描写景物的过程中，运用了______________的写作手法。

【参考译文】

北高峰，有几百级台阶，曲曲折折的，有三十六道湾。山上有一座华光庙，庙里供奉着五显神的灵位，在半山腰有一座马明王庙，春天的时候很多养蚕的人都到那里祈祷。里面有七层高的佛塔，是唐朝天宝年间建成的，在会昌年间被毁了，吴越国君王钱镠修复了它，在宋朝咸淳七年的时候又被毁了。群山像屏障似的排列着，湖面如明镜一样平静，云光倒垂下来，下面景象万千。湖里面渔舟飘荡，歌舫往来，像海鸥凫水，在烟波中出没，远看显得更小了，只能看见它的影子。向西看见罗刹江，就像一匹新洗的绢布，远远地连接着海边的天色，茫无边际。郡城正处于江湖之间，像蛇一样曲曲折折，左右倒映在水中，周围的房屋鳞次栉比，草木旺盛，郁郁葱葱的，尽收眼底。过去的时候，山顶上有一座叫“望海阁”的小亭子，现在荒废了。

126. 白石庄

白石桥北，万驸马庄焉，曰白石庄。庄所取韵[1]皆柳，柳色时变，闲者惊之。声亦时变也，静者省之。春，黄浅而芽，绿浅而眉，深而眼。春老，絮而白。夏，丝迢迢以风，阴隆隆以日。秋，叶黄而落，而坠条当当，而霜柯鸣于树。

柳溪之中，门临轩对，一松虬[2]，一亭小，立柳中。亭后，台三累，竹一湾，曰爽阁，柳环之。台后，池而荷，桥荷之上，亭桥之西，柳又环之。一往竹篱内，堂三楹[3]。松亦虬，海棠花时，朱丝亦竟丈。老槐虽孤，其齿尊[4]，其势出林表。后堂北，老松五，其与槐引年。松后一往为土山，步芍药牡丹圃良久，南登郁冈亭，俯翳月池，又柳也。

（选自《帝京景物略·卷五》）

注：① 取韵：选择的格调。② 虬：指松树枝条盘曲如虬龙。③ 楹：厅堂前部的柱子，此处借用为量词，屋一间为一楹。④ 齿尊：指受人尊崇的高寿长者。此处指树龄长。

【阅读指南】

1.《帝京景物略》由明朝末年居京文人刘侗、于奕正合著，崇祯八年（1635 年）刊行，集历史地理、文化和文学著作三者于一体。

2. 这篇小品文清丽明快，几笔淡淡白描，就活脱脱地画出白石庄绿柳环绕、亭台雅静的景色图。

【积累思考】

1. 解释下列加点的词。

（1）柳色时变（　　　　）　（2）一往竹篱内（　　　　）

2. 用现代汉语翻译文中画线的句子。

柳溪之中，门临轩对。

---

3. 白石庄最大的特点是“__________”（用原文回答）。

【参考译文】

白石桥的北面是万驸马的庄子，叫作“白石庄”。庄子的装饰所取的韵味格调全都来自柳树。柳树的颜色会随着时节变化，连休闲之人也会惊叹。声音也随着时节变化，静怡的人会在其中有所思考。春天，刚发出的嫩芽是浅黄色的，浅绿色就如美人的黛眉，变成深绿则像眸子一般深邃。春天的后期，会长出白色的柳絮。夏天，万条柳丝垂下，和风而动，繁盛茂密，阴凉袭人，遮阳蔽日。秋天，叶子变黄掉落，而被寒霜裹挟着的柳条依然在树上发出“哗哗”的声响。

在这柳荫之中，回廊亭台遥相对望。一棵盘曲的老松，一座精致的小亭，立于群柳之中。小亭的后面，有三个亭台相连，有一簇青竹长于此处，被称为“爽阁”，柳树环绕着这里。在亭台的后面，有一个池塘，池塘中生有荷花，在群荷之上又有一桥横跨。在这桥的西面，又是柳树环绕，一直延续到竹篱的内部，堂里有三间屋。（厅堂几处）老松盘曲，海棠花开，花瓣红丝相连，竟有几丈远。虽然只有一棵老槐树，略显孤单，但寿高尊贵，它的形体态势在群木之中格外出众。在后堂的背面，有五棵老松与槐树同龄。老松之后则是土山，在这种植了芍药、牡丹的花圃中可以闲逛很久；在南面则可以攀登郁冈亭，俯身而视，遮挡月池的，又是柳树。

127. 山市[①]

奂山山市，邑八景之一也，然数年恒不一见。孙公子禹年与同人饮楼上，忽见山头有孤塔耸起，高插青冥[②]，相顾惊疑，念近中无此禅院。无何，见宫殿数十所，碧瓦飞甍[③]，始悟为山市。未几，高垣睥睨[④]，连亘六七里，居然城郭矣。中有楼若者，堂若者，坊若者，历历在目，以亿万计。忽大风起，尘气莽莽然[⑤]，城市依稀而已。既而风定天清，一切乌有，惟危楼一座，直接霄汉。五架窗扉皆洞开；一行有五点明处，楼外天也。层层指数，楼愈高，则明愈少。数至八层，裁如星点。又其上，则黯然缥缈，不可计其层次矣。而楼上人往来屑屑，或凭或立，不一状。逾时，楼渐低，可见其顶，又渐如常楼，又渐如高舍，倏忽如拳如豆，遂不可见。

又闻有早行者，见山上人烟市肆[⑥]，与世无别，故又名“鬼市”云。

（选自《聊斋志异·卷六》）

注：① 山市：山中蜃景，与“海市蜃楼”相似。② 青冥：青天，天空。③ 碧瓦飞甍（méng）：青色的瓦和翘起的屋檐。甍，屋顶四角伸出的飞檐。④ 高垣（yuán）睥睨（pì nì）：高高低低的城墙。高垣，高墙。睥睨，又写作“埤堄”，指女墙，即城墙上呈凹凸形的矮墙。⑤ 莽莽然：一片迷茫的样子。此处指烟尘弥漫。⑥ 人烟市肆：人家、集市和商店。市，集市。肆，店铺。

【阅读指南】

本文是清代文学家蒲松龄创作的一篇文言短篇小说，描写了“山市”从出现到幻灭的神奇景象，表现了人们从发现它时“相顾惊疑”到全神贯注细细观察的变化过程。全文只有三百余字，语言极其精练，但描写细致入微，引人遐想。“山市”全过程可分三个阶段：发生、发展、高潮。结尾一段写山上的“鬼市”，这是补笔，有照应开头的作用，说明奂山这个地方确实能看到这种奇异的现象。

【积累思考】

1. 解释下列加点的词。

（1）相顾惊疑（ ）　（2）城市依稀而已（ ）

2. 对文中画线句翻译正确的一项是（ ）

A. 不久，（又）看见几十所宫殿，碧绿的瓦，屋檐高高翘起，开始悟出那是“山市”。

B. 没多久，（又）看见几十所宫殿，碧绿的瓦，屋檐高高翘起，才明白那是“山市”。

C. 不久，（又）看见几十所宫殿，碧绿的瓦，屋檐高高翘起，才明白那是山上的集市。

D. 没什么，（又）看见几十所宫殿，碧绿的瓦，屋檐高高翘起，就明白那是山上的集市。

3. 从本文内容看，“山市”景的变化可分为哪几个阶段？你觉得最奇异的是哪个阶段？

【参考译文】

奂山的“山市”，是淄川县八景中的一景。但经常好几年也不出现一次。孙禹年公子跟他的同业朋友在楼上喝酒，忽然看见山头有一座孤零零的宝塔耸立起来，高高地直插青天。（大家）你看看我，我看看你，又惊奇又疑惑，心想附近并没有这佛寺啊。没多久，（又）看见几十座宫殿，碧绿的瓦，屋檐高高翘起，这才明白原来是（出现）“山市”了。没多久，（又出现）高高的城墙，以及城墙上面呈凹凸形的矮墙，连绵六七里，竟然像一座城了。城中有像楼阁的，有像厅堂的，有像街巷的，都清晰地呈现在眼前，用亿万数来计算。忽然刮起大风，烟尘弥漫，全城的景象变得模糊不清了。过一阵子，大风停止，天空晴朗，先前的景象全都消失了，只有一座高楼，一直连接到云霄与天河，（每层）有五间房，窗户、门都敞开着，都有五处明亮的地方，那是楼外的天空。一层一层地指着数上去，房间越高，亮点越小；数到第八层，亮点只有星星那么小；再往上就变得暗淡了，似有若无，看不清它的层次。楼上的人们来来往往，各干各的事情，有靠着（栏杆）的，有站着的，姿态不一。过了一段时间，楼渐渐低矮下来，可以看见楼顶了；渐渐地，又变得跟平常的楼房一样；渐渐地，又变成了高高的平房；突然又缩成拳头一般大小，（再缩）成为豆粒一般大小，终于完全消失。

我又听说，有早起赶路的人，看到山上有人家、集市和店铺，跟尘世的情形没有什么区别，所以人们又管它叫“鬼市”。

128. 奇鹰

楚文王少时好猎。有人献一鹰。文王见之，爪距①神爽，殊绝常鹰。故为猎于云梦②。置网云布，烟烧张天。毛群羽族③，争噬竞搏；此鹰轩④颈瞪目，无搏噬之志。王曰："吾鹰所获以百数，汝鹰曾无奋意，将欺余邪？"献者曰："若效于雉兔，臣岂敢献？"俄而，云际有一物凝翔，鲜白，不辨其形。鹰便竦翮⑤而升，矗若飞电。须臾，羽堕如雪，血下如雨。有大鸟堕地，度其两翅，广数十里。众莫能识。时有博物君子曰："此大鹏雏也。"文王乃厚赏之。

（选自《幽明录·卷一》）

注：①距：禽爪后面突出像脚趾的部分。②云梦：古地名。楚国的大湖泽，在今湖北境内。③毛群羽族：此处指其他的鹰。④轩：高高昂起。⑤竦翮（sǒng hé）：展开翅膀。

【阅读指南】

"以百数"按原文解释，即用百来计算，数百，就是几百，从一百到九百。"吾鹰所获以百数"，意为"我的鹰捕获的猎物有好几百只"。此外还有："以十数"，即数十；"以千数"，即数千；"以万数"，即数万。

【积累思考】

1. 解释下列加点的词。

（1）楚文王少时好猎（　　　　　）　（2）众莫能识（　　　　　）

2. 用现代汉语翻译文中第一处画线的句子。

若效于雉兔，臣岂敢献？

---

3. 文中第二处画线句有什么作用？

【参考译文】

楚文王年轻的时候喜欢打猎。一天，有人献给他一只鹰。楚文王见这只鹰爪子非常锋利，与普通的鹰不同。于是，楚文王在云梦打猎，铺设的网像云一样密集，烧火冒出的烟遮盖了天空。其他的鹰争着捕食猎物，而这只鹰高高地昂起头，瞪着双眼，没有捕猎的意思。楚文王说：“我的鹰捕获的猎物有好几百只，你这只鹰竟没有捕猎的意思，是欺骗我的吗？”献鹰的人说：“如果（这只鹰）只是为了抓小兔子，臣怎么敢献给您呢？”过了一会，云际间有一个东西在飞，鲜明洁白，看不清它的样子。这只鹰就展开翅膀飞去，快得像闪电一般。不一会儿，羽毛像下雪一样掉下来，血像下雨一样洒下来，一只大鸟掉在地上，测量它的两只翅膀的长度，有数十里长，所有人都不知道是什么。这时有一个博学多闻的人说：“这是大鹏的幼雏。”楚文王（听了）就重赏了献鹰的人。

129. 游青溪记

青溪之跳珠溅雪，亦无以异于诸泉，独其水色最奇。盖世间之色，其为正也间也，吾知之，独于碧不甚了然。今见此水，乃悟世间真有碧色，如秋天，如晚岚①。比之舍烟新柳，则较浓，比之脱箨②初篁，则较淡。温于玉，滑于纨③，至寒至腴④，可拊⑤可飧。

（选自《珂雪斋集·卷之十五》）

注：①岚：林中雾气。②箨（tuò）：竹皮，笋壳。③纨：白色的丝绢。④腴（yú）：丰裕。⑤拊：抚摩。

【阅读指南】

本文作者袁中道（1570—1626），明代文学流派“公安派”的代表人物之一，他的散文清新活泼，独抒性灵。本文是他对青溪之水颜色的描写，用一连串生动形象的对比来突出“碧”（青绿色）这种颜色的独特秀美，表达了作者对大自然的喜爱之情。

【积累思考】

1. 解释下列加点的词。

（1）盖世间之色（　　　　　）　（2）温于玉（　　　　　）

2. 用现代汉语翻译文中画线的句子。

独其水色最奇。

---

3. 作者运用什么手法体现青溪之水的特点？

【参考译文】

青溪的水花像跳跃的珍珠，又像溅落的雪片，这和其他地方的泉水也没有什么不同，唯独它的水的颜色最为奇特。大概世间的颜色，多为正色（青、黄、赤、白、黑）或间色（绿、红、紫），这是我所知道的，唯独对碧色却不太理解。如今见到这里的水，才领悟到世间真的有碧这种颜色，如秋季的天空，如早晨林间的雾气。它比起农家的炊烟、新发的柳枝，显得有些浓，比起刚脱下的竹皮、新长出的竹子，显得有些淡。它比玉更温和，比白色的丝绢更滑润，达到清冷、丰裕的极致，可以抚摩和食用。

130. 冰雪文序

鱼肉之物，见风日则易腐，入冰雪则不败，则冰雪之能寿物也。今年冰雪多，来年谷麦必茂，则冰雪之能生物也。盖人生无不藉①此冰雪之气以生，而冰雪之气必待冰雪而有，则四时有几冰雪哉！

若吾之所谓冰雪则异是。凡人遇旦昼则风日，而夜气则冰雪也；遇烦燥则风日，而清静则冰雪也；遇市朝则风日，而山林则冰雪也。冰雪之在人如鱼之于水龙之于石日夜沐浴其中，特②鱼与龙不之觉耳。故知世间山川、云物、水火、草木、色声、香味，莫不有冰雪之气；其所以恣③人挹④取受用之不尽者，莫深于诗文。盖诗文只此数字，出高人之手，遂现空灵；一落凡夫俗子，便成臭腐。此其间真有差之毫厘，失之千里。特恨遇之者不能解，解之者不能说。即使其能解能说矣，与彼不知者说，彼仍不解，说亦奚⑤为？故曰：诗文一道，作之者固难，识之者尤不易也。

（选自《琅嬛文集·卷一》）

注：①藉：借助。②特：只不过。③恣：任凭。④挹（yì）：舀。⑤奚（xī）：什么。

【阅读指南】

本文作者张岱（1597—1689），字石公，号陶庵，晚年号六休居士，山阴（今浙江绍兴）人，明清之际文学家。张岱出身仕宦家庭，早年患有痰疾而长住外祖父陶允嘉家养病，因聪颖善对而被舅父陶崇道称为“今之江淹”，提出过“若以有诗句之画作画，画不能佳；以有诗意之诗为诗，诗必不妙”等观点。著有《陶庵梦忆》《石匮书》等。

【积累思考】

1. 对文中第一处画线句，断句正确的一项是（　　）

A. 冰雪之 / 人如鱼之于 / 水龙之于石 / 日夜沐浴其中

B. 冰雪之在人 / 如鱼之于水 / 龙之于石 / 日夜沐浴其中

C. 冰雪之在人如鱼 / 之于水龙 / 之于石日 / 夜沐浴其中

D. 冰雪之在人 / 如鱼之于水龙 / 之于石日 / 夜沐浴其中

2. 用现代汉语翻译文中第二处画线的句子。

作之者固难，识之者尤不易也。

---

3. 张岱文风任情适性，文笔流丽清新。请问文中"特恨遇之者不能解，解之者不能说"一句反映出张岱怎样的心情？

【参考译文】

鱼肉一类的食物，见到风和阳光就容易变质，放入冰雪中就不会腐烂，就是说冰雪能够使食物长久保存。今年冰雪多，来年谷物一定长得茂盛，就是说冰雪有助于谷物生长。大概人的一生没有不借助于冰雪这样的特质生存的，然而冰雪的特质必定要等到有了冰雪才能有，但一年四季又有多少冰雪呢！

至于我所说的冰雪和这（自然界的冰雪）不一样。大凡人在白天就表现出风日一般的平常，但在夜晚就有冰雪的气质；遇上心情烦躁就表现出风日一般的平常，但心情清静了就有冰雪的气质；人在市井、朝廷就表现出风日一般的平常，但居住在山林之中就有冰雪的气质。冰雪的气质在人的心中，就像鱼在深水中，龙在深山中一样，日夜置身其中，只不过是鱼和龙没有感觉到水和山而已。所以懂得世间的山川、云物（即浮云静物）、水火、草木、色声、香味都有冰雪的特点，其中可以任人酌取并受用不尽的，没有比诗文更高深的了。一般诗文仅为数不多的文字，出自高人之手，就显得超逸灵活；一旦落入凡夫俗子的手中，就变得秽恶。在中间真是相差虽小，但错误极大。只不过遗憾的是看到这样诗文的人不能理解，理解了又不能评说。即使有能够理解和评说的，同那些不懂的人评说，他仍不理解，评说又干什么呢？所以说：诗文的一般规律，写作诗文的人原本就难，识别它的人尤其不容易啊。

131. 放鹤亭记

山人有二鹤，甚驯而善飞。旦则望西山之缺而放焉，纵其所如，或立于陂田①，或翔于云表，暮则傃②东山而归，故名之曰放鹤亭。

郡守苏轼，时从宾客僚吏往见山人，饮酒于斯亭而乐之。挹③山人而告之曰："子知隐居之乐乎？虽南面之君，未可与易也。《易》曰：'鸣鹤在阴，其子和之。'《诗》曰：'鹤鸣于九皋，声闻于天。'盖其为物，清远闲放，超然于尘垢之外，故《易》《诗》人以比贤人君子隐德之士，狎而玩之，宜若有益而无损者；然卫懿公好鹤，则亡其国。周公作《酒诰》，卫武公作《抑戒》，以为荒惑败乱无若酒者；而刘伶、阮籍之徒，以此全其真而名后世。嗟夫！南面之君，虽清远闲放如鹤者，犹不得好，好之则亡其国；而山林遁世之士，虽荒惑败乱如酒者，犹不能为害，而况于鹤乎？由此观之，其为乐未可以同日而语也。"山人欣然而笑曰："有是哉！"

（选自《宋文鉴·卷第八十二》，有删改）

注：①陂（bēi）田：水边的田地。②傃（sù）：向，向着，沿着。③挹（yì）：通"揖"，作揖，拱手行礼。

【阅读指南】

本文为苏轼作于元丰元年（1078年）十一月八日，当时苏轼任徐州知州。隐者张天骥隐居于徐州云龙山，自号"云龙山人"，后迁于东山之麓并作亭其上，自驯二鹤，鹤朝放而暮归，白日里令其自由地飞翔于天地间，所以给亭子取名为"放鹤亭"。苏轼为此亭作题记。

【积累思考】

1. 解释下列加点的词。

（1）故名之曰放鹤亭（　　　）　（2）宜若有益而无损者（　　　）

2. 用现代汉语翻译文中画线的句子。

饮酒于斯亭而乐之。

3. 通过阅读本文，你认为苏轼是个怎样的人？

【参考译文】

山人有两只鹤，非常温驯且善于飞翔。早晨就朝着西山的缺口放飞它们，任它们飞到哪里，有时立在水边的田地，有时飞翔在万里云海之外，到了晚上就向着东山飞回来，因此给这个亭子取名叫“放鹤亭”。

郡守苏轼，当时带着宾客随从，前往拜见山人，在这个亭子里喝酒并以此为乐。向山人作揖并告诉他说：“您懂得隐居的快乐吗？即使是南面称尊的国君，也不能和他交换。《易经》上说：‘鹤在北边鸣叫，它的小鹤也会应和它。’《诗经》上说：‘鹤在深泽中鸣叫，声音传到天空。’大概鹤清雅深远、幽闲旷达，超脱世俗之外，因此《易经》《诗经》中把它比作圣人、君子、不显露自己德行的人。亲近把玩它，应该好像有好处而无害处，但卫懿公喜欢鹤，却使他的国家灭亡。周公作《酒诰》，卫武公作《抑戒》，认为造成荒唐的灾祸没有能比得上酒的，但刘伶、阮籍那类人，凭借这保全他们的真性情并闻名于后世。唉！南面称尊的君主，即使清雅深远、幽闲旷达像鹤这样，还不能过分喜好，过分喜好就会使他的国家灭亡。而超脱世俗、隐居山林的贤士，即使荒唐迷惑、颓败迷乱像饮酒的人，还不能成为祸害，更何况对鹤的喜爱呢？由此看来，君主之乐和隐士之乐是不可以同日而语的。”山人欣然笑着说：“有这样的道理啊！”

五

比较阅读

132.《伯牙鼓琴》比较阅读

【甲】伯牙鼓琴

伯牙鼓琴，锺子期听之。方鼓琴而志在太山，锺子期曰："善哉乎鼓琴！巍巍乎若太山。"少选之间而志在流水，锺子期又曰："善哉乎鼓琴！汤汤乎若流水。"锺子期死，伯牙破琴绝弦，终身不复鼓琴，以为世无足复为鼓琴者。

（选自《吕氏春秋 · 本味》）

【乙】

庆历三年①，轼始总角②，入乡校。士有自京师来者，以鲁人石守道所作《庆历圣德诗》示乡先生③。轼从旁窃观，则能诵习其词，问先生以所颂十一人者何人也，先生曰："童子何用知之？"轼曰："此天人也耶，则不敢知；若亦人耳，何为其不可？"先生奇轼言，尽以告之。且曰："韩、范、富、欧阳④，此四人者，人杰也。"时虽未尽了，则已私识之矣。嘉祐二年⑤，始举进士⑥，至京师，则范公殁。既葬，而墓碑出，读之至流涕，曰："吾得其为人盖十有五年，而不一见其面，岂非命也欤？"

（选自《范仲淹全集 · 附录三》）

注：①庆历三年：公元1043年。庆历，宋仁宗年号。②总角：古时儿童束发为两结，向上分开，形状如角，故称"总角"。③乡先生：乡里的私塾先生。④韩、范、富、欧阳：分别指韩琦、范仲淹、富弼、欧阳修。⑤嘉祐二年：公元1057年。嘉祐，宋仁宗的另一个年号。⑥举进士：考中进士。

【阅读指南】

【乙】文是苏轼为范仲淹文集所作的序文。范仲淹生于宋太宗端拱二年（989 年），苏轼生于宋仁宗景祐三年（1037 年），范仲淹比苏轼大了四十八岁，接近半个世纪。时间上的巨大差距，决定了二人之间不太可能存在交集，但苏轼仰慕范仲淹的文学才华与德行，所以有“私识”一说。【乙】文中还提到了欧阳修，欧阳修是苏轼童稚时的偶像，读其文，诵其诗，想见其为人，私以为师。嘉祐二年（1057 年）礼部试，欧阳修慧眼识苏文，提拔苏轼为进士第二名，虽引起一场风波，亦令科场风气大变。欧、苏年龄相差三十岁，结为忘年交，两代文宗相继完成了北宋诗文革新，联手创造了北宋文学的辉煌。

【积累思考】

1. 解释下列加点的词。

（1）以为世无足复为鼓琴者（　　　　）　尽以告之（　　　　）

（2）以为世无足复为鼓琴者（　　　　）　吾得其为人（　　　　）

2.【甲】文中运用动作描写表现出伯牙悲痛的句子是“____________”，【乙】文中最能表现苏轼悲痛的句子是“____________”，运用了________描写。此二人极为悲痛的原因都是________________________________。

3. 古人十分重视交友，请结合伯牙鼓琴、苏轼“私识”范仲淹这两个故事，谈谈你的交友观。

____

____

【参考译文】

【乙】庆历三年，苏轼正是十二三岁的年龄，进入乡下的私塾学习。有一位从京师来的读书人，拿鲁地人石守道写的《庆历圣德诗》给私塾的先生看。苏轼在旁边偷看，就能够诵读通晓文中的语句。苏轼问先生其中赞颂的那十一个人都是谁，先生说："小孩子知道这些有什么用？"苏轼说："（如果）他们是神仙，（我）就不敢知道；如果（他们）也是普通的人，我为什么就不可以知道他们？"先生对苏轼说的话感到惊奇，就把这十一个人的情况全部告诉了苏轼，并且说："韩琦、范仲淹、富弼、欧阳修这四个人，是人中豪杰。"苏轼当时虽然没有完全明白（这句话），却已经私下记住他们了。嘉祐二年，苏轼中了进士，到了京城，正赶上范仲淹逝世。安葬之后，墓碑立好，苏轼读碑文以至于流泪，说："我知道他的为人已经十五年了，却没有见到他一面，难道是命中注定的吗？"

133.《学弈》比较阅读

【甲】学弈

弈秋，通国之善弈者也。使弈秋诲二人弈，其一人专心致志，惟弈秋之为听；一人虽听之，一心以为有鸿鹄将至，思援弓缴而射之。虽与之俱学，弗若之矣。为是其智弗若与？曰：非然也。

（选自《孟子·告子上》）

【乙】薛谭学讴

薛谭学讴①于秦青，未穷青之技，自谓尽之，遂辞归。秦青弗止，饯于郊衢②，抚节悲歌，声振林木，响遏行云。薛谭乃谢求反，终身不敢言归。

（选自《列子·汤问》）

注：① 讴：歌唱（不用乐器伴奏）。② 郊衢：郊外的大道边。

【阅读指南】

薛谭为古代传说中的人物。战国时期秦国人，师从善歌者秦青学习技艺。薛谭聪明、好学，但学了一段时间后，他觉得自己已经学完了老师所有的本领，便要告辞回家。离别宴上，秦青的一曲悲歌震撼了薛谭，令他又感动又惭愧。“响遏行云”的典故就源于此。

【积累思考】

1.【甲】【乙】两文中多次出现“之”，请写出下列句子中“之”的解释。

（1）通国之善弈者也（　　　　）

（2）惟弈秋之为听（　　　　）

（3）未穷青之技（　　　　）

（4）自谓尽之（　　　　）

2.【甲】【乙】两文中有两位技艺高超的老师。【甲】文通过“____________”来凸显弈秋的棋艺高超；【乙】文通过“____________”来凸显秦青的歌艺高超。

3.【甲】【乙】两文都通过故事阐述了“学习”的道理，告诉我们学习要__________________________________，不同处在于【甲】文强调学习不能__________________________________，而【乙】文强调学习不能__________________________________。

【参考译文】

【乙】薛谭向秦青学习唱歌，还没有彻底掌握秦青的歌唱技艺，就自以为学完了，于是就告辞回去。秦青没有劝阻他，在郊外大道旁用酒食设宴给他送行。秦青打着节拍，高声歌唱悲歌，高昂的歌声振动了林木，美妙的嗓音响彻了云霄。薛谭于是向秦青道歉，想要回来继续学习。从此以后，他至死也不敢再说要回去。

134.《两小儿辩日》比较阅读

【甲】两小儿辩日

孔子东游，见两小儿辩斗，问其故。

一儿曰："我以日始出时去人近，而日中时远也。"

一儿曰："我以日初出远，而日中时近也。"

一儿曰："日初出大如车盖，及日中则如盘盂，此不为远者小而近者大乎？"

一儿曰："日初出沧沧凉凉，及其日中如探汤，此不为近者热而远者凉乎？"

孔子不能决也。

两小儿笑曰："孰为汝多知乎？"

（选自《列子·汤问》）

【乙】

晋明帝数岁，坐元帝膝上。有人从长安来，元帝问洛下①消息，潸然流涕。明帝问："何以致泣？"具以东渡②意告之。因问明帝："汝意谓③长安何如日远？"答曰："日远。不闻人从日边来，居然可知④。"元帝异之。明日集群臣宴会，告以此意。更重问之，乃答曰："日近。"元帝失色，曰："尔何故异昨日之言邪？"答曰："举目见日，不见长安。"

（选自《世说新语·夙惠》）

注：①洛下：洛阳，西晋京都所在地。②东渡：公元316年，西晋在异族入侵中灭亡，第二年，渡江至建康（今江苏南京）的西晋旧臣拥司马睿为帝，史称"东晋"。③意谓：心里认为。④居然可知：显然可以知道。

【阅读指南】

1. 晋明帝：司马绍（299—325），字道畿，河内郡温县（今河南温县）人，生于琅琊国（今山东临沂）。东晋第二位皇帝，晋元帝司马睿的长子。

2. 晋元帝：司马睿（276—323），字景文，河内郡温县（今河南温县）人，生于洛阳县（今河南洛阳）。东晋开国皇帝。十五岁袭封琅琊王。“八王之乱”后期依附东海王司马越，被任命为“平东将军”。316年，西晋亡，317年，司马睿即晋王位，改元建武。318年即皇帝位，改元太兴，据有长江中下游以及淮河珠江流域地区，史称“东晋”。

【积累思考】

1.【甲】【乙】两文中多次出现“以”，请写出下列句子中“以”的解释。

（1）我以日始出时去人近（　　　　）

（2）何以致泣（　　　　）

（3）具以东渡意告之（　　　　）

（4）告以此意（　　　　）

2.【甲】【乙】两文都是围绕一个问题展开的。【甲】文中，两小儿争辩的问题是：________________？【乙】文中，晋明帝两次回答的同一个问题是：________________？

3.【甲】【乙】两个故事中的问题虽然不一样，但是相映成趣，都表现了儿童________的特点。

【参考译文】

【乙】晋明帝几岁的时候，坐在元帝膝盖上。有个从长安来的人，元帝向他询问了洛阳方面的消息，不由得流下了眼泪。明帝问元帝：

“因为什么而哭泣?”元帝便把东迁的原委详细地告诉了他。元帝于是问明帝说:“你认为长安与太阳相比,哪个更远?”明帝回答说:“太阳远。没听说有人从太阳那边来,这显然可知了。”元帝感到很诧异。第二天,元帝召集群臣举行宴会,把明帝所说的意思告诉了大家。然后又重新问明帝,明帝却回答说:“太阳近。”元帝大惊失色,问:“你为什么与昨天说的不一样呢?”明帝回答说:“因为抬头就能看见太阳,但是看不见长安。”

135.《咏雪》比较阅读

【甲】咏雪

谢太傅寒雪日内集，与儿女讲论文义。俄而雪骤，公欣然曰："白雪纷纷何所似？"兄子胡儿曰："撒盐空中差可拟。"兄女曰："未若柳絮因风起。"公大笑乐。即公大兄无奕女，左将军王凝之妻也。

（选自《世说新语·言语》）

【乙】王右军诈睡

王右军①年减②十岁时，大将军甚爱之，恒置帐中眠。大将军尝先出，右军犹未起。须臾，钱凤入，屏③人论事。都忘右军在帐中，便言逆节之谋。右军觉，既闻所论，知无活理，乃剔吐污头面被褥，诈孰④眠。敦论事造半，方忆右军未起，相与大惊曰："不得不除之！"及开帐，乃见吐唾从横，信其实孰眠，于是得全。于时称其有智。

（选自《世说新语·假谲》）

注：①王右军：即王羲之。②减：不足。③屏：通"摒"，让手下退出、退避。④孰：同"熟"。

【阅读指南】

1.【甲】文中之"兄女"，即谢道韫（生卒年不详），字令姜，又名韬元，东晋女诗人。她是安西将军谢无奕之女，东晋政治家谢安的侄女，王凝之的妻子，王羲之的儿媳。谢道韫少博学，聪颖有才智，以大雪天吟出"未若柳絮因风起"之句得到谢安的赞赏，后世遂称女子文学才能为"咏絮才"。

2. “假谲”是刘义庆《世说新语》的第二十七门，共有十四个故事。假谲，指虚假欺诈。故事中所记载的事例都用了作假的手段，或说假话，或做假事，以达到一定的目的。从结果看，有一些手段是阴谋诡计，而另一些则并非如此。例如第十二则所记孙兴公嫁女之诈是事先策划的阴谋，而第七则所记王羲之幼年为了保全性命而“诈孰眠”，就只是一种应变之计。还有一些随机应变的事例，虽然也是所谓“假谲”，但全无恶意。

【积累思考】

1. 用现代汉语翻译文中画线的句子。

大将军甚爱之，恒置帐中眠。

---

2. 下列对【甲】【乙】两文理解正确的一项是（　　）

A. 两文都运用语言描写分别表现谢道韫和王右军的人物形象。

B.【甲】文中谢太傅和作者都没有直接表露出对两个回答的偏好。

C.【乙】文中大将军“大惊”的原因是王右军“剔吐污头面被褥”。

D. 两文中的谢太傅与大将军都是慈爱、有雅兴的人。

3.【甲】文中的谢道韫和【乙】文中的王右军都是__________的孩子，而所处情景不同，两个人物形象也有所不同，从“未若柳絮因风起”的回答可以看出谢道韫是个__________的孩子，从王右军在面对危机时的行为可以看出他是个__________的孩子。

【参考译文】

【乙】王羲之还不到十岁时，大将军（王敦）很喜欢他，常常让他在自己的帐里睡觉。大将军有一次先从帐里出来，王羲之还没起来。不久钱凤来了，两人让其他人退下，开始讨论事情，都忘了王羲之还在帐里，便说起密谋叛乱的事。王羲之醒后，听到了他们密谋的事情，知道自己必定没有活下去的道理，就吐出口水，弄脏了脸、枕头和被子，装作自己还在熟睡。王敦在事情商量到一半时才想起王羲之还没起床，两人都大惊失色，说道：“不得不杀掉他！”等到他们打开帐子，看到到处都是口水，相信他还在熟睡，于是王羲之的性命得以保全。当时人们称赞王羲之很聪明机智。

136.《陈太丘与友期行》比较阅读

【甲】陈太丘与友期行

陈太丘与友期行，期日中。过中不至，太丘舍去，去后乃至。元方时年七岁，门外戏。客问元方："尊君在不？"答曰："待君久不至，已去。"友人便怒曰："非人哉！与人期行，相委而去。"元方曰："君与家君期日中。日中不至，则是无信；对子骂父，则是无礼。"友人惭，下车引之。元方入门不顾。

（选自《世说新语·方正》）

【乙】

（郭伋）始至行部①，到西河美稷②，有童儿数百，各骑竹马，道次迎拜。伋问："儿曹何自远来？"对曰："闻使君到，喜，故来奉迎。"伋辞谢之。及事讫，诸儿复送至郭外，问："使君何日当还？"伋谓别驾从事③，计日告之。行部既还，先期一日，伋为违信于诸儿，遂止于野亭④，须期乃入。

（选自《后汉书·郭杜孔张廉王苏羊贾陆列传》）

注：①（郭伋）始至行部：郭伋刚担任并州牧，首次出巡。行部，出巡。②西河美稷：地名。③别驾从事：部下官吏，相当于随行秘书。④野亭：郊野的亭子。

【阅读指南】

1. 郭伋（前39—47），字细侯，东汉初扶风茂陵（今陕西兴平东北）人。他少年时便胸有大志，王莽时期担任上谷大尹，后升任为并州牧。他为人守信，颇受时人称赞。

2. 竹马是一种儿童玩具，典型的式样是一根杆子，一端有马头模型，孩子跨立上面，假作骑马。历史文献对“竹马”的最早记载正是《后汉书·郭杜孔张廉王苏羊贾陆列传》，后用为称颂地方官吏之典。刘义庆《世说新语·品藻》中记载：“桓公语诸人曰：‘少时与渊源共骑竹马。’”“竹马”也成为回忆儿童时代生活的创作题材。

【积累思考】

1. 解释下列加点的词。

（1）陈太丘与友期行（　　　　）　须期乃入（　　　　）

（2）下车引之（　　　　）　伋辞谢之（　　　　）

2. 文言文中经常会省略一些成分，请补出下列句中省略的成分。

（1）（　　　　）待君久（　　　　）不至，（　　　　）已去。

（2）（　　　　）闻使君到，喜，故来奉迎（　　　　）。

3.【甲】【乙】两文告诉我们一个同样的道理：＿＿＿＿＿＿。但从选材角度看，【甲】文选取的是友人“无信”“无礼”的反面例子，【乙】文选取的是＿＿＿＿的正面例子；从表达方式看，【甲】文侧重＿＿＿＿，【乙】文侧重叙述。

【参考译文】

【乙】郭伋刚担任并州牧，首次出巡。到达西河美稷，有数百名儿童，各自骑着竹马，在道旁停留拜迎。郭伋问：“孩子们为什么远道而来？”孩子们回答说：“听说使君到来，我们很高兴，所以来这里欢迎。”郭伋向他们表示感谢。等到事情办完后，孩子们又将他送到城外，问道：“使君什么时候再回来？”郭伋告诉了部下官吏，算好了日子告诉他们。巡视后返回，比预计日期提前了一天，郭伋认为进城失信于孩子们，于是在野外亭中留宿，必须等到约定日期才进城。

137.《〈论语〉十二章》比较阅读

【甲】

① 子曰："学而时习之，不亦说乎？……"(《学而》)

② 子曰："温故而知新，可以为师矣。"(《为政》)

③ 子曰："学而不思则罔，思而不学则殆。"(《为政》)

④ 子曰："三人行，必有我师焉。择其善者而从之，其不善者而改之。"(《述而》)

（选自《论语》）

【乙】

子列子[①]常射中矣，请[②]之于关尹子。关尹子曰："知子之所以中乎？"答曰："弗知也。"关尹子曰："未可。"退[③]而习之三年，又请。关尹子曰："子知子之所以中乎？"子列子曰："知之矣。"关尹子曰："可矣，守而勿失。"非独射也，国之存也，国之亡也，身之贤也，身之不肖也，亦皆有以。圣人不察存亡贤不肖，而察其所以也。

（选自《吕氏春秋·审己》）

注：① 子列子：即列子，名御寇，战国时期郑国人。② 请：请教。③ 退：离去，回去。

【阅读指南】

《论语》中关于学习的思想在教育史上具有重要的地位，对后世儒生乃至今人都有着巨大的影响。这些思想概括起来主要有以下几点：其一，关于学习的态度。孔子认为，追求学问首先在于爱学、乐学，这是关键，也就是【甲】文第 ① 则所记述的。还要"默而识之，学而不厌”(《述而》)，即学习要有踏踏实实的精神，默默地记住学到的知识，努力学习而不满足。【甲】文第④则和“见贤思齐焉，见不贤而内自省也”(《里仁》)，都体现了孔子严谨、谦虚的治学态度。其二，关于学习的方法。孔子在和弟子的交谈中多次提及学习方法，最著名的莫过于【甲】文第①②则。【甲】文第③则中，孔子还特别强调要学思结合、勇于实践。其三，关于学习的内容。孔子主张学习要博、要广，不能偏颇、单一。他提出要用四种东西作为自己的学习纲要，这就是“文、行、忠、信”(《述而》)，即文化知识、品德修养、忠诚笃厚、坚守信约。其四，关于学习的目的。孔子认为，学习必须有明确的目的，重点在于“学以致用”。子曰：“诵《诗》三百，授之以政，不达；使于四方，不能专对；虽多，亦奚以为？”(《子路》)。

【积累思考】

1. 下列句中“而”的用法与其他几项不同的一项是（　　）

A. 学而时习之　　B. 择其善者而从之

C. 温故而知新　　D. 守而勿失

2. 用现代汉语翻译文中画线的句子。

择其善者而从之。

____

3.【乙】文中，向关尹子学习的列子主动采用了【甲】文中的两种学习方法：____________；____________。但整体看【乙】文，作者从中得出的学习方法是：____________。（前两空用原文回答，第三空用自己的话回答）

【参考译文】

【乙】列子学习射箭，射中了靶心，向关尹子请教射箭的道理。

关尹子说："你知道你能射中靶心的原因吗?"列子回答说："不知道。"关尹子说："那还不能跟你谈论大道。"列子回去再练习，过了三年，又来向关尹子请教。关尹子又问："你知道你能射中靶心的原因吗"?列子说："知道了。"关尹子说："现在可以了。你要牢记这个道理，不要轻易丢弃。"不但是射箭，国家的存亡、人的贤明或不肖，也都各有原因。所以圣人不考察存亡和贤明不肖这些结果本身，而考察造成它们这样的原因。

138.《穿井得一人》比较阅读

【甲】穿井得一人

宋之丁氏，家无井而出溉汲，常一人居外。及其家穿井，告人曰："吾穿井得一人。"有闻而传之者，曰："丁氏穿井得一人。"国人道之，闻之于宋君。宋君令人问之于丁氏。丁氏对曰："得一人之使，非得一人于井中也。"求闻之若此，不若无闻也。

（选自《吕氏春秋·察传》）

【乙】

邻父有与人邻者，有梧桐树。其邻之父①言梧树之不善也，邻人遽伐之。邻父因请而以为薪。其人不说曰："邻者若此其险也，岂可为之邻哉？"此有所宥也。夫请以为薪与弗请，此不可以疑枯梧树之善与不善也。

齐人有欲得金者，清旦，被衣冠，往鬻金者之所。见人操金，攫而夺之。吏搏而束缚之，问曰："人皆在焉，子攫人之金，何故？"对吏曰："殊不见人，徒见金耳。"此真大有所宥②也。夫人有所宥者，固以昼为昏，以白为黑，以尧为桀。宥之为败亦大矣。亡国之主，其皆甚有所宥邪？故凡人必别③宥然后知，别宥则能全其天矣。

（选自《吕氏春秋·去宥》）

注：①邻之父：即邻父，邻居老人。父，对男性长辈的称呼。②宥：通"囿"，局限。③别：离别、告别，此处引申为去除。

【阅读指南】

《吕氏春秋》又称《吕览》，是秦国相国吕不韦主持并集合门客们编撰的一部杂家名著。此书作为中国历史上第一部有组织、按计划编写的文集，规模宏大，分为十二纪、八览、六论。十二纪，每纪五篇，共六十篇；八览，每览八篇（《有始览》少一篇），共六十三篇；六论，每论六篇，共三十六篇；另有《序意》一篇，共一百六十篇。十二纪按月令编写，内容按春生、夏长、秋收、冬藏的自然变化逻辑排列，属于应和天时的人世安排，体现了道家天道自然与社会治理吻合的思想。八览以人为中心，基本上属于察览人情之作，围绕人的价值观念、人际关系、个人修养展开。六论以人的行为以及事理为主题，包含了人的行为尺度、处事准则、情境条件以及地利。

【积累思考】

1. 下列对【乙】文画线句意思的理解，正确的一项是（　　）

A. 这个人很不高兴，说："邻居如此危险，怎么能和他做邻居呢？"

B. 这个人很不高兴，说："邻居用心如此险恶，怎么能和他做邻居呢？"

C. 这个人沉默不语，而后说："邻居如此危险，难道能和他做邻居吗？"

D. 这个人沉默不语，而后说："邻居用心如此险恶，难道能和他做邻居吗？"

2.【甲】文告诉我们____________________的道理。【乙】文中齐人"大有所宥"的根本原因是：________________（用自己的话概括），国君"甚有所宥"的后果是_______________，以上两例均从______面阐述了________________的道理（用原文回答）。

3. 下列对【甲】【乙】两文的理解分析，错误的一项是（　　）

A.【甲】文中对"国人道之"的行为，作者用"不若无闻"来表明他的态度。

B.【乙】文写邻人"有所宥"，齐人"大有所宥"，国君"甚有所宥”，层层揭示“有所宥”的恶果。

C.【甲】【乙】两文都善于运用形象生动的寓言故事来阐述道理，给人以启示或警醒。

D.【甲】文中的“丁氏”“闻而传之者”“国人”都是【乙】文中所说的“有所宥”之人。

【参考译文】

【乙】有一个和别人做邻居的人，家里有一棵（枯死的）梧桐树。他的邻居老汉说这棵梧桐树不吉利，这个人就马上把树砍掉了。他的邻居老汉请他把砍下来的梧桐树给自己当柴烧。这个人很不高兴，说：“邻居用心如此险恶，怎么能和他做邻居呢？”这就是认知上有所局限。请求或不请求把梧桐树当柴烧，这不能用来怀疑枯死的梧桐树的好与不好啊。

有个想得到金子的齐国人，早晨起来，穿上衣服，走到卖金子的人那里。见别人手里拿着金子，上前就去抢夺。官吏把他抓住并绑了起来，问他：“人都在那里，你就抢人家的金子，为什么？”他回答说：“根本就没看见人，只看见了金子。”这真是极端的（认知）局限啊。存在（认知）局限的人，当然就把白天当成晚上，把白的当成黑的，把尧帝当成夏桀。（认知）局限带来的祸害实在太大了。亡国之君，大概他们都特别有（认知）局限吧？所以，只要是人必须去除（认知）局限，然后才能明白事理，去除（认知）局限就可以保全自己的命运了。

139.《诫子书》比较阅读

【甲】诫子书

夫君子之行，静以修身，俭以养德，非淡泊无以明志，非宁静无以致远。夫学须静也，才须学也，非学无以广才，非志无以成学。淫慢则不能励精，险躁则不能治性。年与时驰，意与日去，遂成枯落，多不接世，悲守穷庐，将复何及！

（选自《诸葛亮集·文集》）

【乙】

成王封[①]伯禽于鲁。周公诫之曰："往矣，子无以鲁国骄[②]士。吾文王之子，武王之弟，成王之叔父也，又相[③]天子，吾于天下亦不轻矣。然一沐三握发，一饭三吐哺，犹恐失天下之士。吾闻德行宽裕，守[④]之以恭者，荣；土地广大，守之以俭者，安；禄位尊盛，守之以卑者，贵；人众兵强，守之以畏者，胜；聪明睿智，守之以愚者，善；博闻强记，守之以浅者，智。夫此六者，皆谦德也。夫贵为天子，富有四海，由[⑤]此德也。不谦而失天下亡其身者，桀、纣是也。可不慎欤！"

（选自《韩诗外传·卷三》）

注：①封：帝王授予臣子土地或封号。②骄：怠慢，轻视。③相：辅佐。④守：保持。⑤由：奉行，遵从。

【阅读指南】

1.《韩诗外传》是汉代韩婴所作的一部传记，由三百六十条轶事、道德说教、伦理规范、忠告等杂编而成，一般每条都以一句恰当的

《诗经》引文作为结论，以支持政事或论辩中的观点。此书以儒家为本，从礼乐教化、道德伦理等方面阐发其思想。

2. 周成王（？—前1021），姬姓，名诵，岐周（今陕西岐山）人。周朝第二位君主，周武王姬发的儿子，太师姜子牙的外孙，母为王后邑姜。继位之初，年纪尚幼，由皇叔周公旦摄政。

3. 周公（生卒年不详），姬姓，名旦，亦称“叔旦”。西周开国元勋，杰出的政治家、军事家、思想家、教育家、儒学先驱，周文王姬昌第四子，周武王姬发的弟弟。采邑在周，故称“周公”。

4. 伯禽（生卒年不详），姬姓，名禽，伯是其排行，周文王姬昌之孙，周公旦长子，周武王姬发之侄，周朝诸侯国鲁国第一任国君，称“鲁公”。当时周公旦受封于鲁国，但因其在镐京辅佐周成王，故派伯禽代其受封。伯禽在位四十六年后去世，死后其子鲁考公继位。

5. 这两篇短文都从正反两方面来表达父亲对儿子的告诫：诸葛亮通过书信的方式传达对儿子的忧虑和殷切希望，信中多用对偶句式，语言凝练，感情真挚；周公通过直接的言语表达对儿子的要求，用排比的手法阐述六种“谦德”，又以自身的实际经历给儿子树立礼贤下士的榜样。

【积累思考】

1. 下列加点词的用法和意思相同的一组是（　　）

A. 夫君子之行 / 德行宽裕

B. 俭以养德 / 守之以俭者

C. 非淡泊无以明志 / 子无以鲁国骄士

D. 非学无以广才 / 土地广大

2. 用现代汉语翻译文中画线的句子。

然一沐三握发，一饭三吐哺，犹恐失天下之士。

3.【甲】【乙】两文虽然主旨相近，但论述各有侧重，【甲】文的作者侧重论述“____”（填一个字）的重要性；【乙】文的作者侧重论述“____”（填一个字）的重要性。

【参考译文】

【乙】周成王将鲁国土地封给周公旦的儿子伯禽。周公旦告诫儿子说：“去了以后，你不要因为（受封了）鲁国就怠慢人才。我是文王的儿子、武王的弟弟、成王的叔叔，又身兼辅佐天子的重任，我在天下的分量也不算轻的了。然而（我）洗一次头，要多次（停下来），握着自己已散的头发（接待宾客）；吃一顿饭，要多次（停下来），吐出嘴里的食物（以接待宾客），（即使这样）还怕（因怠慢而）失去天下的人才。我听说，品行高尚仍常怀恭敬之心的人，必享荣耀；封地辽阔仍能保持勤俭的人，生活必定安定；官位尊贵势盛仍然保持谦卑的人，是真正高贵的人；人口众多、军队强大仍能常怀敬畏之心，必是胜利的人；聪慧明智仍觉得自己愚笨的人，是有美好品德的人；见闻广博、记忆力强仍觉得自己见识浅陋的人，是有智慧的人。这六点都是谦虚谨慎的美德。即使尊贵如天子，富裕得拥有天下，也是因为奉行尊崇这些品德。不谦虚谨慎从而失去天下、让自己身亡的人，桀、纣就是这样。（你）能不慎重吗？”

140.《狼》比较阅读

【甲】狼

一屠晚归，担中肉尽，止有剩骨。途中两狼，缀行甚远。

屠惧，投以骨。一狼得骨止，一狼仍从。复投之，后狼止而前狼又至。骨已尽矣，而两狼之并驱如故。

屠大窘，恐前后受其敌。顾野有麦场，场主积薪其中，苫蔽成丘。屠乃奔倚其下，弛担持刀。狼不敢前，眈眈相向。

少时，一狼径去，其一犬坐于前。久之，目似瞑，意暇甚。屠暴起，以刀劈狼首，又数刀毙之。方欲行，转视积薪后，一狼洞其中，意将隧入以攻其后也。身已半入，止露尻尾。屠自后断其股，亦毙之。乃悟前狼假寐，盖以诱敌。

狼亦黠矣，而顷刻两毙，禽兽之变诈几何哉？止增笑耳。

（选自《聊斋志异·卷六》）

【乙】

若石隐于冥山之阴，有虎恒蹲以窥其藩①。若石帅其人昼夜警，日出而殷②钲③，日入而燎辉④，宵则振铎⑤以望，植棘树墉⑥，坎山谷以守。卒岁，虎不能有获。一日而虎死，若石大喜，自以为虎死无毒己者矣。于是弛其机，撤其备，垣坏而不修，藩决而不理。无何，有貙⑦逐麋来，止其室之隈⑧，闻其牛羊豕之声而入食焉。若石不知其为貙也，叱之，不走，投之以块，貙人立而爪之，毙。君子谓若石知一而不知二，宜其及也。

（选自《郁离子·卷二》）

注：①藩：篱笆。②殷：使……震响。③钲：古代乐器，形状像钟，

但比钟狭而长。④ 燎辉：点燃火把。燎，点燃。⑤ 铎（duó）：古代乐器，形如大铃，振舌发声。⑥ 树墉：筑墙。 ⑦ 貙（chū）：一种体小而凶猛的野兽。⑧ 隈（wēi）：墙角，角落。

【阅读指南】

1. “若石隐于冥山之阴”一句意为若石住在冥山的北面。阴，《说文解字》曰“暗也，水之南、山之北也”，《说文系传》曰“山北水南，日所不及”。因此古代以山北为“阴”，以山南为“阳”，水南叫“阴”，水北叫“阳”。例如，古代有“华阳县”与“华阴县”，可推测“华阳县”在华山的南面，“华阴县”在华山的北面。

2. 在中国传统文化观念中，人们习惯于将邪恶、虚伪、狡诈等不好的特质与狼相联系，认为狼性的四大特点是贪、残、野、暴。这从描写狼的成语就可以看出，如狼子野心、狼心狗肺。《史记·屈原贾生列传》写道：“秦，虎狼之国，不可信”，其中“虎狼之国”指不讲仁义、极富侵略性的强国。蒲松龄在《聊斋志异》中有《狼》三则，还有《梦狼》等短篇小说，用狼来讽刺贪官污吏与恶人。

【积累思考】

1. 下列加点词的用法和意思前后不同的一组是（　　）

A. 若石隐于冥山之阴 / 其一犬坐于前

B. 后狼止而前狼又至 / 君子谓若石知一而不知二

C. 止有剩骨 / 有貙逐麋来，止其室之隈

D. 投以骨 / 以刀劈狼首

2. 下列对【乙】文理解不正确的一项是（　　）

A. “若石帅其人昼夜警”的原因是“有虎恒蹲以窥其藩”。

B. “若石帅其人昼夜警”的目的是“虎不能有获”。

C. 若石“弛其机……而不理”的直接原因是“虎死无毒己者矣”。

D. 若石“弛其机……而不理”导致的最终结果是“闻其牛羊豕之声而入食焉”。

3. 结合故事内容，【乙】文文末“知一而不知二”中的“一”“二”分别指________和________。【甲】【乙】两文都记述了人类与动物斗智斗勇的故事，【甲】文中狼顷刻而毙，但【乙】文中“貙人立而爪之，毙”，不同的结局启示我们________________________。

【参考译文】

【乙】若石隐居在冥山的北面，有老虎经常蹲在他的篱笆外窥视。若石率领他的人昼夜警惕。日出的时候敲响钲，日落就点起篝火，夜晚就敲铎守夜。种荆棘灌木、筑墙、在山谷挖深沟来防守。一年过去了，老虎没有得到任何东西。有一天，老虎死了，若石大喜，自以为老虎死了就没有对自己形成威胁的动物了。于是放松了警惕和机谋，撤除了防备，墙坏了不修，篱笆破了不整理。没过多久，有貙追捕麋鹿来到（这里），在他家的一角停了下来，听到他的牛、羊、猪的声音就进去吃它们。若石不知道它是貙，呵叱它，它不跑开，（又）用土块打它，貙像人一样站立起来用爪子抓他，他就死了。君子认为若石是只知其一不知其二，他遇上这不幸的事是在所难免的。

141.《杞人忧天》比较阅读

【甲】杞人忧天

杞国有人忧天地崩坠，身亡所寄，废寝食者。

又有忧彼之所忧者，因往晓之，曰："天，积气耳，亡处亡气。若屈伸呼吸，终日在天中行止，奈何忧崩坠乎？"

其人曰："天果积气，日月星宿，不当坠耶？"

晓之者曰："日月星宿，亦积气中之有光耀者，只使坠，亦不能有所中伤。"

其人曰："奈地坏何？"

晓之者曰："地，积块耳，充塞四虚，亡处亡块。若躇步跐蹈，终日在地上行止，奈何忧其坏？"

其人舍然大喜，晓之者亦舍然大喜。

（选自《列子·天瑞》）

【乙】杨布打狗

杨朱之弟曰布，衣素[①]衣而出。天雨，解素衣，衣缁[②]衣而反。其狗不知，迎而吠之。杨布怒，将扑之。杨朱曰："子无扑矣，子亦犹是也。向[③]者使汝狗白而往，黑而来，岂能无怪哉？"

（选自《列子·说符》）

注：①素：白色。②缁（zī）：黑色。③向：先前。

【阅读指南】

杨布出去时穿的是白色的衣服，下雨了，环境条件变化了，他换了黑色的衣服，杨布依旧是杨布。但是他家的狗却无视这些变化，冲着换了装的杨布狂吠。原来狗只忠实于那个穿白衣服的杨布，却不理穿黑衣服的杨布。杨布的狗只看衣服不看人，结果乱叫。狗犯这样的错误并不可笑。人看问题，如果只注意表面现象，不抓住本质特征，同样会犯类似的低级错误。现实生活中，没有一成不变的东西，不变是相对的，变化是绝对的，不能用旧的眼光看待变化了的事物，要学会透过现象看本质。

【积累思考】

1. 下列加点词的用法和意思相同的一组是（　　）

A. 因往晓之 / 杨朱之弟曰布

B. 其人曰 / 杨朱之弟曰布

C. 身亡所寄 / 亡处亡块

D. 解素衣 / 衣缁衣而反

2.【甲】文中“杞人”担心天崩地陷最主要的原因是：________________________；【乙】文中狗吠杨布的直接原因是：________________________________。

3.【甲】【乙】两文分别讽刺了哪些人？

____

____

【参考译文】

【乙】杨朱的弟弟叫杨布，他穿着白色的衣服出门去了。天下起了雨，杨布便脱下白衣，穿着黑色的衣服回家。他家的狗没认出来是杨布，就迎上前冲他叫。杨布十分生气，准备打狗。这时杨朱说：“你不要打狗，如果换成是你，你也会像它这样做的。假如刚才你的狗离开前是白色的，回来却变成了黑色的，你怎么能不感到奇怪呢？”

142.《孙权劝学》比较阅读

【甲】孙权劝学

初，权谓吕蒙曰："卿今当涂掌事，不可不学！"蒙辞以军中多务。权曰："孤岂欲卿治经为博士邪！但当涉猎，见往事耳。卿言多务，孰若孤？孤常读书，自以为大有所益。"蒙乃始就学。及鲁肃过寻阳，与蒙论议，大惊曰："卿今者才略，非复吴下阿蒙！"蒙曰："士别三日，即更刮目相待，大兄何见事之晚乎！"肃遂拜蒙母，结友而别。

（选自《资治通鉴·汉纪五十八》）

【乙】乐羊子妻

一年来归，妻跪问其故羊子曰久行怀思无它异也。妻乃引刀趋①机而言曰："此织生自蚕茧，成于机杼。一丝而累，以至于寸，累寸不已，遂成丈匹。今若断斯织也，则捐②失成功，稽废时日。夫子积学，当日知其所亡③，以就懿④德。若中道而归，何异断斯织乎？"羊子感其言，复还终业，遂七年不返。

（选自《后汉书·列女传》）

注：①趋：快步走向。②捐：抛弃。③亡：通"无"，不足。④懿：美好。

【阅读指南】

《后汉书》中的《列女传》主要记载历史上杰出女子的生平事迹。作者范晔专门为妇女立传，称赞品德高尚和有才能的妇女，如记载鲍宣妻桓少君，打破世俗偏见，脱下贵妇装束，"更著短布裳，与宣共挽鹿车归乡里”；他还冲破“三纲”“五常”等封建礼教的束缚，为先后三嫁的才女蔡琰立传，赞同妇女改嫁不守节。范晔在一千多年前歧视妇女的封建社会里，能立《列女传》以打破世俗偏见，这种思想和勇气是可贵的，与后来的史书中专为“贞洁”“守节”妇女而立的《烈女传》相比，具有反封建礼教的进步思想。

【积累思考】

1. 对【乙】文中画线句断句正确的一项是（　　）

A. 妻跪问其/故羊子曰/久行怀思/无它异也

B. 妻跪问其故/羊子曰/久行怀思/无它异也

C. 妻跪问其故/羊子曰/久行/怀思无它异也

D. 妻跪问其/故羊子曰/久行/怀思无它异也

2. 下列说法不正确的一项是（　　）

A.【甲】文中孙权要求吕蒙不仅要涉猎广泛，而且要钻研经书。

B.【乙】文中乐羊子被妻子的话感动，又回去修完他的学业。

C.【甲】【乙】两文中，孙权、乐羊子之妻都劝学有法，并达到了劝学的目的。

D.【甲】文中孙权指出“学”的必要性；【乙】文中乐羊子之妻指出“学”要不断积累，持之以恒。

3.【甲】【乙】两文中，孙权和乐羊子之妻在劝学的方式上有什么不同？

【参考译文】

【乙】一年后乐羊子回到家中，妻子跪起身问他回来的缘故。乐羊子说：“出行在外久了，心中想念家人，没有别的特殊的事情。”妻子听后，就拿起刀来快步走到织机前说道：“这些丝织品都是从蚕茧中产出，又在织机上织成。一根丝一根丝地积累起来，才达到一寸长，一寸一寸地积累，才能成丈成匹。现在如果割断这些正在织着的丝织品，那就会丢弃成功的机会，迟延、荒废时光。您要积累学问，就应当每天都学到自己不懂的东西，用来成就自己的美德。如果中途就回来了，那同割断这丝织品又有什么不同呢?”乐羊子被他妻子的话感动了，又回去修完自己的学业，于是七年没有回来。

143.《卖油翁》比较阅读

【甲】卖油翁

陈康肃公善射，当世无双，公亦以此自矜。尝射于家圃，有卖油翁释担而立，睨之久而不去。见其发矢十中八九，但微颔之。

康肃问曰："汝亦知射乎？吾射不亦精乎？"翁曰："无他，但手熟尔。"康肃忿然曰："尔安敢轻吾射！"翁曰："以我酌油知之。"乃取一葫芦置于地，以钱覆其口，徐以杓酌油沥之，自钱孔入，而钱不湿。因曰："我亦无他，惟手熟尔。"康肃笑而遣之。

（选自《归田录·卷一》）

【乙】日喻

南方多没人①，日与水居也。七岁而能涉，十岁而能浮，十五而能浮没矣。夫没者，岂苟然哉？必将有得于水之道者。日与水居，则十五而得其道。生不识水，则虽壮，见舟而畏之。故北方之勇者，问于没人，而求其所以没，以其言试之河，未有不溺者也。故凡不学而务求道，皆北方之学没者也。

（选自《苏轼文集·卷六十四》）

注：①没人：能潜水的人。

【阅读指南】

《日喻》是宋神宗元丰元年（1078年），苏轼任徐州知州时所作。"日喻"的"喻"是"比喻"的意思。借用形象生动的事物进行比喻说理，是议论文中常见的一种论证方法。《日喻》是一篇议论文，作者善于用形象的比喻将议论逐层推进，引出观点，因之成文。

【积累思考】

1.【甲】【乙】两文中多次出现"之"，请写出下列句子中"之"的意思。

（1）睨之（　　　　）

（2）以我酌油知之（　　　　）

（3）以其言试之河（　　　　）

（4）北方之学没者（　　　　）

2.【甲】【乙】两文中，能体现陈康肃绝技的语句是"＿＿＿＿＿＿＿＿＿＿"，能体现卖油翁绝技的语句是"＿＿＿＿＿＿＿＿＿＿"，能体现南方没人绝技的语句是"＿＿＿＿＿＿＿＿＿＿"。

3.【甲】【乙】两文都告诉我们什么道理？

＿＿＿＿＿＿＿＿＿＿＿＿＿＿＿＿＿＿＿＿＿＿＿＿＿＿＿＿＿＿

＿＿＿＿＿＿＿＿＿＿＿＿＿＿＿＿＿＿＿＿＿＿＿＿＿＿＿＿＿＿

【参考译文】

【乙】南方有很多会潜水的人，他们天天都生活在水边，七岁就能蹚水过河，十岁就能浮在水面游泳，十五岁就能浮在水面并潜入水里了。那些能潜入水里的人，哪里是马虎草率而能这样的呢？一定是对水的活动规律有所领悟才能做到。天天生活在水边，那么十五岁就能掌握它的规律。生来不识水性，那么即使到了壮年，见到了船也会害怕。所以北方的勇士，向南方会潜水的人询问，来求得他们能潜入水里的技术，按照他们说的技术到河里试验，没有不溺水的。所以凡是不老老实实地刻苦学习而专力强求道的，都是像北方学潜水的人一样。

144.《陋室铭》比较阅读

【甲】陋室铭

山不在高，有仙则名。水不在深，有龙则灵。斯是陋室，惟吾德馨。苔痕上阶绿，草色入帘青。谈笑有鸿儒，往来无白丁。可以调素琴，阅金经。无丝竹之乱耳，无案牍之劳形。南阳诸葛庐，西蜀子云亭。孔子云："何陋之有？"

（选自《刘禹锡集·诗文补遗》）

【乙】惠子相梁

惠子相梁①，庄子往见之。或谓惠子曰："庄子来，欲代子相。"于是惠子恐，搜于国中三日三夜。庄子往见之，曰："南方有鸟，其名为鹓鸰②，子知之乎？夫鹓鸰发于南海，而飞于北海，非梧桐不止，非练实③不食，非醴④泉不饮。于是鸱⑤得腐鼠，鹓鸰过之，仰而视之曰：'吓⑥！'今子欲以子之梁国而吓我邪？"

（选自《庄子·秋水》）

注：①梁：即魏国。因魏惠王迁都大梁，魏亦称"梁"。②鹓鸰（yuān chú）：古代传说中凤凰一类的鸟，习性高洁。③练实：竹子开花后结的果实。④醴（lǐ）：甘甜的泉水。⑤鸱（chī）：鹞鹰。⑥吓（hè）：鹞鹰发怒的声音。

【阅读指南】

1.《庄子》又名《南华经》，是战国中期庄子及其后学所著，分内、外、杂篇，原有五十二篇，现存三十三篇，其内容丰富，博大精深。用寓言阐述道理和主张是《庄子》艺术表现上的一大特色，《惠子相梁》就是代表作之一。

2. 相似的思想主旨在不同作者的笔下有着多样的表现方式，或直白，或含蓄，都值得品味。《陋室铭》作者托物言志，聚描写、抒情、议论于一体，描写如诗般优美，抒情和议论则画龙点睛，使得主旨鲜明直白。《惠子相梁》则巧妙地采用了寓言的形式，庄子把鸱吓鹓鸰的情景刻画得惟妙惟肖，虽没有直接地抒情、议论，却辛辣地讥讽了醉心于功名富贵者的嘴脸，表明了自己清高的品质，使人感到意味隽永。

【积累思考】

1. 下列加点词的用法和意思相同的一组是（　　）

A. 发于南海 / 飞于北海

B. 非练实不食 / 一食或尽粟一石（《马说》）

C. 无丝竹之乱耳 / 庄子往见之

D. 有仙则名 / 其名为鹓鸰

2. 用现代汉语翻译文中画线的句子。

非梧桐不止，非练实不食，非醴泉不饮。

____

3. 阅读【甲】【乙】两文，说说两位作者在思想上有什么异同？

____

____

【参考译文】

【乙】惠施在梁国做国相，庄子去看望他。有人告诉惠施说：“庄子到梁国来，是想取代你做国相。”于是惠施非常害怕，在国都中搜捕了三天三夜。庄子前去见他，说：“南方有一种鸟，它的名字叫鹓鸰，你知道它吗？那鹓鸰是从南海起飞，要飞到北海去，不是梧桐树就不栖息，不是竹子的果实就不吃，不是甘甜的泉水就不喝。在此时鸱鹰拾到一只腐臭的老鼠，鹓鸰从它面前飞过，鸱鹰仰头看它，发出‘喝！’的怒斥声。难道现在你也想用你的梁国相位来威吓我吗？”

145.《爱莲说》比较阅读

【甲】爱莲说

水陆草木之花，可爱者甚蕃。晋陶渊明独爱菊。自李唐来，世人甚爱牡丹。予独爱莲之出淤泥而不染，濯清涟而不妖，中通外直，不蔓不枝，香远益清，亭亭净植，可远观而不可亵玩焉。

予谓菊，花之隐逸者也；牡丹，花之富贵者也；莲，花之君子者也。噫！菊之爱，陶后鲜有闻。莲之爱，同予者何人？牡丹之爱，宜乎众矣！

（选自《周敦颐集·卷三》）

【乙】兰

兰之味，非可逼而取[①]也。盖在有无近远续断之间，纯以情韵胜。氤氲无所[②]，故称瑞[③]耳。体兼众彩，而不极于色，令人览之有余，而名之不可；即善绘者以意取似，莫能肖也。其真文王、孔子、屈原之徒，不可得而亲，不可得而疏者耶？

（选自《梅花草堂集·卷六》）

注：①取：此处指嗅取（兰的香味）。②氤（yūn）氲无所：弥漫飘忽，没有一定的地方。③瑞：吉，善。

【阅读指南】

《梅花草堂集》作者张大复（约1554—1630），字元长，自号病居士。江苏昆山人，明代戏曲作家。张大复初患青光眼，凭微弱的视力坚持写作、教书。后眼疾越来越重，医治无效，至四十岁失明。他曾游历名山大川，以口述的方式记下自己设馆、做幕僚、出游的见闻，包括著名人物的言行、家乡风土人情、灾荒与兵寇、水利沿革、昆曲的兴起与发展等，整理成《梅花草堂笔谈》。此外，他还著有《嘘云轩文字》《昆山人物传》《昆山名宦传》等。

【积累思考】

1. 解释下列加点的词。

（1）可爱者甚蕃（　　　　）　而名之不可（　　　　）

（2）香远益清（　　　　）　盖在有无近远续断之间（　　　　）

2. 莲与兰有很多相通之处，请从【甲】【乙】两文中找出相应的句子进行填空。

	色泽	香气	品味
莲	濯清涟而不妖	②	可远观而不可亵玩
兰	①	氤氲无所	③

3.【甲】文将莲比作“____________”，表现了作者__________的生活态度；【乙】文将兰比作“____________”，让我们领悟到兰__________的品性。

【参考译文】

【乙】兰花的香味，不可以贴近嗅取品赏。它的香味似有似无，或近或远，时断时续，缥渺萦回，它的清纯以情致韵味胜出。兰花的香味弥漫飘忽，所以称它是“吉祥之物”。兰花兼有各种颜色，但它的色彩素淡清纯、含蓄温润，绝不是姹紫嫣红、艳丽炫目的，使人能够得到无穷的视觉愉悦和心灵感受，却又难以用语言来表达；兰花的形态意趣，即使是善于绘画的人，也只能凭自己的体会描绘得相似，不能完全表现。兰花（恐怕）就是周文王、孔夫子、屈原大夫的同类，不可以亵玩，但又是不可以一日无此君的。

146.《活板》比较阅读

【甲】活板

板印书籍，唐人尚未盛为之。自冯瀛王始印五经，已后典籍皆为板本。

庆历中，有布衣毕昇，又为活板。其法：用胶泥刻字，薄如钱唇，每字为一印，火烧令坚。先设一铁板，其上以松脂、蜡和纸灰之类冒之。欲印，则以一铁范置铁板上，乃密布字印，满铁范为一板，持就火炀之；药稍镕，则以一平板按其面，则字平如砥。若止印三二本，未为简易；若印数十百千本，则极为神速。常作二铁板，一板印刷，一板已自布字，此印者才毕，则第二板已具，更互用之，瞬息可就。每一字皆有数印，如“之”“也”等字，每字有二十余印，以备一板内有重复者。不用，则以纸帖之，每韵为一帖，木格贮之。有奇字素无备者，旋刻之，以草火烧，瞬息可成。不以木为之者，文理有疏密，沾水则高下不平，兼与药相粘，不可取；不若燔土，用讫再火令药镕，以手拂之，其印自落，殊不沾污。

昇死，其印为余群从所得，至今宝藏。

（选自《梦溪笔谈·卷十八》）

【乙】

张衡性精微，有巧艺。作地动仪，以精铜铸其器，径八尺，形似倾樽；其盖穹隆，饰以篆文；外有八龙，首衔铜丸，下有蟾蜍承之。其牙发机，皆隐在樽中，周密无际，如一体焉。地动机发，龙即吐丸，蟾蜍张口受丸，声乃振扬。司者觉知，即省龙机，其余七首不发，则知地震所从起来也。合契若神，观之莫不服其奇丽。自古所来，未尝有也。

（选自《太平御览·工艺部》）

【阅读指南】

张衡（78—139），字平子，南阳郡西鄂（今河南南阳石桥镇）人，东汉时期杰出的天文学家、数学家、发明家、地理学家、文学家。张衡精通天文历算，创制出世界上最早的浑天仪和地动仪，正确解释了月食的成因；提出“宇之表无极，宙之端无穷”的观点，是东汉中期“浑天说”的代表人物之一，著有《灵宪》《浑仪图注》等；数学著作有《算罔论》；文学作品以《二京赋》《归田赋》等为代表，与司马相如、扬雄、班固并称“汉赋四大家”。由于他为中国天文学、机械技术、地震学的发展做出了杰出的贡献，被后人誉为“木圣”“科圣”。

【积累思考】

1. 下列句子中“以”的用法不同于其他三项的是（　　）

A. 以精铜铸其器　　B. 饰以篆文

C. 以备一板内有重复者　　D. 其上以松脂、蜡和纸灰之类冒之

2.【甲】文中，作者采用______（说明顺序）介绍了活字印刷的操作工序；【乙】文中，作者采用了______（说明顺序）介绍了地动仪的结构特征。

3. 请各用【甲】【乙】两文中的一个字概括“活字印刷”和“地动仪”的特点，并说说这两项发明的特点分别体现在哪里。

____

____

【参考译文】

【乙】张衡性格精细微妙，有精巧的技艺。制作地动仪，用精良

的铜铸成它的容器，直径有八尺，形状像倒放的酒杯；它的盖子像天空一样中央高高隆起，用篆文装饰；外面有八条龙，每条龙口叼有铜丸，下面有蟾蜍张着嘴（准备）接铜丸。仪器的枢纽和发动机件，都隐藏在酒杯中，严密没有缝隙，就好像是一个整体。如果地动了，机件就发动，龙就吐铜丸，蟾蜍就张开口接铜丸，声音就会通过振动传播出来。主管的人察觉到了，就查看发动的（那个）龙的机件，其余七个龙头却不发动（机件），那么就知道地震是从哪里起来的。相合得像神灵一样，观看的人没有不佩服它的奇特巧妙的。自古以来，不曾有过。

147.《答谢中书书》比较阅读

【甲】答谢中书书

山川之美，古来共谈。高峰入云，清流见底。两岸石壁，五色交辉。青林翠竹，四时俱备。晓雾将歇，猿鸟乱鸣；夕日欲颓，沉鳞竞跃。实是欲界之仙都。自康乐以来，未复有能与其奇者。

（选自《全上古三代秦汉三国六朝文·全梁文》）

【乙】山中与裴秀才迪书

夜登华子冈，辋水沦涟[①]，与月上下。寒山远火，明灭林外。深巷寒犬，吠声如豹。村墟夜舂，复与疏钟相间。此时独坐，僮仆静默，多思曩昔，携手赋诗，步仄径[②]，临清流也。当待春中，草木蔓发，春山可望，轻鲦出水，白鸥矫[③]翼，露湿青皋，麦陇朝雊[④]。斯之不远，倘能从我游乎？非子天机清妙者，岂能以此不急之务相邀？然是中有深趣矣。

（选自《王维集校注·卷十》）

注：①辋水：即辋谷水。沦涟：水起微波。②仄径：小路。③矫：举。④雊（gòu）：野鸡鸣叫。

【阅读指南】

1.“书”即书信，古人的书信又叫“尺牍”或“信札”，是一种应用性文体。中国的应用性文体从来不排斥审美的文学属性，尤其是书信，多记事陈情。中国古代的抒情散文即始于书信，书信的实用性和审美性结合得十分完美。“书”的文学功能多种多样：可以抒情，如司马迁的《报任安书》、林觉民的《与妻书》；可以写景，如吴均的

《与宋元思书》；可以写私人化的事件和感情，如嵇康的《与山巨源绝交书》；也可以谈论文学、政治，如曹丕的《与吴质书》、欧阳修的《上杜中丞论举官书》。

2. 王维于开元二十年（732年）前后曾在辋川隐居，在隐居生活中他经常和野老共话桑麻，同朋友饮酒赋诗，与山僧谈经论道。在这些人中，裴迪是他最好的伙伴，早在移居辋川之前，他们就一同在终南山隐居过，购得宋之问的蓝田别墅后，他们又经常“浮舟往来，弹琴赋诗，啸咏终日”。《山中与裴秀才迪书》虽然是一封书信，但也是作者以诗人的语言、画家的构思写成的一篇优美的写景记游散文、一首赞美自然风光和表达友情的抒情诗。

【积累思考】

1. 请各用文中的一个短语来概括两文的景色。

【甲】文：__________ 【乙】文：__________

2.【甲】文中的“猿鸟乱鸣”和【乙】文中的“吠声如豹”都是声音描写，其作用有何不同？

____

____

3.【甲】【乙】两文都是写给朋友的书信，分别表达了作者怎样的情感？

____

____

【参考译文】

【乙】夜色中登上华子冈，见辋谷水微波荡漾，和水中的月影一同上下动荡。冬天远处的山火，忽明忽灭地闪烁在树林之外。深巷里的寒犬，叫声像豹子一样。村子里传来舂米声，又与稀疏的钟声相互交错。这时，我独坐在那里，跟来的仆人静默无声，更多地想起从前，你与我携手吟诵诗歌，在小路上漫步，临近那清澈流水的情景。等到了春天，草木蔓延生长，春天的山景更可观赏，轻捷的鲦鱼跃出水面，白色的鸥鸟展翅飞翔，晨露打湿了河边的青草，早晨麦田里传出野鸡的鸣叫。这些美好的景色已经不远了，（你）能和我一起游玩吗？如果你不是这样天性清新高雅的人，我哪能用这不打紧的事务（游山玩水的闲事）邀请你呢？而其中实在是有很深的旨趣啊！

148.《记承天寺夜游》比较阅读

【甲】记承天寺夜游

元丰六年十月十二日夜，解衣欲睡，月色入户，欣然起行。念无与为乐者，遂至承天寺寻张怀民。怀民亦未寝，相与步于中庭。庭下如积水空明，水中藻、荇交横，盖竹柏影也。何夜无月？何处无竹柏？但少闲人如吾两人者耳。

（选自《苏轼文集·卷七十一》）

【乙】书上元夜游

己卯上元，予在儋州，有老书生数人来过，曰："良月嘉夜，先生能一出乎？"予欣然从之。步城西，入僧舍，历小巷，民夷杂揉①，屠沽②纷然。归舍已三鼓矣。舍中掩关熟睡，已再鼾矣。放杖而笑，孰为得失？过问先生何笑，盖自笑也。然亦笑韩退之钓鱼无得，更欲远去，不知走海者未必得大鱼也。

（选自《苏轼文集·卷七十一》）

注：①杂揉：同"杂糅"，混杂。②屠沽：屠户与卖酒者，文中指卖肉、卖酒的人。

【阅读指南】

1.【乙】文创作背景：宋哲宗绍圣元年（1094年），刚继位的皇帝赵煦罢斥旧党，恢复新法，启用和司马光对立的章惇担任宰相。这些新党热衷于借新法来营私、整人。苏轼早期"以诗文讥刺圣上"的事又被翻了出来，他遭贬谪放逐至惠州。元符元年（1098年），苏轼已经六十三岁，宰相章惇却再将他贬往更遥远的海南儋州。这次被贬，苏轼已做了必死于当地的准备，《书上元夜游》即写于作者谪居海南的第二年。

2. “韩退之钓鱼无得”指的是韩愈曾写过一首诗《赠侯喜》，是借钓鱼寄寓对人事的感慨。诗中说，门生侯喜叫他到洛水钓鱼，洛水很浅，是蛤蟆、雀儿戏游的地方，不值得垂钓。果然他们从早钓到晚，举竿引线，好不容易才钓到一寸长的小鱼，于是他们很是感慨扫兴。韩愈写此诗时才三十四岁，在仕途上不甚得意，赴京师调选官职，竟无所成；侯喜则奔走举场十余年，不获知遇。故韩愈的钓鱼之喻，既是不满仕途的愤激之谈，又含有对门人的激励之意。但在苏轼看来，“钓鱼须远去”，未免有意于希进务得。把握当前，随缘任天，自能无往而不适；远行下海，执意追寻，未必能得其所求。

【积累思考】

1.【甲】【乙】两文的作者都是宋代文学家苏轼，字________，号________，他是宋词豪放派的代表人物，代表词作有____________________________。

2.【甲】【乙】两文都写了苏轼一次月下漫游的经历，但描写内容有所不同，【甲】文着重于表现____________________的自然景观，【乙】文则描写了____________________的街镇景象。

3.【甲】【乙】两文都是先叙事再抒情、议论，结尾都有自嘲自解的意思。从【甲】文“但少闲人如吾两人者耳”的“__________”一词可解读出苏轼____________________的心境，而【乙】文中苏轼的自笑和笑人，从正反两个方面反映了苏轼__________________的心境。

【参考译文】

【乙】己卯年上元节，我在儋州。有几个老书生来拜访我，说：“在这月光皎洁的美好夜晚，先生能出去走走吗？”我很高兴地听从他们的提议。于是走进西城，进入僧人屋舍，穿过小巷，只见汉族和少数民族混杂在一起，卖肉的、卖酒的多得很，回到家已经三更天了。家里人掩门熟睡，已经是鼾声阵阵了。我放下拐杖发笑，心想我半夜出游和家人酣睡，究竟哪个有得、哪个有失？苏过问我为什么笑，我是自己笑自己。但这也是在笑韩愈，他在一个地方钓鱼没钓到，就想到更远的地方去，他不知道走到海边的人也不一定能得到大鱼。

149.《得道多助，失道寡助》比较阅读

【甲】得道多助，失道寡助

天时不如地利，地利不如人和。三里之城，七里之郭，环而攻之而不胜。夫环而攻之，必有得天时者矣，然而不胜者，是天时不如地利也。城非不高也，池非不深也，兵革非不坚利也，米粟非不多也，委而去之，是地利不如人和也。故曰：域民不以封疆之界，固国不以山溪之险，威天下不以兵革之利。得道者多助，失道者寡助。寡助之至，亲戚畔之；多助之至，天下顺之。以天下之所顺，攻亲戚之所畔，故君子有不战，战必胜矣。

（选自《孟子译注·公孙丑下》）

【乙】遗言诫子

《传》①称“师克在和不在众”，此言天地和则万物生，君臣和则国家平，九族②和则动得所求、静得所安，是以圣人守和，以存以亡也。吾，楚国之小子耳，而早丧所天③，为二兄所诱④养，使其性行不随禄利以堕。今但贫耳，贫非人之患也，唯和为贵，汝其勉之。

（选自《校补襄阳耆旧记·卷二》）

注：①《传》：即《左传》。②九族：指高祖、曾祖、祖、父、自己、子、孙、曾孙、玄孙。③所天：指所依存或依靠的人，此处指父母。④诱：教导。

【阅读指南】

【甲】文体现了孟子的“仁政”思想。孟子的思想主要有三个：“仁政”说、“民贵君轻”说、“性本善”说。其一，仁政：从孔子的“仁学”继承发展而来，认为统治者应宽厚待民，施以恩惠，以利于

争取民心。其二，民贵君轻：孟子提出的社会政治思想，意为从天下国家的立场来看，民是基础，是根本，民比君更加重要。其三，性本善：孟子相信人性本善，人之为善，是他本性的表现，人不为善，是违背其本性的。

【积累思考】

1. 下列加点词的用法和意思相同的一组是（　　）

A. 天时不如地利 / 使其性行不随禄利以堕

B. 三里之城，七里之郭 / 吾，楚国之小子耳

C. 环而攻之而不胜 / 而早丧所天

D. 此言天地和则万物生 / 生，亦我所欲也（《鱼我所欲也》）

2. 从内容看，【甲】【乙】两文都强调了“＿＿＿＿＿＿”的重要性。【甲】文以战争为例，强调了“天时不如地利，地利不如人和”；【乙】文则从＿＿＿＿＿＿、＿＿＿＿＿＿、＿＿＿＿＿＿三个方面进行了说明。（用原文中的词语填空）

3. 从写作目的看，【甲】文希望统治者＿＿＿＿＿＿＿＿＿＿；【乙】文则是告诫子孙＿＿＿＿＿＿＿＿＿＿。（用自己的话回答）

【参考译文】

【乙】《左传》说：“打胜仗在于团结一致对敌，而不在于人多。”这就是说，天地和顺则万物滋生，君臣和洽则国家平安，九族和睦则行动就能达到目的，静歇就能平安无事。所以圣人保持和谐，以面对生存和死亡的问题。我，楚国的小人物，并且早年没有了父母，为二兄所教导、护养，使我性情、品行不会随着禄利而堕落。现在不过是贫穷而已，贫穷不是人的灾祸，只有和谐是宝贵的，你应该从这方面去努力。

150.《生于忧患，死于安乐》比较阅读

【甲】生于忧患，死于安乐

舜发于畎亩之中，傅说举于版筑之间，胶鬲举于鱼盐之中，管夷吾举于士，孙叔敖举于海，百里奚举于市。故天将降大任于是人也，必先苦其心志，劳其筋骨，饿其体肤，空乏其身，行拂乱其所为，所以动心忍性，曾益其所不能。

人恒过，然后能改；困于心，衡于虑，而后作；征于色，发于声，而后喻。入则无法家拂士，出则无敌国外患者，国恒亡。然后知生于忧患而死于安乐也。

（选自《孟子译注·告子下》）

【乙】

世言晋王①之将终也，以三矢赐庄宗而告之曰："吾有三遗恨，与尔三矢，尔其无忘乃父之志！"庄宗受而藏之于庙。其后用兵，则遣从事②以一少牢③告庙，请其矢，盛以锦囊，负而前驱，及凯旋而纳之……方其还矢先王，而告以成功，其意气之盛，可谓壮矣！及仇雠④已灭，天下已定，则专宠伶官，沉溺声色，朝政皆废。终至一夫夜呼，乱者四应，仓皇东出，不知所归，何其衰也！忧劳可以兴国，逸豫可以亡身，自然之理也。

（选自《新五代史·伶官传》，有删改）

注：①晋王：即李克用，因帮助唐王朝镇压黄巢起义有功被封为晋王。庄宗为其子，称帝后沉溺声色，终在伶官叛乱中被杀。②从事：一般属官。③少牢：古代祭祀用牲畜，用羊、猪各一头叫少牢。④仇雠（chóu）：仇敌。

【阅读指南】

1. 北宋初期，薛居正编写《五代史》(《旧五代史》)，认为王朝的更迭是由于天命所致，欧阳修对此不以为然。他自己动手撰写了七十四卷的《五代史记》(《新五代史》)，以史为鉴，以期引起宋朝统治者的警惕。《伶官传》是《新五代史》中的一篇合传，记载伶人景进、史彦琼、郭门高等人的事迹。

2.【乙】文用对比的手法描述了庄宗由盛转衰的过程。“方其……可谓壮矣”极言庄宗志得意满，又为下文张本。“及仇雠已灭……何其衰也”，犹如从万丈高空跌落下来，与先前形成强烈反差。作者的目的并不在于描述景象，而是总结历史教训——“忧劳可以兴国，逸豫可以亡身”，旨在告诫当时北宋王朝的执政者要吸取历史教训。

【积累思考】

1. 下列加点词的用法和意思相同的一组是（　　）

A. 必先苦其心志 / 尔其无忘乃父之志

B. 征于色，发于声，而后喻 / 沉溺声色

C. 及凯旋而纳之 / 庄宗受而藏之于庙

D. 世言晋王之将终也 / 终至一夫夜呼

2. 下列对【甲】【乙】两文的理解有误的一项是（　　）

A.【甲】文中的“生于忧患而死于安乐也”与【乙】文中的“忧劳可以兴国，逸豫可以亡身”的表达有异曲同工之妙，都表明了忧患意识对于国家或个人的重要性。

B.【乙】文中庄宗起初牢记父亲的遗志，在打仗前会从宗庙里恭敬地取出父亲赐给他的箭，用它去射死三个敌人。

C.【甲】文中列举的舜、傅说、胶鬲等六位贤士都在经受了艰苦磨炼之后，才成就了不平凡的事业。

D.【乙】文中“可谓壮矣”“何其衰也”分别赞庄宗成功时意气之

盛和叹其失败时形势之衰。兴与亡、盛与衰的前后对照极为强烈，发人深省。

3. 联系学习或生活实际，简要谈【甲】【乙】两文对你走向成才之路有什么启发。

____

____

【参考译文】

【乙】世人说晋王将死的时候，拿三支箭赐给庄宗，告诉他说："我有三个遗憾，给你三支箭，你一定不要忘记你父亲的愿望！"庄宗接了箭，把它收藏在祖庙里。此后出兵，就派随从官员用羊、猪各一头祭告祖庙，请下那三支箭，用锦囊盛着，背着它走在前面，等到凯旋时再把箭藏入祖庙……当庄宗把箭还给先王，向先王禀告成功的时候，他意气骄盛，多么雄壮啊！等到仇敌已经消灭，天下已经平定，就专宠宫廷里表演的人，沉溺于声色之中，朝堂政事都荒废了。最终导致了一个人在夜间呼喊，作乱的人便四方响应，庄宗仓皇向东出逃，不知回到哪里去，又是多么衰颓啊！忧虑辛劳可以使国家兴盛，安闲享乐可以使自身灭亡，这是自然的道理。

151.《愚公移山》比较阅读

【甲】愚公移山

北山愚公者，年且九十，面山而居。惩山北之塞，出入之迂也，聚室而谋曰："吾与汝毕力平险，指通豫南，达于汉阴，可乎？"杂然相许。其妻献疑曰："以君之力，曾不能损魁父之丘，如太行、王屋何？且焉置土石？"杂曰："投诸渤海之尾，隐土之北。"遂率子孙荷担者三夫，叩石垦壤，箕畚运于渤海之尾。邻人京城氏之孀妻有遗男，始龀，跳往助之。寒暑易节，始一反焉。

河曲智叟笑而止之曰："甚矣，汝之不惠！以残年余力，曾不能毁山之一毛，其如土石何？"北山愚公长息曰："汝心之固，固不可彻，曾不若孀妻弱子。虽我之死，有子存焉。子又生孙，孙又生子；子又有子，子又有孙；子子孙孙无穷匮也，而山不加增，何苦而不平？"河曲智叟亡以应。

（选自《列子·汤问》，有删改）

【乙】小儿不畏虎

有妇人昼日置二小儿沙上而浣衣于水者。虎自山上驰来，妇人仓皇沉水避之。二小儿戏沙上自若。<u>虎熟视久之，至以首抵触，庶几①其一惧</u>，而儿痴，竟不知怪。虎亦卒去。

意②虎之食人，必先被之以威，而不惧之人，威无所从施欤？

（选自《苏轼文集·卷六十六》）

注：①庶几：此处是"希望"的意思。②意：估计。

【阅读指南】

1.《列子》又名《冲虚经》，其思想主旨近于老庄，追求一种冲虚自然的境界。《列子》里的种种名言及寓言故事，都体现了作者对精神自由的心驰神往，而它宏阔的视野、精当的议论和优美的文笔又使人领略到隽秀、凝练而警拔的散文之美。《列子》中的每篇文章，不论长短，都自成系统，各有主题，富含哲理，浅显易懂，饶有趣味。

2.【乙】文选自《苏轼文集》中的《书〈孟德传〉后》，此文是苏轼根据苏辙的散文《孟德传》而写的，是写在《孟德传》后的题跋一类的文章。《孟德传》塑造了一个神勇不怕虎的英雄，引起了苏轼的极大兴趣，于是他对老虎吃人的心理做了一番探讨。

【积累思考】

1. 对下列各句朗读节奏的划分，不正确的一项是（　　）

A. 二小儿戏沙上 / 自若

B. 河曲智叟笑 / 而止之曰

C. 子子孙孙 / 无穷匮也

D. 河曲智叟 / 亡以应

2. 用现代汉语翻译文中画线的句子。

虎熟视久之，至以首抵触，庶几其一惧。

---

3. 对文章内容理解不正确的一项是（　　）

A.【甲】文原文首先交代太行、王屋二山的面积、高度和地理位置，为下文做铺垫。

B.【甲】文中愚公之妻“献疑”，智叟“笑而止之”，可以看出两人都反对愚公移山。

C.【甲】【乙】两文都运用了对比的写作手法来突出文章主旨。

D.【甲】文中的“遗男”和【乙】文中的“二小儿”均阅世不

深、天真可爱。

【参考译文】

【乙】有个妇人白天把两个小孩子放在沙上而自己在溪水中洗衣服，老虎从山上奔来，妇人很慌张地沉进水里躲避它，两个小孩子在沙上戏耍，神态依然如故。老虎细看了（他们）很久，去用头触碰他们，希望其中一个能害怕，而小孩子天真，竟然不知道惊怪，老虎也终于离去了。

估计老虎吃人，必定先使他遭受威吓，而对此不感到害怕的人，老虎的威吓不就没有可以施加的地方了吗?

152.《桃花源记》比较阅读

【甲】桃花源记

晋太元中，武陵人捕鱼为业。缘溪行，忘路之远近。忽逢桃花林，夹岸数百步，中无杂树，芳草鲜美，落英缤纷。渔人甚异之，复前行，欲穷其林。

林尽水源，便得一山，山有小口，仿佛若有光。便舍船，从口入。初极狭，才通人。复行数十步，豁然开朗。土地平旷，屋舍俨然，有良田、美池、桑竹之属。阡陌交通，鸡犬相闻。其中往来种作，男女衣着，悉如外人。黄发垂髫，并怡然自乐。

见渔人，乃大惊，问所从来。具答之。便要还家，设酒杀鸡作食。村中闻有此人，咸来问讯。自云先世避秦时乱，率妻子邑人来此绝境，不复出焉，遂与外人间隔。问今是何世，乃不知有汉，无论魏晋。此人一一为具言所闻，皆叹惋。余人各复延至其家，皆出酒食。停数日，辞去。此中人语云："不足为外人道也。"

既出，得其船，便扶向路，处处志之。及郡下，诣太守，说如此。太守即遣人随其往，寻向所志，遂迷，不复得路。

南阳刘子骥，高尚士也，闻之，欣然规往。未果，寻病终。后遂无问津者。

（选自《陶渊明集 · 卷六》）

【乙】秦时妇人

唐开元中，代州都督以五台多客僧①，恐妖伪事起②，非有住持者，悉逐之。客僧惧逐，多权③窜山谷。有法朗④者，深入雁门山。幽涧之中有石洞，容人出入。朗多赍⑤干粮，欲住此山，遂寻洞入。

数百步渐阔，至平地，涉流水，渡一岸，日月甚明。更行二里，至草屋中，有妇人，并衣草叶，容色端丽。见僧惧愕，问云："汝乃何人？"僧曰："我人也。"妇人笑云："宁⑥有人形骸⑦如此？"僧曰："我事⑧佛。佛须摈落⑨形骸，故尔。"因问："佛是何者？"僧具言之。相顾笑曰："语甚有理。"复问："宗旨如何？"僧为讲《金刚经》。称善数四。僧因问："此处是何世界？"妇人云："我自⑩秦人，随蒙恬筑长城。恬多使妇人，我等不胜其弊⑪，逃窜至此。初食草根，得以不死。此来亦不知年岁，不复至人间。"遂留僧，以草根哺之，涩不可食。僧住此四十余日，暂辞，出人间求食。及至代州，备粮更去，则迷不知其所矣。

（选自《广异记》）

注：①客僧：外来和尚。②妖伪事起：兴妖作怪，蛊惑人心。③权：权且，暂且。④法朗：和尚法号。⑤赍（jī）：携带。⑥宁：难道。⑦形骸：形体。⑧事：侍奉，供奉。⑨摈落：剃光头。⑩自：本是。⑪弊：压迫。

【阅读指南】

《广异记》是一部唐代志怪传奇小说集，戴孚著，原书二十卷，不存，有今人辑录点校本。《广异记》虽上承六朝志怪模式，但叙述曲折有致，人物形象细致，以志怪之体而用传奇之法，是一部初唐小说由志怪演进为传奇的代表作。

【积累思考】

1. 下列加点词的用法和意思相同的一组是（　　）

A. 乃不知有汉 / 汝乃何人

B. 寻病终 / 遂寻洞入

C. 皆出酒食 / 初食草根

D. 悉如外人 / 悉逐之

2.【甲】文中，桃花源人来到桃花源的原因是“______”，【乙】文中，妇人们来到雁门山的原因是“______”，他们的共同点是______。

3. 说一说两篇文章在内容上的相似之处。

______

______

【参考译文】

【乙】唐朝开元年间，代州都督因为五台山客僧多，担心兴妖作怪、蛊惑人心的事发生，就下令把没有度牒的和尚全部赶走。客僧害怕被驱逐，大多暂时逃避到山谷中。有个叫法朗的和尚，逃进雁门山深处。雁门山深涧当中有个石洞，能容纳人出进。法朗带了很多干粮，想要住在这座山里，于是就寻找洞口进去了。走了几百步后，那里渐渐空阔。到了平地，踏过流水，渡到另一岸，那里太阳、月亮都很明亮。又走了二里，来到一个草屋中，里面有几个妇人，穿着草叶，容颜端庄秀丽。她们看见和尚，又害怕又惊讶，就问他说：“你是什么人？”和尚说：“我是人啊！”妇人们笑着说：“难道有这样形体的人吗？”和尚说：“我侍奉佛，侍奉佛必须剃光头发，所以这样。”她们于是问道：“佛是什么？”法朗就详细地说给她们听。妇人们互相看了看，笑着说：“他的话很有道理。”又问：“佛教的宗旨如何？”法朗就给她们讲解《金刚经》。她们听了连声称赞叫好。法朗就问她们：“这地方是个什么世界？”妇人们说：“我们本来是秦朝人，随着蒙恬修筑长城。蒙恬多使用妇女，我们忍受不了那样的折磨，就逃到这里。当初吃草根，才能够不死。来到这里也不知道年岁，也没有再回到人间。”于是她们就把法朗留下，用草根养活他。草根涩，没法吃。法朗在这里住了四十多天，就暂时告辞，到人间去寻找粮食。等他到了代州，准备好粮食再去时，却迷失了道路，不知道那个地方在哪儿了。

153.《小石潭记》比较阅读

【甲】小石潭记

从小丘西行百二十步，隔篁竹，闻水声，如鸣珮环，心乐之。伐竹取道，下见小潭，水尤清洌。全石以为底，近岸，卷石底以出，为坻，为屿，为嵁，为岩。青树翠蔓，蒙络摇缀，参差披拂。

潭中鱼可百许头，皆若空游无所依，日光下澈，影布石上。佁然不动，俶尔远逝，往来翕忽，似与游者相乐。

潭西南而望，斗折蛇行，明灭可见。其岸势犬牙差互，不可知其源。

坐潭上，四面竹树环合，寂寥无人，凄神寒骨，悄怆幽邃。以其境过清，不可久居，乃记之而去。

同游者：吴武陵，龚古，余弟宗玄。隶而从者，崔氏二小生，曰恕己，曰奉壹。

（选自《柳河东集·卷二十九》）

【乙】石渠记（节选）

自渴①西南行，不能百步，得石渠，民桥其上。有泉幽幽然，其鸣乍大乍细。渠之广，或咫尺，或倍尺，其长可十许步。其流抵大石，伏出其下。逾石而往，有石泓，昌蒲被之，青藓环周。又折西行，旁陷岩石下，北堕小潭。潭幅员减百尺，清深多鯈鱼。又北曲行纡余，睨若无穷，然卒入于渴。其侧皆诡石怪木、奇卉美箭②，可列坐而庥③焉。风摇其巅，韵动崖谷，视之既静，其听始远。

（选自《柳宗元集·卷二十九》）

注：①渴：指袁家渴，一泉水名。②箭：小竹。③庥（xiū）：同“休”，休息。

【阅读指南】

《石渠记》是唐代柳宗元创作的一篇散文，是其《永州八记》的第六篇，写于元和七年（812年）游袁家渴之后。文章记述了作者沿渠探幽、追求美景的过程，表达了作者借美景拓宽胸怀，以抒发胸中积郁之气的情感。林纾曾评价柳宗元的山水游记："每一篇必有一篇中之主人翁，不能谓其漫记山水也。"柳宗元通过精细的观察、深切的感受、娴熟的艺术技巧、有所侧重的描写，使其笔下的景观呈现出互不重复的特点。从本文来看，虽然它与前文《袁家渴记》、后文《石涧记》，都是记述溪水的，但笔法绝不雷同。《袁家渴记》重在写溪水中的小山和鼓动万物的山风；本文着重描写石渠流水的出没变化，突出其"幽幽然"的特点；《石涧记》则专写石涧溪谷的水中山石，侧重溪水与岸边、水底岩石交互的美景。

【积累思考】

1. 解释下列加点的词。

（1）斗折蛇行（　　　　）　又折西行（　　　　）

（2）佁然不动（　　　　）　然卒入于渴（　　　　）

2.【甲】【乙】两文都从听觉的角度描写水的特点，【甲】文中通过"__________"来写出小石潭水的__________；【乙】文中通过"__________"来写出泉水的__________。

3.【甲】【乙】两文均是作者被贬永州后所写的文章，两文都运用了__________的写作手法，都表达了作者__________的心情。

【参考译文】

【乙】从袁家渴潭往西南走，不到百步，就看见一个石渠，百姓在石渠上建了一座便桥。有一眼泉水幽静地流淌，它流淌时的声音时大时小。泉渠的宽度有时不足一尺，有时则有二尺，它的长度有十步左右。它的水流遇到一块大的石头，就漫过石头。跳过大石头再往前走，就发现一个石潭，菖蒲覆盖着它，碧绿的苔藓环绕在它周围。渠水又转弯往西流，在岩石边流入石隙里，最后像瀑布一样流入北边的小潭。小潭方圆还不足一百尺，潭水清澈且较深，有许多儵鱼。渠水又往北迂回绕行一些，斜着看好像没有尽头，就这样最终流入渴潭。潭的一边全是奇特的石头、怪异的树木、奇异的花草、美丽的小竹，人可以并列坐在那里休息。风吹动着树梢，悦耳的声音在山崖和山谷间回荡，看它们已经平静下来，它们被风吹动所发出的声音才在远处传播。

154.《核舟记》比较阅读

【甲】核舟记

明有奇巧人曰王叔远，能以径寸之木，为宫室、器皿、人物，以至鸟兽、木石，罔不因势象形，各具情态。尝贻余核舟一，盖大苏泛赤壁云。

舟首尾长约八分有奇，高可二黍许。中轩敞者为舱，箬篷覆之。旁开小窗，左右各四，共八扇。启窗而观，雕栏相望焉。闭之，则右刻“山高月小，水落石出”，左刻“清风徐来，水波不兴”，石青糁之。

船头坐三人，中峨冠而多髯者为东坡，佛印居右，鲁直居左。苏、黄共阅一手卷。东坡右手执卷端，左手抚鲁直背。鲁直左手执卷末，右手指卷，如有所语。东坡现右足，鲁直现左足，各微侧，其两膝相比者，各隐卷底衣褶中。佛印绝类弥勒，袒胸露乳，矫首昂视，神情与苏、黄不属。卧右膝，诎右臂支船，而竖其左膝，左臂挂念珠倚之——珠可历历数也。

舟尾横卧一楫。楫左右舟子各一人。居右者椎髻仰面，左手倚一衡木，右手攀右趾，若啸呼状。居左者右手执蒲葵扇，左手抚炉，炉上有壶，其人视端容寂，若听茶声然。

其船背稍夷，则题名其上，文曰“天启壬戌秋日，虞山王毅叔远甫刻”，细若蚊足，钩画了了，其色墨。又用篆章一，文曰“初平山人”，其色丹。

通计一舟，为人五；为窗八；为箬篷，为楫，为炉，为壶，为手卷，为念珠各一；对联、题名并篆文，为字共三十有四。而计其长曾不盈寸。盖简桃核修狭者为之。嘻，技亦灵怪矣哉！

（选自《虞初新志·卷十》）

【乙】

南京一乐工，能刻木为舟，大可二寸，篷桅橹舵咸具。二人对酌于中，壶觞①饾饤②满案。一人挽篷索，一人握橹，一人运舵，皆有机能动。置之水中，能随风而行，略无倚侧③。一舟必须白金一两，好事者竞趋焉。

（选自《蓬窗类记·异人纪》）

注：①壶觞：酒器。②饾饤：供陈设的食品。③倚侧：倾斜。

【阅读指南】

微雕是中国传统工艺美术中最为精细微小的一种工艺品，是凝聚了中华文化精华的袖珍艺术品。微雕艺术是中国传统雕刻艺术的一个分支，一般包括微细的圆雕、浮雕、透雕（镂空雕）等。刻时，肉眼看不清，凭感觉运力，甚至可以在米粒大小的象牙片、竹片或数毫米的头发丝上进行雕刻，其作品要用放大镜或显微镜观看，故被称为“绝技”。

【积累思考】

1.【甲】【乙】两文中多次出现“为”，请写出下列句子中“为”的意思。

（1）中轩敞者为舱（　　　　）

（2）盖简桃核修狭者为之（　　　　）

（3）能刻木为舟（　　　　）

2. 对【甲】【乙】两文的理解和分析不正确的一项是（　　）

A.【甲】【乙】两文都运用了空间顺序对人、物进行介绍。

B.【甲】文刻画二舟子的神态栩栩如生；【乙】文刻画三舟子的

动作活灵活现。

C.【甲】文对船上五人的描写细致入微，生动可感；【乙】文对船上五人的描写简略直白。

D.【甲】【乙】两文都写了中国古代的微雕艺术，赞美了雕刻家的高超技艺。

3. 从技艺的角度比较，你觉得是【甲】文的核舟精巧，还是【乙】文的核舟精巧？说说你的理由。

____

____

【参考译文】

【乙】南京有一个乐工，能把木头刻成小船，大小只有两寸，船篷、桅杆、船橹、船舵等东西俱全。船上两个人相对饮酒，酒壶、食物摆满了桌面。一个人挽着船篷的绳索，一个人拿着橹桨，一个人掌舵，都是灵活能动的。把小船放在水中，它能够随着风而前行，没有一点倾斜。一艘这样的小船必须要一两白金，喜欢这个的人都争着去抢购。

155.《虽有嘉肴》比较阅读

【甲】虽有嘉肴

虽有嘉肴，弗食，不知其旨也；虽有至道，弗学，不知其善也。是故学然后知不足，教然后知困。知不足，然后能自反也；知困，然后能自强也。故曰：教学相长也。《兑命》曰“学学半”，其此之谓乎！

（选自《礼记·学记》）

【乙】

善学者，师逸①而功②倍，又从而庸③之。不善学者，师勤而功半，又从而怨之。善问者如攻④坚木，先其易者，后其节目⑤，及其久也，相说以解。不善问者反此。善待问者如撞钟，叩之以小者则小鸣，叩之以大者则大鸣，待其从容⑥，然后尽其声。不善答问者反此。此皆进学之道也。

（选自《礼记·学记》）

注：①逸：安闲，此处指费力小。②功：效果。③庸：归功于，意为感激。④攻：治，指加工处理木材。⑤节：树的枝干交接处。目：纹理不顺处。⑥从容：同“舂容”，即撞钟。

【阅读指南】

“善待问者如撞钟”，这是个很不错的比喻。敲钟者应当了解钟的特点和性能，然后以适当的方法去敲击。了解钟是前提，掌握敲钟的技巧次之。没有对钟的特点、性能的熟悉，技巧本身就无从谈起。因此，敲钟是一个双向的过程。老师回答学生的提问，同样也是一个双向的过程，需要对学生的问题、心态等有较准确的把握，答问才会说到点子上。从学生的角度说，学习也同敲钟一样。倘若是好钟，用不着重重地敲和反复地敲。常言道，响鼓不用重槌。这就要取决于钟、鼓本身的性能了。破钟，破鼓，共鸣不好的钟、鼓，无论怎么敲，都不会声若雷鸣。就学生而言，有两方面的因素影响其接受老师的指点，一是本身的悟性，一是已掌握的知识水平。这两个方面总是相互关联的。光有悟性，缺乏必要的知识做支撑，便找不到立足之处；只有满肚子书本知识，不能将它们融会贯通，知识就成了摆设和点缀。所以，做一个好的敲钟人不容易，同样，做一个好的钟也不容易。好的敲钟人遇上好的钟，自然是天作之合的美事。

【积累思考】

1. 解释下列加点的词。

（1）不知其善也（　　　　　）　不善学者（　　　　　）

（2）然后能自反也（　　　　　）　不善问者反此（　　　　　）

2. 下列对【甲】【乙】两文相关知识的解说，不正确的一项是（　　）

A. 两篇文章都出自《礼记》，这是战国至秦汉间儒家论著的汇编，相传是西汉经学家戴圣编纂的。

B.“不知其旨也”的“其”指代“嘉肴”，“后其节目”的“其”指代“坚木”。

C.“学学半”中第一个“学”，同“斅”，教导；“相说以解”中的“说”，同“悦”，愉悦。

D.【甲】文中的“其此之谓乎”与【乙】文中的“此皆进学之道也”两个句子均为倒装句。

3. 下列对文章的理解和分析，不正确的一项是（　　）

A.【甲】文用生活中常见的事物“嘉肴”和“至道”做类比，指出学习的重要性。

B.【乙】文中“善问者如攻坚木”运用对比手法，生动形象地描绘了善于提问的人比较容易解决问题。

C.【甲】【乙】两文是论述有关教学的文章，分别阐明了“教学相长”及“进学之道”。

D.【甲】【乙】两文篇幅短小精悍，内容相当丰富、精辟、深刻，富有启发性。

【参考译文】

【乙】善于学习的人，老师费力小，而效果却很大，并且归功于老师教导有方。不善于学习的人，老师费力大，而收获却很小，学生又会因此埋怨老师。善于提问的人，就像加工坚硬的木材，先从容易处理的地方下手，然后对枝枝节节和纹理不顺的地方下手，时间长了，问题就愉快地解决了。不善于提问的人与此相反。善于回答问题的老师，就像撞钟一样，轻轻敲击则钟声较小，重重敲击则钟声大响，等钟声响起之后，让它的声音响完。不善于回答问题的老师与此相反。这些都是增进学问的方法。

156.《岳阳楼记》比较阅读

【甲】岳阳楼记（节选）

嗟夫！予尝求古仁人之心，或异二者之为，何哉？不以物喜，不以己悲，居庙堂之高则忧其民，处江湖之远则忧其君。是进亦忧，退亦忧。然则何时而乐耶？其必曰“先天下之忧而忧，后天下之乐而乐”乎！噫！微斯人，吾谁与归？

（选自《范仲淹全集·文集卷第八》）

【乙】范仲淹有志于天下

范仲淹二岁而孤，母贫无依，再适①长山朱氏。既长，知其世家，感泣辞母，去之南都入学舍。昼夜苦学，五年未尝解衣就寝。或夜昏怠，辄以水沃面。往往饘粥不充②，日昃③始食。遂大通六经之旨，慨然有志于天下。常自诵曰：士当先天下之忧而忧，后天下之乐而乐。

（选自《宋名臣言行录·卷第七》）

注：①再适：改嫁。②饘（zhān）粥不充：饘粥，稠粥。不充，不足，此处指喝不上。③昃（zè）：太阳偏西。

【阅读指南】

1. 范仲淹（989—1052），字希文，苏州吴县（今江苏苏州）人。幼时孤苦，两岁丧父，随母再嫁，改名“朱说”。成人后，始还姓，更其名。他年少有志向，刻苦学习。至今，他的故乡苏州天平山还有纪念他划粥苦读的“咒钵庵”。大中祥符八年（1015年）中进士，步入仕途，官至参知政事。范仲淹的官宦生涯近四十年，无论是居庙堂之高，还是处江湖之远，他总是竭尽全力履行职责。

2. “庙堂”和“江湖”对应，一指朝廷，一指民间。那么，“庙堂”为什么可以代指朝廷呢？原来，“庙堂”是两处场所的合称，“庙”指太庙，“堂”指明堂。天子和诸侯祭祀先祖的庙称“宗庙”；天子祭祀先祖的庙称“大庙”(即“太庙”)，这是只能天子使用的专用称谓。“明堂”是古代帝王宣明政教之处，凡是朝会、祭祀、庆赏、选士、养老、教学等重大的典礼都在这里举行。古代帝王处理朝政大事，一定要先到宗庙里祭祀先祖，然后在明堂之上商议，因此用“庙堂”来指代朝廷。这就是范仲淹说的“居庙堂之高”。

【积累思考】

1. 下列加点词的用法和意思相同的一组是（　　）

A. 不以物喜 / 辄以水沃面

B. 或异二者之为 / 或夜昏怠

C. 予尝求古仁人之心 / 五年未尝解衣就寝

D. 去之南都入学舍 / 居庙堂之高则忧其民

2. “先天下之忧而忧，后天下之乐而乐”一句在【甲】【乙】两文中都起________________的作用；但两文采用的表达方式不同，【甲】文主要运用了________________的表达方式，【乙】文主要运用了________________的表达方式。

3. 从【乙】文看，范仲淹“先天下之忧而忧，后天下之乐而乐”这一伟大抱负的思想基础是什么？(用自己的话表述)

____

____

【参考译文】

【乙】范仲淹两岁的时候死了父亲。母亲很穷，没有依靠。就改嫁到了常山的朱家。（范仲淹）长大以后，知道了自己的身世，含着眼泪告别母亲，离开去应天府的南都学舍读书。（他）白天、深夜都认真读书。五年中竟然未曾脱去衣服上床睡觉。有时夜里感到昏昏欲睡，就用水浇在脸上。（范仲淹）常常是白天苦读，什么也不吃，直到日头偏西才吃一点东西。就这样，他领悟了六经的主旨，后来又立下了造福天下的志向。他常常自己讲道："当先天下之忧而忧，后天下之乐而乐。"

157.《醉翁亭记》比较阅读

【甲】醉翁亭记

环滁皆山也。其西南诸峰，林壑尤美，望之蔚然而深秀者，琅琊也。山行六七里，渐闻水声潺潺，而泻出于两峰之间者，酿泉也。峰回路转，有亭翼然临于泉上者，醉翁亭也。作亭者谁？山之僧智仙也。名之者谁？太守自谓也。太守与客来饮于此，饮少辄醉，而年又最高，故自号曰醉翁也。醉翁之意不在酒，在乎山水之间也。山水之乐，得之心而寓之酒也。

若夫日出而林霏开，云归而岩穴暝，晦明变化者，山间之朝暮也。野芳发而幽香，佳木秀而繁阴，风霜高洁，水落而石出者，山间之四时也。朝而往，暮而归，四时之景不同，而乐亦无穷也。

至于负者歌于途，行者休于树，前者呼，后者应，伛偻提携，往来而不绝者，滁人游也。临溪而渔，溪深而鱼肥。酿泉为酒，泉香而酒洌，山肴野蔌，杂然而前陈者，太守宴也。宴酣之乐，非丝非竹，射者中，弈者胜，觥筹交错，起坐而喧哗者，众宾欢也。苍颜白发，颓然乎其间者，太守醉也。

已而夕阳在山，人影散乱，太守归而宾客从也。树林阴翳，鸣声上下，游人去而禽鸟乐也。然而禽鸟知山林之乐，而不知人之乐；人知从太守游而乐，而不知太守之乐其乐也。醉能同其乐，醒能述以文者，太守也。太守谓谁？庐陵欧阳修也。

（选自《欧阳修全集·卷三十九》）

【乙】喜雨亭记

亭以雨名，志喜也。古者有喜，则以名物，示不忘也。

余至扶风[①]之明年，始治官舍。为亭于堂之北，而凿池其南，引流种树，以为休息之所。是岁之春，雨麦于岐山[②]之阳，其占[③]为有年[④]。既而弥月不雨，民方以为忧。越三月，乙卯[⑤]乃雨，甲子又雨，民以为未足，丁卯，大雨，三日乃止。官吏相与庆于庭，商贾相与歌于市，农夫相与抃[⑥]于野，忧者以乐，病者以愈，而吾亭适成。

（选自《苏轼文集·卷七十一》，有删改）

注：① 扶风：地名，在今陕西境内。② 岐山：古山名，在今陕西岐山东北。③ 占：占卜。④ 有年：年将有粮，引申为大丰收。⑤ 乙卯：古代用干支纪日。苏轼写此文当年，乙卯为农历四月初二，下文的甲子为农历四月十一日、丁卯为农历四月十四日。⑥ 抃：鼓掌，表示欢欣。

【阅读指南】

1. 四大名亭，是中国古代因文人雅士的诗歌、文章而闻名的景点，它们分别是滁州的醉翁亭（由唐宋八大家之一的欧阳修命名，并写下传世之作《醉翁亭记》）、杭州的湖心亭（在西湖中央，与“三潭印月”和“阮公墩”合称“蓬莱三岛”）、北京的陶然亭（取唐代诗人白居易诗“更待菊黄家酿熟，与君一醉一陶然”中的“陶然”二字为亭名）、长沙的爱晚亭（名字来源于唐代诗人杜牧《山行》中的“停车坐爱枫林晚”）。

2. 苏轼为政清廉、崇尚节俭，所建“喜雨亭”不过是一个供休息的场所而已。一个极普通的亭子，但因与人民的忧患相关联，其价值就非同一般了。通观全文，作者以“亭”“雨”“喜”为线索，把忧民之所忧、乐民之所乐作为旨归，熔铸成章，正是作者匠心独运之处。

【积累思考】

1.【甲】【乙】两文作者都是____________（填朝代）著名文学家，都因在散文方面卓有成就，而被列为____________之一。

2. 下列加点词的用法和意思相同的一组是（　　）

A. 四时之景不同 / 雨麦于岐山之阳

B. 而不知人之乐 / 而凿池其南

C. 醉能同其乐 / 其真无马耶（《马说》）

D. 以为休息之所 / 不以物喜，不以己悲（《岳阳楼记》）

3. 下列对文章理解和表述有误的一项是（　　）

A.【甲】文以一个“乐”字为主线，把众多内容连缀在一起，【乙】文则突出一个“喜”字。

B.【甲】【乙】两文中亭子命名的由来：前者以作者的号命名，而后者以这件久旱逢甘霖的事命名。

C.【甲】文第一段是交代醉翁亭的环境、位置，由群山到琅琊山，由山及泉，由泉及亭，又由亭名引出太守的醉翁之意，内在的脉络是连贯的。

D.【甲】【乙】两文都表达了作者被贬后寄情山水的忧乐之意和愁苦之情。

【参考译文】

【乙】这座亭子用雨来命名，是为了纪念喜庆的事件。古时候有了喜事，就用它来命名事物，表示不忘的意思。

我到扶风的第二年开始造官邸，在堂屋的北面修建了一座亭子，在南面开凿了一口池塘，引来流水，种上树木，把它当作休息的场所。这年春天，在岐山的南面下了麦雨，占卜此事，认为今年有个好年成。然而此后整整一个月没有下雨，百姓因此忧虑起来。过了三个月，乙卯日，天才下雨，隔了九天的甲子日又下雨，百姓们认为下得还不够，丁卯日又下了大雨，一连三天才停止。官吏们在院子里一起庆贺，商人们在集市上一起唱歌，农夫们在野地里一起鼓掌欢笑，忧愁的人因此而高兴，生病的人因此而痊愈，而我的亭子也恰好造成了。

158.《鱼我所欲也》比较阅读

【甲】鱼我所欲也（节选）

鱼，我所欲也；熊掌，亦我所欲也。二者不可得兼，舍鱼而取熊掌者也。生，亦我所欲也；义，亦我所欲也。二者不可得兼，舍生而取义者也。生亦我所欲，所欲有甚于生者，故不为苟得也；死亦我所恶，所恶有甚于死者，故患有所不辟也。如使人之所欲莫甚于生，则凡可以得生者何不用也？使人之所恶莫甚于死者，则凡可以辟患者何不为也？由是则生而有不用也，由是则可以辟患而有不为也。是故所欲有甚于生者，所恶有甚于死者。非独贤者有是心也，人皆有之，贤者能勿丧耳。

（选自《孟子·告子上》）

【乙】

子墨子曰："万事莫贵于义。今谓人曰：'予子冠履，而断子之手足，子为之乎？'必不为，何故？则冠履不若手足之贵也。又曰：'予子天下而杀子之身，子为之乎？'必不为，何故？则天下不若身之贵也。争一言以相杀，是贵义于其身也。故曰：万事莫贵于义也。"

（选自《墨子·贵义》）

【阅读指南】

义，中国古代哲学概念，本指"公正、合理而应当做的"。管子最早提出"义"："四维不张，国乃灭亡"，"何谓四维？一曰礼，二曰义，三曰廉，四曰耻"。在儒家思想中，"义"也是核心概念。"义"是孔子所谓君子人格价值取向的重要原则，因此他说："见利思义"

(《论语·宪问》)，“见得思义”(《论语·季氏》)。他甚至将重义轻利作为君子的优秀品质之一：“君子喻于义，小人喻于利。”(《论语·里仁》)孟子则继承和发展了孔子的“义”。他认为“信”和“果”都必须以“义”为前提。《孟子·离娄上》：“大人者，言不必信，行不必果，惟义所在。”孔子还说：“言必信，行必果”(《论语·子路》)，“人而无信，不知其可也”(《论语·为政》)。“信”是五常之一，是为人处世最根本的规范，而“信”的核心则是“义”。

【积累思考】

1. 下列加点词的用法和意思前后不同的一组是（　　）

A. 所欲有甚于生者 / 万事莫贵于义

B. 而断子之手足 / 人皆有之

C. 子为之乎 / 故不为苟得也

D. 故不为苟得也 / 故曰：万事莫贵于义也

2.【甲】【乙】两文都运用比喻论证来阐明观点，【乙】文用“冠履不若手足之贵也”论证了________________的观点，【甲】文则用“________________”论证了________________的观点。

3.【甲】文用“所欲有甚于生者，所恶有甚于死者”阐述了对“义”的认识，这与【乙】文中表达的观点是相同的。请你指出【甲】【乙】两文中“义”的内涵，并简述今天我们是否还有坚持这种“义”的必要。

____

____

【参考译文】

【乙】墨子说：“万事没有比义更宝贵的了。如果现今对别人说：‘给你帽子和鞋，但是要砍断你的手和脚，你肯吗？’凡人必定不肯。

什么原因呢？就是因为帽子和鞋不如手和脚珍贵。又有人说：‘给你天下，但要杀了你，你肯吗？’凡人必定不肯。什么原因呢？因为天下不如自己的身体珍贵。为了争辩一句话的是非而互相残杀，这是因为把义看得比自己的身体更珍贵。所以说：万事没有比义更为宝贵的了。”

159.《曹刿论战》比较阅读

【甲】曹刿论战（节选）

公与之乘，战于长勺。公将鼓之。刿曰："未可。"齐人三鼓。刿曰："可矣。"齐师败绩。公将驰之。刿曰："未可。"下视其辙，登轼而望之，曰："可矣。"遂逐齐师。

既克，公问其故。对曰："夫战，勇气也。一鼓作气，再而衰，三而竭。彼竭我盈，故克之。夫大国，难测也，惧有伏焉。吾视其辙乱，望其旗靡，故逐之。"

（选自《左传·庄公十年》）

【乙】

宋公①及楚人战于泓②。宋人既成列，楚人未既济，司马③曰："彼众我寡，及其未既济也，请击之。"公曰："不可。"既济而未成列，又以告。公曰："未可。'既陈④而后击之，宋师败绩。公伤股，门官⑤歼焉。国人皆咎公。公曰："君子不重⑥伤，不禽二毛⑦。古之为军也，不以阻隘⑧也。寡人虽亡国之余⑨，不鼓不成列。"

（选自《左传·僖公二十二年》）

注：①宋公：即宋襄公。②泓：泓水，在今河南柘城北。③司马：掌管军政、军赋、马政的辅政大臣。此处指子鱼。④陈：同"阵"，这里用作动词，即摆好阵势。⑤门官：国君的卫士。⑥重（chóng）：重复，再次。⑦二毛：头发斑白的人。⑧阻隘：险要之处。⑨亡国之余：指亡了国的商朝的后代。

【阅读指南】

1.【乙】文是宋楚泓水之战始末的记述，以对话的形式展现了两种对立的军事思想的激烈冲突。其中重点说了子鱼对战争的看法，他的英明远见与宋襄公的迂腐固执形成了鲜明对比。文章篇幅不长，但成功刻画了主要人物的形象，行文层次鲜明，言辞有力，读起来酣畅痛快。

2. 子鱼（生卒年不详），名目夷，字子鱼，因担任司马，故称“司马子鱼”，春秋时期宋国宗室、大臣。子鱼是宋桓公庶长子，宋襄公同父异母的兄长。宋襄公即位后，子鱼担任左师，处理朝政大事，宋国由此安定太平。公元前638年，宋、楚两国之间爆发泓水之战，由于宋襄公不采纳子鱼的建议，错失出战良机，导致宋国在此战中惨败。

3. 宋襄公（？—前637），名兹父，春秋时期宋国国君。春秋五霸之一，宋桓公嫡子，宋成公之父。

【积累思考】

1. 下列加点词的用法和意思前后不同的一组是（　　）

A. 齐师败绩/宋师败绩

B. 既克/宋人既成列

C. 一鼓作气/不鼓不成列

D. 彼竭我盈/彼众我寡

2.【甲】【乙】两文中都有一个出谋划策的人，他们都认为作战的关键在于＿＿＿＿＿＿：【甲】文中的曹刿认为“＿＿＿＿＿＿”是进军的关键时刻；【乙】文中的司马（子鱼）认为“＿＿＿＿＿＿”是进军的关键时刻。

3.【甲】【乙】两文中都刻画了形象鲜明的国君，在他们身上有值得肯定的地方，也有值得商榷的地方，请分别论述。

＿＿＿＿＿＿＿＿＿＿＿＿＿＿＿＿＿＿＿＿＿＿＿＿＿＿＿＿＿＿

＿＿＿＿＿＿＿＿＿＿＿＿＿＿＿＿＿＿＿＿＿＿＿＿＿＿＿＿＿＿

【参考译文】

【乙】宋襄公与楚军在泓水作战。宋军已摆好了阵势，楚军还没有全部渡过泓水。担任司马的子鱼对宋襄公说："对方人多而我们人少，趁着他们还没有全部渡过泓水，请您下令进攻他们。"宋襄公说："不行。"楚国的军队已经全部渡过泓水，还没有摆好阵势，子鱼又建议宋襄公下令进攻。宋襄公还是回答说："不行。"等楚军摆好了阵势以后，宋军才去进攻楚军，结果宋军大败。宋襄公大腿受了伤，他的护卫官也被杀死了。宋国人都责备宋襄公。宋襄公说："有道德的人在战斗中，只要敌人已经负伤就不再去伤害他，也不俘虏头发斑白的敌人。古时候作战，是不凭借地势险要的。我虽然是已经亡了国的商朝的后代，却不去进攻没有摆好阵势的敌人。"

160.《邹忌讽齐王纳谏》比较阅读

【甲】邹忌讽齐王纳谏

邹忌修八尺有余，而形貌昳丽。朝服衣冠，窥镜，谓其妻曰："我孰与城北徐公美?"其妻曰："君美甚，徐公何能及君也?"城北徐公，齐国之美丽者也。忌不自信，而复问其妾曰："吾孰与徐公美?"妾曰："徐公何能及君也?"旦日，客从外来，与坐谈，问之客曰："吾与徐公孰美?"客曰："徐公不若君之美也。"明日徐公来，孰视之，自以为不如；窥镜而自视，又弗如远甚。暮寝而思之，曰："吾妻之美我者，私我也；妾之美我者，畏我也；客之美我者，欲有求于我也。"

于是入朝见威王，曰："臣诚知不如徐公美。臣之妻私臣，臣之妾畏臣，臣之客欲有求于臣，皆以美于徐公。今齐地方千里，百二十城，宫妇左右莫不私王，朝廷之臣莫不畏王，四境之内莫不有求于王：由此观之，王之蔽甚矣。"

王曰："善。"乃下令："群臣吏民能面刺寡人之过者，受上赏；上书谏寡人者，受中赏；能谤讥于市朝，闻寡人之耳者，受下赏。"令初下，群臣进谏，门庭若市；数月之后，时时而间进；期年之后，虽欲言，无可进者。燕、赵、韩、魏闻之，皆朝于齐。此所谓战胜于朝廷。

（选自《战国策·齐策一》）

【乙】

太宗尝罢朝，自言："杀却此田舍汉①！"文德皇后问："谁触忤陛下?"太宗曰："魏征每庭辱我，使我常不得自由②。"皇后退，朝服立于庭，太宗惊曰：“何为若是?”对曰：“妾闻主圣臣忠。今陛下圣明，故魏征得尽直言。妾备③后宫，安敢不贺?”于是太宗意乃释。

（选自《大唐新语·规谏》）

注：①田舍汉：乡巴佬。②自由：自在，痛快。③备：充任，充当，常作谦称。

【阅读指南】

1. 魏征（580—643），字玄成，巨鹿（今属河北）人，唐初政治家、文学家。唐太宗即位后，任谏议大夫，多次直言进谏，对李世民的施政颇有影响，辅佐李世民共创“贞观之治”。贞观十七年（643年）去世，享年六十四岁，名列“凌烟阁二十四功臣”第四位。

2. 文德皇后（601—636），唐朝宰相长孙无忌的妹妹，十三岁嫁李世民，武德元年册封秦王妃。武德末年，竭力争取李渊及其后宫对李世民的支持，玄武门之变当天亲自勉慰诸将士。在后位时，善于借古喻今，匡正李世民为政的失误，并保护忠正得力的大臣。贞观十年（636年）崩逝于立政殿，年仅三十六岁，谥号“文德皇后”。

【积累思考】

1. 下列加点词的用法和意思相同的一组是（　　）

A. 朝服衣冠 / 朝服立于庭

B. 闻寡人之耳者 / 妾闻主圣臣忠

C. 而复问其妾 / 妾备后宫

D. 于是入朝见威王 / 于是太宗意乃释

2.【乙】文中唐太宗盛怒之下自言“杀却此田舍汉”，可见君王握有生杀大权是造成【甲】文提到的“________________”这一现象的直接原因。因此，齐威王给了“面刺”者“上赏”，是为了表彰他们的

____。

3. 以下对【甲】【乙】两文理解正确的一项是（　　）

A. 两文中的进谏者向君王进谏都是为了保护忠臣。

B. 两文中的进谏者都抓住了君王注重自身形象的心理。

C. 两文中的进谏者都没有在言语中直接批评君王。

D. 两文中的君王最终都意识到自己的过失并采取了积极的行动。

【参考译文】

【乙】（唐）太宗有一次下朝后自言自语地说："真该杀了这个乡巴佬！"文德皇后问："谁冒犯陛下了？"（唐）太宗说："魏征每次朝会上都直言进谏羞辱我，让我经常不自在。"皇后听了退下去，穿上朝服站在庭院里，（唐）太宗大惊道："皇后这是为什么？"（皇后）回答说："我听说主公圣明、大臣忠心。现在陛下圣明，所以魏征可以直言。我有幸能为后宫充数，怎么敢不祝贺（您）呢？"在这时，（唐）太宗才转怒为喜。

161.《出师表》比较阅读

【甲】出师表（节选）

臣本布衣，躬耕于南阳，苟全性命于乱世，不求闻达于诸侯。先帝不以臣卑鄙，猥自枉屈，三顾臣于草庐之中，咨臣以当世之事，由是感激，遂许先帝以驱驰。后值倾覆，受任于败军之际，奉命于危难之间，尔来二十有一年矣。

先帝知臣谨慎，故临崩寄臣以大事也。受命以来，夙夜忧叹，恐托付不效，以伤先帝之明，故五月渡泸，深入不毛。今南方已定，兵甲已足，当奖率三军，北定中原，庶竭驽钝，攘除奸凶，兴复汉室，还于旧都。此臣所以报先帝而忠陛下之职分也。至于斟酌损益，进尽忠言，则攸之、祎、允之任也。

愿陛下托臣以讨贼兴复之效；不效，则治臣之罪，以告先帝之灵。若无兴德之言，则责攸之、祎、允等之慢，以彰其咎。陛下亦宜自谋，以咨诹善道，察纳雅言，深追先帝遗诏，臣不胜受恩感激。今当远离，临表涕零，不知所言。

（选自《诸葛亮集·文集》）

【乙】

章武三年春，先主于永安[①]病笃[②]，召亮于成都，属以后事。谓亮曰："君才十倍曹丕，必能安国，终定大事。若嗣子可辅，辅之；如其不才，君可自取。"亮涕泣曰："臣敢竭股肱[③]之力，效忠贞之节，继之以死！"先主又为诏敕[④]后主曰："汝与丞相从事，事之如父。"

（选自《三国志·蜀书五》）

注：① 永安：即白帝城，在今重庆奉节东北。② 笃（dǔ）：病重。③ 股肱（gōng）：大腿，用以比喻辅佐之臣。④ 敕：告诫，嘱咐。

【阅读指南】

建安二十四年（219 年），刘备在汉中之战中斩杀曹操大将夏侯渊，击败曹操，占据战略要地汉中。在节节胜利的情况下，刘备部将关羽孤军北伐曹魏，虽然水淹七军、擒于禁、斩庞德、威震华夏、围曹仁于襄阳，达到军事上的最高峰，但是荆州后方空虚，东吴违背湘水划界，在背后对盟友倒戈一击，吕蒙以白衣渡江乘机夺取荆州（主要是江陵和公安），最后关羽被吴军擒获，遭到杀害。“失荆州”使得刘备元气大伤，蜀汉政权也开始走下坡路。刘备尽起全国大兵讨伐吴国，为关羽报仇，被陆逊击败，退兵到白帝城。刘备在白帝城一病不起，召见诸葛亮等人托孤。

【积累思考】

1.【甲】文中的“臣”是【乙】文中的“__________”，即__________（填人名）；【甲】文中的“先帝”是【乙】文中的“__________”，即__________（填人名）；【甲】文中的“__________”是【乙】文中的“后主”，即__________（填人名）。

2.【甲】【乙】两文中多次出现“以”，请写出下列句子中“以”的意思。

（1）先帝不以臣卑鄙（　　　　）

（2）以告先帝之灵（　　　　）

（3）属以后事（　　　　）

（4）继之以死（　　　　）

3. 结合【甲】【乙】两文的内容，说一说诸葛亮是个怎样的人。

____

____

【参考译文】

【乙】章武三年的春天，刘备在永安病重，把诸葛亮从成都召回，将后事嘱托给他。他对诸葛亮说：“你的才能超过曹丕十倍，一定能使国家安定，最后统一全国。如果我的继承人刘禅能够辅助的话，就辅助他。如果他不具备君主的才干，你可以自己取代他的帝位。”诸葛亮哭泣着说：“我当用尽自己辅佐的能力，献出忠君不二的气节，一直到死！”刘备又下诏书告诫刘禅：“你和丞相一起处理事务，要像对待父亲一样侍奉他。”

参考答案

1. 陈万年教子

1.（1）用棍棒打 （2）通“俱”，全部，详细地

2. 陈万年于是不再说话了。

解析：此句的翻译需要重点落实：乃（于是，就）、复（再）、言（说话）。文中，“乃”出现不止一次，在“乃公教戒汝”中解释为“你，你的”，阅读文章时要加以辨析。

3. 因为他的儿子说出了他的心里话，揭露了他的虚伪，揭穿了他的卑鄙心理。

解析：结合语境，“万年乃不复言”是在陈咸“叩头谢曰”后的反应。从陈咸话中的“大要”可推断，陈万年是隐晦地教导自己的儿子要阿谀奉承。陈万年之所以没有直言，是因为他自知阿谀逢迎是一种恶行，不能摆到明面上讲。而儿子陈咸直言“具晓所言”，让陈万年虚伪卑鄙的实质暴露无遗，也让陈万年知晓自己的儿子并不会与他为伍，所以“万年乃不复言”。

2. 误认

1.（1）还，归还 （2）往，到……去

2. D

解析：“谬”的意思是“错的”，“心知其谬”指“心里知道那人是错的”，“与”的意思是“给”，所以此句可以翻译为“心里知道这马不是那人的，但还是默默解下马给他”。

3. 仁厚（或宽厚、宽容） 诚实

解析：这件事表现了卓茂宽容大度的品质，即包容他人的错误；同时也表现了“马主”讲究信用的品质。

3. 鹬蚌相争

1.（1）讨伐，攻打 （2）名词用作动词，下雨

2. D

解析：“两者”指“这两个动物”，“舍”指“放弃”，“并”指“一起”，“禽”

同“擒”，指“捉住”。

3. 双方争斗不休，互不相让，只会两败俱伤，让第三者得利。

解析：惠王听从了苏代的建议，停止攻打燕国，是因为他明白了“鹬蚌相争，渔翁得利”的道理，假使赵国攻打燕国，那秦国就像渔翁，就能最后不劳而获了。

4. 纸上谈兵

1.（1）假使，假如 （2）更改，改变

2. 如果一定要让他当大将，（那么）打败赵军的人一定是赵括。

解析：“若”的意思是“如果”，“将”指“让……当将军”，“必”的意思是“一定”，“破”指“打败”，这里引申为“使……破败”。

3. 只凭书本知识空发议论，不能解决实际问题

解析：赵括年轻时学兵法，谈起兵事来父亲也驳不倒他。后来他接替廉颇为赵将，在长平之战中，只知道照搬兵书，不知道变通，结果被秦军打败。“纸上谈兵”后用来比喻只凭书本知识空发议论，不能解决实际问题。

5. 疑人窃履

1.（1）返回 （2）进献

2. C

解析：首先要补充主语“楚人”，此外，“适”的意思是“恰好”，“使”的意思是“派”，“市”的意思是“买”。

3. 友人是个知错就改的人。因为当他了解了事情的真相后立即主动上门向楚国人道歉，请求对方原谅。

解析：文末写道：“逾年而事暴，友人踵楚人之门，而悔谢”，代表他已经意识到了自己的错误并登门道歉，“谢”在文言文中的意思是“道歉”，可以看到他勇于改正自己的错误。

6. 拷打羊皮

1.（1）背 （2）放下

2.（李惠）回头对州府的主簿说：“拷打这张羊皮能够得知它的主人吗？”

解析：此句的主语为“李惠”，“顾”的意思是“回头”，“以”的意思是“凭

借、靠”，“可”指“可以、能够”，“知”的意思是“知道”。

3. ①不贪图不义之财。②为人要诚实。③多思考，多观察，用智慧解决问题。④谎言终究会被揭穿（纸包不住火）。⑤多积累生活常识和经验。⑥事实胜于雄辩。（写出两项即可）

解析：回答本题可以有多个角度：从负柴者贪婪的角度，可以得出做人不要过于贪婪、不贪不义之财、为人要诚实的启示；从李惠判案的角度，可以得出巧用方法、以智慧来解决难题的启示；等等。

7. 越人患鼠

1.（1）食物，粮食 （2）都

2. D

解析：首先，“次日”应翻译为“第二天”，“酒解”指“酒醒了”，“伥伥”指“茫然不知所措”，“无所归”可以理解为无家可归。

3. 持火四焚之 茫然

解析：越人在喝醉酒后，无法忍受老鼠的吵闹，而拿火到处焚烧，就是他做事冲动的表现，因为他根本没有考虑周全，去想更好的解决方法。而当他第二天醒来，发现房屋已经被烧毁，导致自己无家可归，于是感到茫然、不知所措。

8. 三人越谷

1.（1）来到 （2）回头看

2. D

解析：“彼”指“那”，“勇者”指“勇敢的人”，“耻怯”为意动用法，解释为“认为怯懦可耻”。所谓意动用法，是指谓语动词具有“以之为何”的意思，即认为宾语怎样或把宾语当作怎样，其动作属于主观上的感觉、看法或评价。一般可译为“认为……”“以……为……”“对……感到……”等。意动用法只限于形容词用作动词和名词用作动词的活用，动词本身没有意动用法。

3. 人没有勇敢、怯懦之分，关键是要用某种形势去驱使他们。

解析：此文以三个人跳跃山涧的故事作喻，生动地论证了勇者、勇怯半者、怯者三种人在进谏时的表现和刑赏在促动他们进谏上所具有的积极作用。设喻层次十分清楚：先举三人“一人勇，一人勇怯半，一人怯”，使人“与之临乎渊谷”，对他们说：“能跳而越，此谓之勇，不然为怯。”于是，“勇者耻怯，必跳而越焉”，其他两人则不能跳。第二次再对他们说：“跳而越者与千金，不然则否。”这一回，“勇怯半者奔利”，也跳了过去，怯者还是不能跳。第三回，设有猛虎，“暴然向逼”，则怯者“不待告，跳而越之如康庄矣”。这样三设条件，用“谓之勇”“与千金”“猛虎向逼”象征精神鼓励、物质刺激、惩罚手段，将勇者、勇怯半者、怯者三种人在不同情况下跳跃渊谷的道理分析得十分透彻，而后归结到“人岂有勇怯哉，要在以势驱之耳”的结论上来。

9. 郑人逃暑

1.（1）移动 （2）离开

2. 这个办法用在白天是巧妙的，然而用在晚上是笨拙的。

解析：“是”指“这”（这个方法），“而”在这里表示转折，可以翻译为“然而”，“夕”指“晚上”。

3. 要随机应变，要顺应变化，不凭经验办事，不要墨守成规

解析：此文讲了郑人白天将席子移动到树荫下避暑，晚上还是和白天一样移动到树荫下，但由于月光下树的影子拉长了，树阴离树干远了，席子便不在树下，已经毫无遮拦，所以郑人被露水湿身了。这则寓言告诉我们，外界条件是不断变化的，我们一定要随机应变，不要墨守成规、过于死板，要懂得变通。

10. 田子方教育子击

1.（1）对……骄傲自大 （2）离开

2.（贫贱的游士）到哪里去不能成为贫贱的人呢！

解析：此句的难点在于短语“安往”，涉及宾语前置，翻译的时候，要按照正常语序将宾语“安”（哪里）放在谓语“往”（前往）的后面，“安往”即“往安”（到哪里去）。

3. 人格平等，尊重贤人

解析：田子方告诉子击，富贵的人是不敢对人自高自大的，因为一旦如此，便会失去自己原有的富贵，而穷困的人因为自身穷困的处境，不怕失去什么，所

以也无所谓对人的态度。本题的重点在“治国之道”上，所以要把“富贵者”（富贵的人）明确为“国君”，与之相对应的“贫贱者”（穷困的人）即为“百姓”或“贤士”。所谓的“治国之道”，即“国君”对待“百姓”或“贤士”的态度，不能自高自大，对百姓要宽容仁爱，对贤士要礼遇尊重，意近即可。

11. 晏子为齐相

1.（1）原因，缘故 （2）名声

2. 然而（看）你的意思，却自认为这样就足够了。

解析：“然”表示转折，翻译为“然而”，“子”翻译为“你”，“之”解释为“的”，“足”解释为“满足”。

3. 人难免犯错误，知错能改仍不失为人才

解析：御者之妻从晏子的态度举止中看到了做人的“志念”，用以教导自己的丈夫，从而让容易自满的丈夫树立起远大的志向。而她的丈夫也确实做到了知错能改，所以才能得到晏子的举荐。

12. 李遥买杖

1.（1）名词 集市 （2）动词 买

解析：“市”是中学文言文学习中常见的词，常见义项有：名词，“市场，集市”；动词，“买”。一字多义的判断，需要结合语境。（1）“出市”中，“市”作为动词“出”的宾语，“出市”解释为“路过集市”；“市人”中，“市”作为定语修饰中心词“人”，“市人”解释为“集市上的人”。所以，这里的“市”词性是“名词”，释义是“集市”。（2）“以数十钱市之”中的“市”后接代词“之”（指代“拐杖”），所以词性是“动词”，释义是“买”。

2. 在这个时候，秭归城中恰好又有乡民被人杀害。

解析：此句的翻译需要重点落实：是（这）、适（恰好）、民（乡民）。难点在于“为……所……”的句式，需要翻译为被动句式。

3. 天网恢恢，疏而不漏

解析：此文的道理可以从最后一句“市人千万而遥适值之，因缘及其隐匿，此亦事之可怪者”中“怪”一词去思考。李遥最后的被捕看似“无心插柳柳成荫”，但李遥杀人犯罪确是事实，“隐匿”终将被揭穿，天道像张大网，作

恶者逃不出天道的惩罚。据此可概括为“天网恢恢，疏而不漏”。

13. 长者子得沉香木

1.（1）才 （2）制作，做成

2. 他到集市上去卖沉香木，因为价钱太贵的缘故，始终（或一直）没有买的人。

解析：首先要注意补充主语“他”，“诣”的意思是“到……去，前往”，“市”在这里用作名词，解释为“集市”，“故”解释为“原因，缘故”，“卒”指“始终，最终”。

3. 做事情不能急于求成，不能见异思迁，要有恒心和耐心。

解析：此文讲了长者子做买卖时缺乏恒心和耐心，最终导致经商失败的经历，告诉我们做事不能急于求成，不能见异思迁，要一步一步走才能成功。

14. 伯乐相马

1.（1）没有 （2）说（问）

2. 伯乐于是就过去围着那匹马转圈儿看了看，临走的时候又回头看了它一眼。才一天，这匹马的价钱暴涨了十倍。

解析：“乃”的意思是“于是，就”，“视”指“看”，“去”指“离开”，“顾”指“回头看”。

3. 原因是“伯乐乃还而视之，去而顾之”。因为人们认为，伯乐善于识马，如果伯乐都“还而视之，去而顾之”，那说明这是一匹好马。这说明了权威的重要性。

解析：有的人确有真才实学，但不一定能得到赏识和重用，因而需要有像伯乐这样的权威来发现和举荐，权威的赏识和认可能大大地提高个人影响力。此文用“伯乐相马”的故事来说明这个道理。

15. 朝三暮四

1.（1）懂得 （2）减少

2. 给你们橡实（即橡子），早上三个、晚上四个，够了吗？

解析：“若”为第二人称，可以翻译为“你”或“你们”，“朝”指“早上”，“暮”指“晚上”，“足”在这里可以翻译为“足够”。

3. 不能只看事情的表面，一定要看到问题的实质。

解析：无论朝三暮四还是朝四暮三，其实众猴子所得到的并没有增加或减少，猴子们喜怒为用就显得很可笑。这个故事告诫人们要注重实际，防止被花言巧语所蒙骗。“朝三暮四”这个成语后引申为反复无常，谴责那些说话办事不负责任的人。

16. 副使失物

1.（1）出使 （2）用 / 把 / 拿（任选一个即可）

2. 一会儿，点数、检查所投的物品，都是这个副使的东西。

解析：“既而”指“不久，一会儿”，“所投”指“所投的东西”，“皆”即“都”。

3. 自私自利，聪明反被聪明误

解析：此文的写作目的是通过对比，表现武人（即副使）的自私，并以他的物品最后全部失去的结局来劝诫世人：损人利己的行为和思想是不可取的，否则只会自食其果。

17. 荀巨伯探友人疾

1.（1）适逢，遇到 （2）保全

2. 败坏道义来求得生存，怎么是我荀巨伯的行为呢？

解析：此句的翻译需要重点落实：岂（怎么，难道）。难点在于理解虚词“以”的用法：做“以”前的行为，是为了达成“以”后的结果，解释为“来”。其余字词按正常语序逐字翻译即可。

3. B

解析：“义”（道义）是中国古人笃信的价值观之一，其涵盖范围很广：家国、亲朋、自己等。选项 A 与 C 是针对自己的，选项 D 是针对家国的，选项 B 是针对亲朋的。文中胡人认为荀巨伯“不忍委之，宁以我身代友人命”是有义之举，荀巨伯的“义”体现在危难关头对挚友不离不弃，故选 B。

18. 一行尊法

1.（1）随后，不久 （2）诉讼案件

2. 一行和尚跟着她并向她道歉，（王老太）始终没有回头。

解析：此句的翻译需要重点落实：从（跟从、跟随）、谢（道歉）、顾（回头，回头看）。难点在于辨析两个分句的主语：前半句的主语是一行，后半句的主语不是一行，而是前文“之”所指代的“王姥”，翻译时需要补齐并区别，使得句子完整、句意通顺。

3. 一行和尚深明大义，公私分明，是一个正直的人。

解析：本题考查对人物形象的分析。在理解文意的基础上，结合文章叙写的事件和人物的行为来分析作答。此文写了一行和尚拒绝帮接济过自己的王老太求情的事。一行和尚说“姥要金帛，当十倍酬也”，回报的金钱再多，也属私，而王老太求情的是“杀人罪”，涉及“君上执法”，属公，由此可见一行和尚公私分明。另外，文中强调一行和尚“承玄宗敬遇，言无不可”，他有这样向君王求情的优势却不用，实在是深明大义之人。

19. 锡饧不分

1. D

解析：本题需要辨析的是“用法”，故重点先关注词性的差异。选项A、B、C都为代词，分别指代“名医治病的盛况”“求药者”“‘临煎加锡一块’的指示”。选项D为助词，“的”，“今之庸医”解释为“当今的平庸的医生”。

2. 戴原礼心里对这个指示感到奇怪，便询问名医这样要求的原因。

解析：此句的难点在于：①需要结合上下文推测代词“之”和“其”的指代对象；②“异”本义为“奇怪”，句中处于主语“原礼”和宾语“之”之间，用作动词以充当谓语，是原礼对“之”（“临煎加锡一块”的指示）的主观态度，要从意动用法上加以理解，“以……为异”，解释为“对……感到奇怪”。

3. 这个故事讽刺了那些并不高明、不懂装懂、自以为是的人；同时还讽刺了那些盲目从众、听信传言的人。

解析：故事中涉及多个人物，思考问题也需要从多个角度切入：医生给病人荒唐的指示，是因为他学识有限，“锡饧不分”，他面对戴原礼的质疑，大言不惭地说“此古方尔”，这类对知识一知半解、不懂装懂的人是作者讽刺的对象；病人们对这样的庸医不加辨识，求药问诊者趋之若鹜，甚至把一个庸医误传至“术甚高，治病辄效”的程度，这类不加思考、盲目从众的人也是作者讽刺的对象。戴原礼没有被传闻所误导，“亲往观之”，更反衬出其他人的愚昧。

20. 贾人食言

1. 之于　之乎　何不

解析：理解句意时，需要把兼词兼有的两个字还原出来。“诸”位于句中，解释为“之于”，原句“渔者载而升诸陆”需要展开为“渔者载而升之于陆”，“之”为代词，指代“贾人”，“于”为介词，相当于“到”；“诸”位于句末，解释为“之乎”，“盍”相当于“何不”，原句“盍救诸”需要展开为“何不救之乎”，“何”为疑问代词，“不”为否定副词，“之”为代词，指代“贾人”，“乎”为语气词，相当于“呢”。

2.（你）先前许诺（给我）一百两银子，可是现在（只）给十两，恐怕不合理吧？

解析：此句的难点在于判断“而”的用法，贾人许诺的和实际给的银两大相径庭，显然表示转折，解释为“可是”。

3. 诚实与守信是做人的基本准则；欺诈与背信是卑劣的行为，最终只会自食恶果。

解析：故事的道理可以从情节的发展加以推测：落水的商人向渔夫呼救，许诺给他一百两银子，当渔夫把商人救上岸之后，商人不仅背弃了自己的许诺，只给了十两银子，还叱责渔夫。故事至此，诚实守信的主题便呼之欲出。然而故事并未结束，还是这个商人，还是这个渔夫，还是一样的事件，结果却是以商人溺水沉没告终，故事在批判背信者的卑劣行为的同时，向我们呈现了背信者的悲惨下场。可据此作答。

21. 楚庄王欲伐越

1.（1）攻打，讨伐　（2）军队

2. 我担忧智慧就像眼睛一样，能看到百步之外，却看不到自己的睫毛。

解析：此句的难点在于“之”的特殊用法，句中的“之”位于主语“智”（智慧）和谓语“如”（像）之间，取消句子独立性，无意义，不能在字面上翻译出来。

3. 自知之明、目不见睫

解析：“自知之明”取自“故知之难，不在见人，在自见。故曰：‘自见之谓明’”，指了解自己的情况和能力；“目不见睫”取自“臣患智之如目也，能见百步之外而不能自见其睫”，比喻没有自知之明，也比喻只见远处，不见近处。

22. 师旷撞晋平公

1.（1）拿 （2）清除，惩办

2. 放了他吧，（我）要把这件事（或“师旷讲的话”）当作我的一个警告。

解析：此句是晋平公说的，翻译的时候需要注意第一人称“我”的使用。难点在“以为”的句式上，“把……当作……”。

3. 师旷在言行上敢于“犯君”，说明他正直、忠诚、刚烈、敢作敢为、不畏权势。因自己是盲人，用“小人言于侧”的方式表明他还是讲究辞令、有智慧、有谋略的人。

解析：本题考查对人物形象的分析。需要在理解文意的基础上，结合人物的言行来分析其形象。从行为上看，师旷在听闻晋平公的话后，果断地拿起琴撞了过去，敢于“犯君”，体现出他的刚烈、敢作敢为、不畏权势。从言语上看，身为盲人的师旷明明熟知君王的声音，却故意说听闻“小人言于侧”，这是他讲究辞令、有智慧、有谋略的表现；而后直言“是非君人者之言也”，这是他正直、忠诚的表现。据此可概括作答。

23. 移木立信

1.（1）完备 （2）以……为怪，对……感到奇怪

2.（卫鞅）招募百姓中有能够搬运（木杆）放到北门的，就赏赐十锭黄金。

解析：为了确保句子的完整，需要补充主语“卫鞅”和搬运的对象“木杆”。难点在于要判断句中出现的行为动作“募”“徙”“置”“予”的发起者分别是谁。募（招募）、予（给予、赏给）是主语“卫鞅”的行为动作，招募百姓、赏赐十锭黄金；徙（搬运）、置（放置）是“民”的行为动作，搬运（木杆）、放置到北门。

3. C

解析：本题可从词性和语境对字词加以辨析。选项 B，“信守”，“信”作为副词，修饰“守”，强调忠实地遵守；选项 D，“笃信”，“信”是动词，相信，用“笃”来修饰，强调坚定不移地相信。选项 A 和 C 中的“信”都是名词，信用，而选项 C 中的“信”侧重于下层百姓对上层统治者的信任，与题目中“移木立信”（通过兑现搬移木杆赏赐黄金的承诺来在百姓中树立信用）的“信”相近，故选 C。

24. 惠子渡河

1.（1）到，往 （2）担任国相

2. 你待在船上那么小的地方却会被困住，如果没有我的话你就死了。

解析：此句的难点在于理解句中的虚词“而”和“则”所表示的逻辑关系。前半句中，“船楫”原意为“划船的用具”，在句中借代“整艘船”，以突出船只空间之小，小空间的船本应该是安全的，实际上却是“困”（被困住），构成转折关系，故用“却”连接；后半句中，“无我”就会导致“子死”，而“无我”和实际情况相反，所以构成假设关系，故用“如果……就……”连接。

3. 尺有所短，寸有所长，每个人只要发挥自己的长处就好。

解析：通过梳理故事中两个人物的经历，比较他们的异同，可以揭示出文章的道理。这个故事中，惠子因其有治国之才，赶赴梁国为相，中途落水，不会游泳，需要船夫来救；船夫遇到落水的惠子，将其救起，但他却没有治国之能。不会游泳，未必不会治国；会划船救人，未必能救国。人各有所长、各有所短，重要的是如何取长补短，互相促进提高。惠子赶赴梁国，船夫救起落水之人，正是在各自的岗位上发扬自己的长处。

25. 和氏之璧

1.（1）等到 （2）……的原因

2.（我）悲伤的是宝玉却用石头来评价它，忠贞的人却用说谎的人来命名他。

解析：为了确保句子的完整，需要补充主语“我”。此句以“悲夫”起头，“悲”，悲伤，“夫”，无意义。后面的内容，两部分句式结构一致，可以前后参照进行理解：“题”和“名”，用作动词，解释为“评价”“命名”；“题之以石”和“名之以诳”涉及状语后置，需要调整语序进行翻译，即“以石题之”“以诳名之”，其中“以”解释为“用”；“宝玉”和“石”形成对比，“贞士”和“诳”形成反差，故此“而”表转折。据此进行翻译。

3. 因为这块宝玉是卞和在楚山中所得，又因为卞和为了献玉，先后被两位君王砍掉双脚，后来楚文王发现这块“石头”果真是美玉，为卞和的忠诚所感动，所以把这块宝玉命名为“和氏之璧”。

解析：“楚人和氏得玉璞楚山中”，“和氏之璧”中的“和氏”已然出现，告诉我们“和氏之璧”的来源是“和氏”。但“和氏之璧”的命名不仅是纪念玉璧的来源，更是为了纪念和氏的忠诚：和氏满腔忠心，献上宝玉，却被依次砍去双足。据此作答，意近即可。

26. 汲黯为官

1.（1）派，派遣 （2）以……为贤，认为……是贤明的

2.（我）拿着陛下的符节发放了河南官仓里的粮食来救济贫民。

解析：此句的翻译需要重点落实：持（拿）、发（发放）、粟（粮食）、振（救济）、之（贫民）。为了确保句子的完整，需要补充主语“我”。难点在于找到并理清句中的动词“持”“发”“振”之间的关系，从而判断“以”的用法：连词，表目的，“来”。

3. 汲黯体恤百姓，为官严正。

解析：本题考查对人物形象的分析。在理解文意的基础上，梳理围绕人物组织的材料，从而分析人物形象。从文中看，围绕汲黯主要写了两件事：其一，在没有经过皇帝允许的情况下，命令发放粮食救济灾民，可见汲黯是个体恤百姓的人；其二，在朝堂上“以数切谏”，在贬官后，“责大指而已，不苛小”，可见汲黯是个为官严正的人。据此可概括作答。

27. 宋昭公出亡

1.（1）边远的地方 （2）……的原因

2. 所以宋昭公逃出了国家后能够醒悟，最后得以返回国家。

解析：此句的翻译需要重点落实：故（所以）、亡（逃）、卒（最后）、得（能够，得以）、反（通“返”，返回）。难点在于找到并分析前半句中的动词“亡”和“悟”之间的关系，从而判断“而”的用法：连词，表顺承，

"然后"。

3. 要虚心听取别人的批评和建议，要时刻保持清醒的头脑，不要被阿谀奉承者蒙蔽，要及时发现和改正自己的缺点和错误。

解析： 这个故事给我们的启示可以从人物的语言和作者的议论性文字中得出。宋昭公将失国逃亡的原因归结为奉承拍马的人太多，外臣夸君主圣明，内妾赞君王美丽，国君被蒙蔽，不能自省。大多数人都是喜欢听好话的，但沦陷于"谄谀"之言，就容易麻痹视听，阻塞正直言路，粉饰太平，那离败亡也就不远了。

28. 徐庶荐亮

1.（1）吟唱 （2）探望，拜访

2. B

解析： 首先，本题需要重点关注"每"的解释。"每"在文言文中有"每次""常常"等义项，结合前后文，强调的是诸葛亮自比管仲和乐毅的次数之多、频率之高，所以选择"常常"的义项。其次，句中提及的管仲和乐毅是古时的名臣，诸葛亮认为自己也有他们那样的贤能，所以判断"比"是"把自己比作"，而不是"把……和……对比"。

3. 要有自信，要有真才实学（诸葛亮）；要尊重人，真诚地对待人才（刘备）；要慧眼识才、无私荐才（徐庶）。（任意一个角度）

解析： 故事中涉及多个人物，思考问题也需要从多个角度切入。从诸葛亮的角度出发，他能够自比管仲和乐毅，并被徐庶推荐给刘备，是因为他自身有真才实学；从徐庶的角度出发，他"与亮友善"，这是他识人的表现，"先主器之"，徐庶深受刘备器重，却没有因此自私，反而将诸葛亮推荐给了刘备，这是他无私的表现；从刘备的角度出发，对待诸葛亮，他先说"与君俱来"，后"三往，乃见"，可见其从善如流、礼贤下士。据此归纳并作答。

29. 曹冲救库吏

1.（1）被 （2）因此

2. D

解析： 首先，本题需要关注"侧"，前文未提及曹冲用刀戳衣服的具体部位，所以“侧”是强调衣服在身边；其次，重点落实以下字词：“尚”（尚且）、“况”（何况），以此呈现语句之间的递进关系。

3. 曹冲的为人：一是仁慈，二是聪明（或“通情达理”）。

解析：本题考查对人物形象的分析。在理解文意的基础上，结合人物的言行和其发挥的作用来分析。从言行看，曹冲故意把衣服戳坏，弄成被老鼠咬坏的样子，又装出愁容满面的样子，向曹操陈述自己听闻的说法，是为了引出曹操将此事定为“妄言”，体现了曹冲的聪明。从其发挥的作用看，身为曹操的儿子，却愿意为库吏效劳，保住他的性命，这是他仁慈的表现。据此可概括作答。

30. 归计决矣

1.（1）等到 （2）得到，吃到

2. B

解析：首先，关注此句的主语是“曹操”。从曹操的身份出发，他是决定前进还是后退的指令发布者，而不是等候指令的将士；其次，结合前后文，判断“之”所指代的是前文所写“及操自平汉中”中的“汉中”，而非“汉朝”。

3. 聪明 张扬 心有城府

解析：本题考查对人物形象的分析。在理解文意的基础上，结合人物的言行和故事的情节发展来分析。对于杨修的分析，题中有一个“但”字，说明前后要填人物性格中两个截然不同的特点。从故事的情节发展看，杨修所说的和曹操最终所做的是一致的，加之“外曹莫能晓”，侧面烘托出杨修的聪明机智，而另一方面，“修独曰”中的一个“独”字，“乃令外白稍严”中的一个“令”字，凸显出杨修在曹营中的外扬个性。是进？是退？曹操内心想法之多，与他仅有的隐晦之言“鸡肋”二字形成对照，表现出他深有城府的特点。据此可概括作答。

31. 王羲之性爱鹅

1.（1）买 （2）坚决 （3）用笼子装

2. 只要你能替我抄写《道德经》，我一定把整群鹅都送给你。

解析：解答此类题目要求在平时的学习中注重积累，重点实词必须翻译到位。

同时还要注意有无特殊句式，如省略句。在本题中，要注意“为”(替)、“举”(全)、“相赠”(把某一件事物赠送给对方)的意思，必须翻译出来。另外，在文言文翻译过程中，遇省略句应补充主语、谓语、宾语、介词等。在本题中，句子缺乏主语，不通顺，应补充“你”“我”等词汇，并根据句意增添“只要……一定……”等表示条件关系的连词，使得句子完整、句意通顺。

3.（1）求市未能得，遂携亲友命驾就观。（2）笼鹅而归，甚以为乐。

任性率真　书法造诣高，受人们敬仰

解析：本题考查对人物形象的分析。在理解文意的基础上，结合文章所写的事件和人物的行为来分析作答。“求市未能得，遂携亲友命驾就观”指王羲之没能买到鹅便带亲友前去共同观赏，“笼鹅而归，甚以为乐”则表现了他得到鹅后的快乐，这两个具体表现都显示出王羲之对鹅的极度喜爱，其任性率直的性格顿时跃然纸上，文章最后“任率”二字也是提示。同时，一个孤居乡野的老妇听到王羲之来做客，将鹅杀了款待他，可见王羲之的名望及老百姓对他的仰慕和尊敬。一个道士“好鹅”，但为了求得王羲之的书法，愿意将所养之鹅全部奉送，想见王羲之书法之精妙。据此可概括作答。

32. 唐太宗赐绢惩顺德

1.（1）利益，好处（2）只

2.（唐太宗）仍然怜惜他有功绩，不惩罚他了。

解析：此句的难点在于短语“不之罪”，涉及宾语前置，翻译的时候要按照正常语序，将宾语“之”(他，代“长孙顺德”)放在谓语“罪”(怪罪，惩罚)的后面，“不之罪”，即“不罪之”(不惩罚他)。

3. 唐太宗李世民爱才惜才，有着高明的政治手段。

解析：唐太宗李世民爱才惜才、善于用人、宽厚待人的品性于“赐绢惩顺德”一事中显露无遗。他还是一个做事讲究方法、很有治国智慧和政治手段的君王，因为他对有功而犯罪的长孙顺德采用的是精神上的处罚，让有罪之人自省，而不是用刑法直接处理。如果顺德有人性，他一定会羞愧改过，之后会感恩戴德，更好地为李世民所用，为朝廷出力，如果未有改过之心，再惩之杀之，为时未晚。据此作答即可。

33. 正午牡丹

1.（1）称为，叫作 （2）傍晚，晚上

2. 这画的是正午时分的牡丹。凭什么知道的呢？

解析： 文言文句子翻译时要注意字字落实，句中“此”（正午）、“明”（知道，明白）、“以”（凭借）、“何”（什么）必须翻译出来。在翻译句子时还要注意，“何以”是文言文中的宾语前置现象，要调整为“以何”，翻译为“凭什么”。

3. 评价和鉴赏古人留下的艺术作品，不能只慕虚名，不看实际，更不能采用“相骨先生”似的迷信做法，而要像那位“善求古人笔意”的吴公，细心观察，深入体验，实事求是地从细微处发掘艺术作品的精髓。

解析： 此文提及了三种鉴赏古画的方法。第一种是“耳鉴”，只根据作者来判断画的优劣，凡作品出自名家之手，就成为大家争抢的对象，但很多时候，这类人根本就不懂画。第二种是“揣骨听声”，有点类似瞎子算命，靠的是手感，通过抚摸画布来判断画作的优劣。作者着重写的是第三种——观察。丞相吴公通过观察画中牡丹盛开的形态和猫眼睛的样子，判断出绘画者画的是“正午牡丹”，这是一幅象征吉祥的图案。这才是真正看懂了画。

34. 富人之子

1.（1）如果 （2）承担，承受

2. 你太笨了！那米（难道）不是从田中来的吗？

解析： 此句的难点在于“之”的特殊用法，句中的“之”位于主语“子”（你）和谓语“愚”（愚笨）之间，取消句子独立性，无意义，不能在字面上翻译出来。

3. 那些知其然而不知其所以然的家长，那些溺爱孩子、不能正确认识自己孩子的家长。

解析： 这个故事的讽刺意味可以从作者议论性的语句“非其父不生其子”出发来体会。在艾子看来，其子不知米从何来，其父亦不真正知晓米从何来，由此讽刺了那些知其然而不知其所以然的家长。这个故事的讽刺意味也可以从人物的言行出发来体会，当艾子说富人的儿子不通世务时，富人就很生气并维护儿子说他“敏，而且恃多能”，而事实却截然相反，由此讽刺了那些溺爱孩子、不能正确认识自己孩子的家长。据此作答即可。

35. 朱文公受骗

1.（1）给，替 （2）离开

2. D

解析： 首先，“追索其诗”的主语是“我”，因此排除“某人”的选项；其次，文言字词的解释需要关注其特殊用法，“罪”本意为“罪过”，这里的“罪”后接“之”（他，代“道人”），所以是名词用作动词，解释为“怪罪，惩处”；最后，“但”在文言文中解释为“只，只是”，需要与现代汉语中常见的“表示转折”的义项区分。

3. 洁身自好、看重自己的名誉

解析： 朱熹因为道士缓解了他一时的苦痛而误以为道士医术高明，发自内心地赞美他。有名的文人赠诗一首算是很用心的感谢了。如果朱熹真的被道士治好了顽疾，其诗中所赞也不算夸张，道士也能因此多做些生意。但是没想到道士的医术只能解一时之痛，旧疾不日便发作，而且比过去更厉害。这让朱熹痛心疾首，因为他是一个洁身自好、看重自身名誉的人。比起病痛，朱熹更在意的是他的那首诗会给他带来麻烦。因为他知道道士肯定会拿着这首诗自我宣传，那么人们可能也会因为上当受骗而不信任朱熹。所以朱熹想要找到那个道士要回他的诗。洁身自好是一种好的品质，是正直的文人对自己的基本要求，是值得肯定的。据此作答即可。

36. 郑人学为盖

1.（1）连词，表目的，来 （2）武器，兵器

2. 接连三年（都是干旱），（粤农）算了一下他的收成，不仅补偿了以前的歉收，而且还有盈余。

解析： 此句的翻译需要重点落实：岁（年）、计（计算）、偿（补偿，偿还）、歉（歉收）、赢（盈余）。为了确保句子的完整，需要补充主语“粤农”。难点在于要判断句中“而”的作用：“补偿歉收的”和“有盈余”之间不是并列关系，而是强调“有盈余”是意料之外的，所以“而”为连词，表递进，解释为“而且，还”。

3. A

解析： 通过梳理故事中两个人物的经历，比较他们的不同点，可以揭示出文章的主旨。郑人遇到形势变化，盲目调转方向，最终一事无成；粤农遇到形势变化，沉着冷静，坚定不移，最终在形势有利于自己的时候大获全胜。这启示人们：凡事贵在坚持，持之以恒，一定会有收获；另外，凡事须防患于未然，要未雨绸缪，不能临渴掘井。

37. 客套误事

1.（1）陈述，说 （2）第二次

2. 朋友变了脸色，说："为什么不急着告诉我，反而像这样迂腐缓慢！"

解析： 本题考查文言文句子的翻译。解答此类题目要求在平时的学习中注重积累，重点实词必须翻译到位。在本题中，要注意"作色"（变了脸色）、"奈何"（为什么）、"如是"（像这样）的意思，必须翻译出来。值得注意的是，此句中的"以"相当于"而"，是表修饰的连词，"急以告"要翻译为"急着告诉"，并且要注意补充宾语"我"。

3. 性急当然不好，但迂腐死板更容易坏事。在行事过程中，不必拘泥于繁琐而虚伪的礼节。该急则急，该缓则缓，才能把事做好。

解析： 此文刻画了一个迂腐的书生——于啴子。他与朋友"连床围炉而坐"，他的朋友靠在矮桌上专心看书，没有发觉自己下衣的下摆被火烤着了。发现这件事的于啴子一次又一次极尽礼数，要展现读书人从容不迫的修养。最终等他把这一情况告诉朋友时，朋友的下衣下摆已经烧掉了好大一块。书生的迂腐死板、繁文缛节导致了这个后果。这个故事告诉我们：该急则急，该缓则缓，才能把事做好。

38. 骂鸭

1.（1）是 （2）一向，向来 （3）应该

2. 但是，行善的人是有办法的，那邻居老人，是用骂的方法来行善事啊。

解析： 本题考查文言文句子的翻译。解答此类题目要求结合具体语境，重点实词也要翻译到位。在本题中，要注意句子和前文语义有转折，作为惩报的"骂"竟变成了施恩，"然"为连词，表转折，可翻译为"但是"，同时句中

“为”（做）、“术”（方法、办法）、“以”（用）的意思必须翻译出来。

3. 第一，告诫那些做贼的坏人，“若要人不知，除非己莫为”，世上没有不透风的墙，伪装得再好，也迟早会被别人发现，所以千万不要做违背良心的坏事。第二，对于坏人坏事一定要有适当的惩罚，这样才能让这些人醒悟、弃恶从善。第三，我们要学习邻翁之善，为人心胸开阔，待人豁达大度，气量宽宏。

解析：这个故事颇有意趣，从故事本身和作者的议论中，我们可以得到很多启示。偷盗之人长出鸭毛且在梦中得知这病是上天的惩罚，可见做贼的坏人终究会被人发现，所以不能做违背良心的坏事。偷盗者挨骂后鸭毛退去，可见适当的惩罚才能让人弃恶从善。同时，邻居老翁的豁达大度也值得学习。

39. 不怕鬼

1.（1）只是 （2）穷尽

2.（鬼）刚刚露出它的头，（他）就唾骂说：“又是你这个破坏兴致的东西吗？！”

解析：本题考查文言文句子的翻译。解答此类题目要求在平时的学习中注重积累，重点实词必须翻译到位。在本题中，要注意“甫”（刚刚）、“辄”（就）的意思，必须翻译出来，“唾”（唾骂）、“败兴物”（破坏兴致的东西）等不常见的词，要结合语境灵活翻译。另外，此句缺乏主语，应补充“鬼”“他”等主语，使得句子完整、句意通顺。

3. 只要心里坦荡不怕、发扬正气，就没有什么可以吓住你。

解析：此文记叙了曹氏族兄凭借一身正气先后两次吓退鬼怪的故事。俗话说“邪不压正”，鬼的伎俩在堂堂正正的人面前黯然失色。见怪不怪，其怪自败。只有发扬正气，邪气才无市场。只要心里坦荡不怕，就没有什么可以吓住你。

40. 楚人献鱼

1.（1）统治 （2）救济

2. 我早就听说过这个道理，却不能实行。

解析：在本题中，要注意“寡人”（君主自称）、“闻”（听说）、“行”（实行、施行）的意思，必须翻译出来，尤其是“行”在文言文中有许多意思，要结合语境灵活地翻译，在这里讲的是治国的道理和政策，所以要解释为“实行”。另外，“之”作为代词，翻译时要明确其指代的是渔夫所说的“这个道理”。

3. 劝谏楚王关心百姓、实行仁政

解析：在这个故事中，渔夫是一个关键性人物，他“一献余鱼，而楚国赖之，可谓仁智矣”。原来他并非像文章开头留给人们的印象——愚蠢、木讷，而是有着大仁德、大智慧。作为底层劳动者的他，深谙民生疾苦，也懂得治国之道，他借献上一条多余的鱼，来劝谏楚王心系百姓、实行仁政。

41. 忠肝义胆

1.（1）抵挡 （2）背弃

2. 关羽远远望见了颜良的旗帜和车盖，便策马驰入，从千军万马之中刺杀颜良。

解析：文言文句子翻译时要注意结合注释，“麾盖”是“旗帜和车盖”的意思，也要注意辨析句中的人名与人物关系，如“关羽”“颜良”。翻译时要注意句中语法成分倒装的部分要恢复正常语序，“于万众之中”是文言文中的状语后置现象，要将此成分放到谓语、宾语之前，翻译为“从千军万马之中”。

3. D

解析：此文讲述了关羽骁勇善战，深得曹操厚爱，然而关羽追随刘备在先，不肯留在曹营，于是有了“千里走单骑”的故事，他最终回到了刘备身边。关羽的忠心不二、有恩必报，是通过曹操来侧面体现的，“曹公义之”，“曹公知其必去”，“彼各为其主，勿追也”这三处既写曹操，又赞关羽，曹操惜才，关羽的善战和忠义令其赞赏和佩服。选项D中的“忍辱负重”在故事中没有体现。

42. 吕蒙为学

1.（1）刚才 （2）一会儿

2. C

解析：文言文句子翻译的选择题也要求掌握实词的解释，并且字字落实。“众”有“众人”的意思，“众坐”与“众座”意思相同，指的是“在座的人”，可以据此排除选项A、B。“呓”指“梦中说话”，也可以通过前文“忽于眠中，诵《易》一部”一句得知吕蒙是在说梦话，而非胡话，可以据此排除选项D。另外，“诵”既有“朗读”的意思，也有“背诵”的意思，结合前文可知，吕蒙勤奋好学，在梦中甚至能够背诵《周易》，因为梦中显然不可能进行“朗读”。

3. 博览群书　梦中诵书

解析：此文开篇就交代了吕蒙“博览群籍，以《易》为宗”，博览群书正是好学的一个具体表现。吕蒙“忽于眠中，诵《易》一部”，“蒙呓诵文”，甚至还要在梦中与伏羲、文王、周公共同讨论“世祚兴亡之事”，可见吕蒙好学到了何等地步。

43. 盗不劫幸秀才酒

1.（1）正，正在　（2）交好，友好，亲善

2. A

解析：文言文句子翻译的选择题也要求掌握实词的解释，并且字字落实。“绐”是“欺骗”的意思，没有“坦白”之意，且结合前文情节可知，官人与幸思顺仅是萍水相逢，并非沾亲带故，可以据此排除选项C、D。“仆”是谦辞，旧时男子称自己为“仆”，可以据此排除选项B。

3. 人无贤愚，皆喜之

解析：此文通过两件事证明幸思顺的好人缘，第一件是官人与幸思顺萍水相逢却十分友好，第二件是盗贼喝了酒，知是幸秀才所制，又听官人说是幸秀才的“亲旧”，不仅退还财物，还恳请他别对幸秀才言及此事。当官的和盗贼都对幸思顺敬重有加，可见无论什么身份的人都喜欢他，也就是前文所写的“人无贤愚，皆喜之”。

44. 马诉冤屈

1.（1）停留，歇　（2）一起

2. 主簿对此感到奇怪，说：“这一定是有冤情要诉说。”

解析：本题考查文言文句子的翻译，结合具体语境，重点实词要翻译到位。句中“异”（对……感到奇怪）、“是”（这）、“必”（一定）的意思必须翻译出

来。值得注意的是，“异”本义为“奇怪”，在此句中是意动用法，即主簿对这个情况感到奇怪。

3. 社会混乱，盗匪猖獗。

解析：刘承节“自赣州税官回赴调”，他自身是朝廷命官，走的自然也是官道，但强盗们依然杀人劫财，可谓胆大妄为、十分猖狂。从中折射出当时社会的现状：社会混乱，盗匪猖獗。

45. 巨蛇偷蛋

1.（1）左右，光景 （2）用力

2.（巨蛇的）尾巴向左向右挥动着，像是很不舒服的样子。

解析：此句的难点在于“左右”是修饰动词“挥掉”的，所以是名词用作状语，解释为“向左向右”，而不是与前面的“尾”相连，解释为“尾巴的左右”。

3. 处理问题时，要善于动脑筋，机智从容地应对困难。

解析：这个故事中的巨蛇一次可以吃十几枚蛋，“相距尺许，蛋即升而上”，而且用自身的力量一下子挤破十几枚蛋，体形巨大，力量也巨大，看来不好对付，但这个祸害每个月要吃掉几百枚蛋，所以必须要除去，不过，正面抗衡肯定是不行的。所以主人就出奇招，“取坚木削为蛋状若干枚，置筐中，而以蛋覆其上”，设下陷阱，就等猎物上当。果不其然，“蛇至，如前吸取，蛋与木蛋相间而入”，由于木头做的蛋是不可能被消化的，蛇经历了三天三夜的痛苦后死去了。面对强大的敌人，主人依靠智慧取得了胜利。

46. 虎门节马

1.（1）名词用作状语，用蹄子 （2）离开

2. D

解析：首先，句中的“或”与前文的“华人”呼应，前者呼唤节马，后者围观节马，所以“或”解释为“有人”；其次，前文提到“节马者，都督陈连升之马也”，但“公父子死之”，所以不存在“主人”了，“归”不能解释为“归还（给主人）”；最后，从后文看“然逆终不肯放还”，节马失去了自由，并不能跟随“有人”回到家里。

3. 忠于祖国　维护尊严

解析：本题需要分析人和马的行为的共同点："沙角陷，公父子死之"，"饥饿骨立，犹守节不变"，陈连升坚守国门，宁死不屈，英勇牺牲，而他的坐骑节马不被英军骑，不吃英军食物。《节马行》言："公忠马忠，公心为国，马心为公……"于国家而言，彰显忠诚，于自己而言，维护尊严。这一脉相承的"节"，是忠诚，是不屈，壮烈千古，只因有魂，这是中华民族屹立的精气神。据此作答即可。

47. 扁鹊见蔡桓公

1.（1）更加　（2）因此

2. 过了十天，扁鹊观察了一下桓侯后转身就跑了。

解析：此句的难点在于"望"，并非是指扁鹊在远处遥望桓侯的意思，而是扁鹊问诊的"四法"之一"望"，即观察。

3. B

解析：如扁鹊解释的话一样，蔡桓公的病由轻而重，都有不同的对症方式，直至无法可施为止。面对扁鹊的劝言，蔡桓公始终不接受，导致病入膏肓，扁鹊无法可施，所以才逃往秦国。故选 B。选项 A 中，"为人胆小怕事"与文中扁鹊反复进谏的举措不符；选项 C 中，蔡桓公只是听不进劝，轻视自己的病症，并没有"残暴"的表现；选项 D 中，"影响自己的名声"与扁鹊的人物形象不符。

48. 读书佐酒

1.（1）爱好　（2）就

2. 杜祁公对此深感疑惑，就派家中的晚辈去偷偷察看他。

解析：此句的关键词是"以为""使""密""觇"。"以为"解释为"把……当作"或"认为……是"；"使"即"派遣"；"密"解释为"偷偷地"，容易漏翻。"觇"在注释中有解释："偷看"。

3. B

解析：注意题干——要求选出选项中"最准确"的一项。此文是写人记事类文章，通过苏子美读书佐酒的故事表明：读书要专心，不要"读死书"，更不要“死读书”。从苏子美的拍桌、评论等行为能看出他读书时的全神贯注。

49. 书谢御史

1. A

解析： 选项A中的“以”相当于“而”，表修饰，用法和意义一致。选项B中“巡城遇之”的“之”是代词，解释为“他”；“至之市”的“之”是动词，解释为“到……去”。选项C中“遂焚烧其车”的“其”是代词，解释为“他的”；“其真无马耶”的“其”是语气词，表示揣测、反问。选项D中的“乃”都是副词，“乃遍游江浙”的“乃”解释为“于是，就”，“乃不知有汉”的“乃”解释为“竟然，居然”。

2. 这辆车怎么再能够让宰相乘坐呢？

解析： 此句是反问句。关键词是“岂”“复”“耶”，“岂”解释为“怎么，难道”，“复”解释为“再，又”，“耶”是句末语气词，解释为“呢”。

3. 此文写了谢御史因鞭打飞扬跋扈的和珅宠奴、焚烧和珅车辆而遭和珅报复、被削职为民的故事，表现了谢御史不畏权贵、敢于执法的高尚品格。

解析： 本题考查对文章内容和人物形象的概括。做这一类题目时要根据记叙文六要素，即时间、地点、人物、起因、经过、结果，对事件进行概括。结合文章内容，不难看出人物是谢御史，起因是鞭打了和珅的宠奴并焚烧了和珅的车辆，结果是被削职为民。这里要注意，起因有两点，不要漏写。从谢御史处理和珅宠奴的行为能看出他是一个不畏权贵、敢于执法的人。

50. 季子赠剑

1.（1）因为 （2）阻止

2. C

解析： 此句翻译的关键词是“虽”和“许”。“虽”有“即使”和“虽然”两个意思，“许”有“赞同”和“答应”两个意思。联系上下文可知，季子有出使上国的任务，所以没有将宝剑献给徐国国君。行为上没献，但心里有这个想法，两者构成转折，所以“虽”解释为“虽然”。从后文他解下宝剑送给继位的徐国国君，能推出“许”是“答应，允诺”的意思。

3. 讲诚信（或讲信用、诚信） 心里答应过给徐国国君宝剑，出使归来后兑现

了承诺

解析：本题考查的是对文章内容的理解和对人物形象的概括。季子看出徐国国君想要宝剑，因此打算返回后把宝剑给他。但徐国国君去世了，他便将宝剑送给继位的徐国国君。随从的那番话也从侧面表现出季子是一个诚信的人。

51. 孙叔敖戒子

1.（1）生病（或“生重病”）（2）多次（或“屡次”）

2. 孙叔敖的智慧，在于知道（或“懂得、明白”）不把世俗利益看作利益（或“不把一般人认为好的看成是好的”）。

解析：此句的翻译要明确两个“知”的解释。前一个“知”是通假字，通“智”，智慧，在注释中已有。后一个“知”是动词，解释为“知道”或“懂得”。

3. 因为“荆人畏鬼，而越人信禨”，选择地名不吉利的封地就不会被楚人、越人惦记、抢夺。（或“此其地不利，而名甚恶。荆人畏鬼，而越人信禨。”）

解析：本题考查的是对文章内容的理解。孙叔敖劝其子接受“寝”地的原因是因为这个地方贫瘠，名声很坏。楚国人敬畏鬼神，越国人迷信鬼神和灾祥，因而楚国人和越国人不会抢夺这个名声很坏的地方。也可以直接用原文“此其地不利，而名甚恶。荆人畏鬼，而越人信禨”作答。

52. 侯叔献治汴堤

1.（1）满 （2）慢慢地

2. 河堤受到严重损坏，即将垮塌，靠人的力量已经无法控制了。

解析：此句中的关键词是“颇”“毁”“人力”和“制”，分别解释为“严重”“毁坏”“人的力量”和“控制”。值得注意的是，很多同学会忽略“人力”的解释。

3. 机智敏捷 恪尽职守

解析：本题考查对人物形象的评价。评价人物形象要根据文中故事情节以及人物的言行举止具体分析，并从人物的性格和思想品质方面进行概括。侯叔献在危急情况下亲临现场指挥治水，能看出他的恪尽职守；从他一步步治理汴堤、解决难题，能看出他是一个机智敏捷、治水有方的人。文章最后的

"机敏"一词也直接点出了侯叔献的人物形象。

53. 以身居作

1.（1）认为 （2）离开

2.（梁鸿）在上林苑中放牧猪群，曾经不小心留下火种以致起火，殃及他人房屋。

解析：此句的关键词是"遗""延""及"。"遗"的意思是"留下"，"延"的意思是"蔓延"，"及"的意思是"到"。注意"牧豕于上林苑中"一句状语成分倒装，翻译时要倒回来，解释为"在上林苑中放牧猪群"。

3. 勇于担责　做事勤勉　信守诺言

解析：梁鸿做错事后主动寻找被烧到的人家，赔偿其损失，体现出他勇于担责。"执勤，不解朝夕"的意思是"做工勤奋，早晚都不松懈"，体现出他做事勤勉。房屋主人将赔偿还给梁鸿，他不接受，体现出他信守诺言。

54. 宗世林为人

1. B

解析：选项 A"斗折蛇行，明灭可见"中的"见"意思是"看见"；选项 B 中"此鼠之见闭而不得去也"的"见"表被动；选项 C"吾不得而见之"的"见"意思是"看见"；选项 D"于是入朝见威王"的"见"意思是"拜见"。"世林既以忤旨见疏"的意思是"世林因冒犯了曹操被冷落"，"见"解释为"被"。

2. 但是宗世林很瞧不起（或看轻）曹操的为人，不肯和他（或曹操）交往。

解析："而甚薄其为人，不与之交"的关键词是"薄""交"。"薄"在此句中是形容词用作动词，解释为"看轻"。"交"是"结交，交往"的意思。

3. C

解析：选项 A 中宗世林不愿和曹操交往是因为瞧不起他的为人，而不是因为是同时代的人。选项 B 中曹操想和宗世林交往，文中写这一点并不是为了体现曹操的谦虚大度，而主要是为了说明宗世林的刚正不阿。选项 D 中对宗世林的人物形象解读错误，宗世林是一个品德高尚、刚正不阿的人。

55. 顾亭林著书

1.（1）在 （2）其实

2. A

解析：首先，要补充主语“他”，其次，“再”指“多次”，“誊录”指“抄录”，“愠色”指“生气的表情”。

3. 豁达 勤奋好学

解析：“居家恒服布衣，俯身者无寸缕之丝”，可看出顾亭林具有艰苦朴素的精神；“五易其稿”，可看出他治学严谨、勤奋的态度；“再为誊录，略无愠色”和“鼠啮我稿，实勉我也”表现了他豁达、乐观的气度。

56. 大树将军冯异

1.（1）等到 （2）隶属

2. 冯异为人处世谦虚退让，不自夸。

解析：“伐”是此句的难点，意思是“自我夸耀”，即使没有字词储备，也可以通过后文中冯异军功赫赫却非常谦虚，路上遇将领避让这一件事来进行推断。

3. 冯异谦虚不自夸，治理军队纪律严明。

解析：此文记叙了关于冯异的三件事：路上遇将领避让；治理军队纪律严明；军队调整时士兵们都愿意跟随冯异。前两件事是导致第三件事的原因。冯异号为“大树将军”，正是其谦逊不伐的写照。下属愿意追随大树将军，正是出于对将军为人的敬佩。

57. 任末好学

1.（1）背 （2）交换

2. 人如果喜欢求学，即使死了也好像活着（一样）。

解析：“夫”为句首发语词，引出自己的观点或见解，“好学”可翻译为“喜欢学习”，“虽”在这里可翻译为“即使”，“若”指“好像”。

3. 无论条件多么艰苦，都应该坚持学习，勤动脑、勤动手

解析：任末的成功告诉我们学习中要注意的很关键的问题：一是学习态度，务必克服一切困难，勤奋学习；二是学习方法，“不动笔墨不读书”，“好记性

不如烂笔头”，一定要随时记录。我们要好读书、读好书，有好的心得要随时记录下来，这样才能真正学到有用的知识。学习是一个艰苦的过程，它并不是靠短暂的记忆，而是要日月积累、刻苦努力，才能取得好的成效。

58. 子奇治阿

1.（1）派遣 （2）兵器，武器

2. 熔化兵库里的兵器用来锻造成耕田的农具。

解析：本题首先要把握“以”是连词，表目的，可翻译为“来”，那么这个句子的基本句式就是做某事来实现某个目的。

3. 因为和子奇同去阿县的都是富有经验的老人，子奇能向他们求教。两者相互配合，必能成功。

解析：在原文中就能找到答案，使者追上子奇后，看到了“共载皆白首”，认为老人的经验和智慧能帮助子奇。

59. 范式

1.（1）拜访，探望 （2）详细地

2. 已经分别了两年，相隔千里的约定，你怎么能相信它是真的呢？

解析：“结言”一词是此句的难点，借助前文中两人的对话可知是“约定”的意思。“审”的这个文言义项之前没有学习过，但在注释中有标注，翻译时要善用注释。

3. 从范式身上我们能学到做人要诚信，从元伯身上我们能学到真正的信任超越时空，无须任何条件。

解析：范式一诺千金，“千里结言”，“二年之别”而不失信，确实是个守信用的人，值得我们学习。同时，高山流水遇知音，也须有张元伯这个知音，全心全意地相信自己好友的为人，对好友的信任超越时空，才能有这样一段佳话。

60. 母子忠烈

1.（1）担任 （2）听从

2. 做儿子就能够孝顺，做臣子就能够忠君，现在你有孝有忠，有什么对不起我呢！

解析：值得注意的是，文中的“为”一词多义，在“为尚书”一句中翻译为“担任”，在“为子”“为臣”中就是本义“做”。

3. 从母亲所说“仕至二千石，此可以止乎”，可知母亲不在意功名利禄，懂得适可而止。从“母都无戚容”，可看出母亲性格刚强。从母亲所说的话，可看出母亲深明大义。

解析：当儿子“仕至二千石”还不满足时，王母劝儿子要懂得适可而止，她看轻社会的虚名，也不在乎官家的利禄，可见母子两人目光的深远与短浅，儿子只能看到眼前高官带来的利益，却料不到高官潜在的危机。当儿子因不能功成身退招来杀身之祸时，王经对母亲满怀愧疚，母亲却对儿子一生感到欣慰和自豪，可见母子两人在责任、担当、气节等方面的不同态度。眼前的爱子行将就戮，向自己告别时泣不成声，一般的母亲肯定会精神崩溃，但这位母亲竟然“都无戚容”，没有流露出一丝一毫的凄惨痛苦，在她看来，自己的儿子在家对母尽孝，在朝对君尽忠，对亲人有爱心，对社会敢担当，生则一身正气，死仍顶天立地。她是个深明大义、性格刚强的女性。

61. 陈元方候袁公

1.（1）称赞，赞许 （2）效法

2. 老父在太丘 | 强者绥之以德 | 弱者抚之以仁 | 恣其所安 | 久而益敬。

解析：句中“强者”和“弱者”两句对仗，能够以此为特征来划分。“在太丘”和“久而”提示了地点和时间，也是划分的特征。

3. 陈元方借周公和孔子没有相互效法的例子，暗示袁绍和自己父亲并不存在谁效法谁的问题，既尊重了袁绍，又维护了父亲的尊严，顾全了双方的面子。

解析：袁绍的问题并非真正想知道是谁学了谁，而是有意为难陈元方。而陈元方回答说：“周公、孔子，异世而出，周旋动静，万里如一。周公不师孔子，孔子亦不师周公。”如此巧妙的回答，既照顾了对方的尊严，又保住了自己的体面，不卑不亢，落落大方，不损人也不损己。

62. 县令挽纤

1.（1）求取，寻找 （2）拉

2. 现在正是春天，百姓不是忙于春耕，就在养桑喂蚕，一点空闲时间都不能损失。

解析：“隙”和“夺”是此句难点，要结合语境来看，何易于挽纤的根本原因是他对百姓疾苦的关心，因此他关注的是百姓是否有时间耕种，“隙”指的就是“空闲时间”，“不可夺”指“不能被争夺”，在此意译为“不能损失”。

3. A

解析：此文写了何易于亲自为刺史当纤夫的故事，赞扬了他忧国忧民的高尚品德，同时显示了他的聪明才智。何易于为刺史挽纤这一行为并不是为了讨好上司，恰恰是以一种委婉的方式表达要与民休息、不可骄奢的态度，据此可排除选项 C、D，他挽纤也不是为了引领百姓去拉纤讨好刺史，据此可排除选项 B。

63. 戴渊弃剑

1.（1）令、让 （2）重视，看重，器重

2. B

解析：A 和 D 两个选项中“既”翻译为“既然”，但这样翻译后句子并不通顺，前句不是后句的前提，在此不用翻译出来，因此选项 A、D 可排除。“鄙”有“边疆地区，边缘之地”和“见识浅薄，行为低下”的意思，结合前文戴渊指挥他人做劫盗之事，此处应为后者，可以进行意译而非直译，据此排除选项 C。“异”的引申义是“不一般”。

3. 原因有二：戴渊自身勇于改过自新的精神，陆机对戴渊的正面引导和信任。

解析：戴渊的转变是内外因共同作用的结果。戴渊听了陆机之言，“便泣涕，投剑归机，辞厉非常”，他有自省精神，同时勇于改过，用魄力和决心摆脱了过去的自己。若是没有陆机点化之功，戴渊绝不会那么快觉醒。若是没有陆机后来的信任和器重，戴渊也不会成为国之栋梁。陆机对于戴渊的正面引导和信任起到了关键性作用。

64. 祖莹夜读

1.（1）继续，接续 （2）从此以后

2. 这个孩子的才能不是其他学生能够达到的，他最终会大有作为的。

解析：“终当远至”一句较有难度，“终”指最终，“远至”可以调整为“至

远”，字面意思是“到达远方”，此处指的是他未来成就会很高，可意译为“大有作为”。

3. 如“好学耽书”，“耽”是“迷恋，沉溺”之意，沉迷于读书之中，足以说明他的勤奋好学。

解析：此文记叙了祖莹自幼夜以继日地勤奋苦读的事迹，只要在文中找到相应的句子并用自己的话进行分析即可。除了参考答案给出的示例外，还有“禁之不能止”，“父母寝睡之后，燃火读书”，“尤好属文”等事例也可证明。

65. 寇准读书

1.（1）足够 （2）慢慢地，缓缓地

2. 张咏将离开（或离去），寇准送他到郊外，问他说：“您有什么教我的？”

解析：寇准话中“何以教准”应该调整、补充为“（汝）以何教准”，据此翻译为“您有什么教我的”。

3. 寇准具有宽容大度、谦虚谨慎、不耻下问、有自知之明等品质。

解析：寇准是“奇材”，但“学术不足”，他当了宰相仍虚心请教、不耻下问，值得称颂。当寇准读到“不学无术”时，恍然大悟：张咏这是在说我啊。可见寇准有自知之明。他不仅不气不恼，反而欣然接受，正体现了他的宽容大度。

66. 司马光砸缸

1.（1）回家 （2）放下

2. 司马光拿起石头砸破缸，（缸里的）水涌出，落水的小孩得救了。

解析：句中“迸”的意思是“奔散，逃散”，此处指缸破后水涌了出来，白居易《琵琶行》中“银瓶乍破水浆迸”一句就是同样的意思。

3. 是一个聪明好学、机智勇敢的人。

解析：其一，他聪明、好学。司马光七岁听别人讲《左氏春秋》，就十分喜爱，以至于到了手不释书、饥渴寒暑不辨的地步，其热爱读书的性情是日后完成鸿篇巨制《资治通鉴》的底蕴。其二，他机智、勇毅、有担当。当一众小孩惊慌失措、四散逃离时，司马光机智勇敢地挽救了同伴的性命，同时我们也看到了他的担当。

67. 曾巩议石

1.（1）写，创作 （2）比得上，赶得上

2. A

解析：本题首先要判断句子的主语是谁，结合前文王安石得志、后文神宗询问曾巩对王安石的看法，可知主语是“曾巩”，据此可排除选项C、D。“异”既有“奇特”的意思，也有“不同”的意思，文中曾巩对王安石的看法发生了转变，并非认为他奇特，据此可排除选项B。

3. 有才华（或才华出众） 乐于举荐人才 有识人之明

解析：此文讲述了曾巩文章写得好，有才华，名噪一时。曾巩在王安石寂寂无闻的时候因为赏识他的才能而举荐给欧阳修，体现其唯才是举和慧眼识人。事实上，王安石确实很有才能，后来也成为“唐宋八大家”之一，在文学和政治上都有一番作为。但是当皇帝问及王安石为人如何，曾巩还是给出了中肯而客观的评价，说他吝啬于改正自己的过错。皇帝也赞同了这个评价。

68. 季文子以德为荣

1.（1）辅佐，做相国 （2）认为

2. 况且我听说凭借高尚的德行及荣誉才可以为国争光，没有听说因为婢女穿得好和马吃得好为国争光的。

解析：“且”在此处可以翻译为“况且”，“闻”指“听说”，“以”在此处指“因为”。

3. 忧国忧民，心系百姓，体恤民生疾苦；以身作则，反对奢华。

解析：从“然吾观国人，其父兄之食粗而衣恶者犹多矣，吾是以不敢。人之父兄食粗衣恶，而我美妾与马，无乃非相人者乎？且吾闻以德荣为国华，不闻以妾与马”中可知，季文子身为上卿，忧国忧民，心系百姓，体恤民生疾苦，并且以身作则，反对奢华，这些都是值得赞颂的。

69. 太祖视事东阁

1.（1）好 （2）做，实行

2. D

解析：“左右”指“身边的侍从”，“更”指“更换”，“皆”指“都”，“经”指

“经过”。

3. C

解析：此文主要是讲太祖节俭，参军宋思颜敢于说出忠言，他担心太祖只是现在节俭，而无法坚持始终如一，故选 C。

70. 何岳拾金不昧

1.（1）等待 （2）断，断绝

2. 何岳就把箱子委托官吏的侄子带回官吏那儿。

解析：在本题中，句子缺乏主语与宾语，应补充“何岳”为主语，并且讲清楚将什么东西委托给谁、带给谁，使得句子完整、句意通顺。

3. 拾金不昧、不贪图钱财、正直、坦荡

解析：第一件事中，何岳坚持把捡到的钱还给失主，不收酬金，体现他拾金不昧的品质。第二件事是何岳主动把官吏寄放在他这里的钱财，托官吏的侄子带给官吏，进一步体现他不贪图钱财、正直、坦荡的品质。

71. 海瑞遗物

1. B

解析：本题翻译的两个关键词是“谀”和“加”，只要把握住这两个词的意思和情感色彩，答案就很明显了。“谀”有“谄媚，奉承”的意思，情感色彩上偏于贬义，而此文显然是赞颂海瑞的清廉与气节，应当是“赞美”的意思。“加”在此处不是“增加”或“施加”的意思，句子要表达的是王世贞这个评价已经说尽了海瑞的人品，没有其他溢美之词能够“比得上”了。

2. 苏检点其宦囊，竹笼中俸金八两，葛布一端，旧衣数件而已。

解析：此文重点是表现海瑞清廉的品质。同僚苏民怀在海瑞死后清点其遗物，发现仅有八两银子、一块葛麻布、几件旧衣服，文中“而已”一词将一个为官三十年却一贫如洗的海瑞形象凸显了出来。

3. 直言敢谏

解析：王世贞所谓的“不怕死”就是指海瑞在面对强权时，仍然坚持自己的气节，正直刚毅。海瑞一生忠心耿耿、直言敢谏。他抑制豪强，打击奸臣污吏，从不畏惧权势或死亡的威胁。本题要求对海瑞的生平有一定的了解，可结合此文阅读指南作答。

72. 宋濂不隐真情

1.（1）详细地 （2）这样

2. 那些好的官员能和我友好相处，所以我了解他们；那些不好的官员，我不了解他们。

解析：本题两个分句是前后对照的，“善”在句中是“好”的意思，“善者”即为“好的官员”，相对应的“不善者”就是“不好的官员”。“臣”是宋濂自称。因为皇帝在询问他对官员们的看法，故此处的“知”就要翻译为“了解”，而不是“知道”。

3. 宋濂并没有欺骗明太祖。理由一是从上文来看宋濂如实回答了太祖的询问；理由二是宋濂在回答太祖时已表明能和他友好相处的都是好的官员，他比较了解他们，言下之意他不了解的可能就是不好的官员，这正体现了他的诚实。

解析：此文叙述了宋濂与明太祖朱元璋之间的两件事，一是朱元璋询问宋濂与客饮酒的情况，二是朱元璋询问他群臣的善恶好坏。朱元璋生性多疑，两次询问显然是在试探宋濂是否忠心。宋濂都不隐真情，“具以实对”，体现了他正直坦诚的君子之风。朱元璋曾经评价他说：“宋景濂事朕十九年，未尝有一言之伪，诮一人之短，始终无二，非止君子，抑可谓贤矣。”

73. 原谷谏父

1.（1）劝诫 （2）再，又

2. 父亲很是惭愧，为自己的行为感到后悔，于是去把爷爷载回来赡养了。

解析：句中“惭”（惭愧）、“悔”（为……感到后悔）、“乃”（于是）、“归”（回来）的意思必须翻译出来。值得注意的是，“悔”的本义是“后悔”，在此句中是意动用法，即父亲为自己丢弃爷爷这个行为感到后悔。

3. 要善待老人，承担起赡养老人的义务。

解析：文中的原谷先晓之以理，后动之以情，最终运用自己的智慧使父亲幡然悔悟，认识到自己的错误。孝敬父母、尊重长辈是我们中华民族的传统美德，为人子女的要孝敬父母，赡养老人是每个有良知的人应尽的义务。

74. 鲁人曹沫

1.（1）答应 （2）给

2. 贪图小的利益用来求得一时的快意，就会在诸侯面前丧失信用，失去天下人对您的支持，不如归还他们失地。

解析：“利”在此处指“利益”，“信”应翻译为“信用”，“援”在此处可以翻译为“支持”。

3. 迫使齐桓公归还曹沫与鲁国三次作战中丢失的土地。

解析：曹沫依靠他的勇敢，在齐鲁结盟之时劫持齐桓公，迫使齐国归还土地，从而维护了鲁国的利益和尊严。

75. 陶公性检厉

1.（1）全，都 （2）遇到，碰上……的时候

2. 这时陶公就让人都用木屑覆盖在地面上，（人们出入）一点也不受妨碍。

解析：“悉”在此处指“全，都”，“覆”的意思是“覆盖”，“妨”指“妨碍”。

3. 积存废弃的锯木屑，雪后覆地；积存竹头，造船时做竹钉。这两件事表现了陶公是一个节俭、勤勉的人。

解析：陶公生性检厉，是严肃认真、办事勤勉的人。文中讲述的是陶侃为官勤勉、物尽所用的故事，体现了陶侃节约的品质。

76. 颜回好学

1.（1）同“早”（2）更加

2. 你的学生中哪个最好学？

解析：“孰”在文言文中翻译为“谁”，“好”在此处可以解释为“喜欢，爱好”。

3. 颜回年纪轻轻就死了，现在没有像他那样好学的人了。

解析：在三千弟子中，孔子最喜欢的学生是颜回，不仅因为他好学不倦，始终努力实践孔子的理想，还因为他从不迁怒于人，不犯同样的错误。可惜颜回不幸，年纪轻轻就死了，孔子再也没有像颜回那样好学的弟子了，所以孔子“哭之恸”。

77. 林琴南友菜佣

1.（1）仅，只是 （2）职业

2. B

解析： 用选择题考查文言文句子翻译难度较低，可巧用排除法。观察四个选项的不同之处，找出画线句中的关键字词，思考最恰当的解释。在本题中，四个选项的差别在于对“负”“他求”的理解。“负贩所得”很明显是背着菜去卖而不是背着母亲，因此排除选项 C、D。“无他求”，指的是没有其他的要求，因此排除选项 A。

3. 穷困（或“独自供养母亲”） 孝顺

解析： 本题考查对人物形象的理解。针对“林琴南与菜佣在生活境遇上的共同点”，要抓住“生活境遇”这个关键词，两人在生活中碰到了怎样的困境和遭遇呢？两个答案都可：其一是“穷困”，我们可以从“林琴南早年贫甚”“时苦不给”“以供甘旨外，无他求”得出结论；其二是两人都独自供养母亲。从林琴南靠教书、菜佣靠卖菜来奉养母亲的行为能看出“二人共同拥有的品质”是孝顺。

78. 淳于髡使赵

1.（1）断 （2）以……为少，认为……少 （3）增加

2. 我看见他所拿的祭品很少，但想要的东西却很多，所以笑他。

解析： 句中“持”“狭”“欲”“奢”“故”“之”这六个词要落实到位，其中“持”“欲”“故”是常见的文言字词，分别解释为“拿”“想要”“所以”。容易出错的地方是将“狭”和“奢”解释为“狭窄”和“昂贵”，但只要根据文意解释成“少”和“多”即可。此外，对于“之”这类代词的翻译切不可遗漏。

3. 淳于髡运用了类比的方法，体现了他是一个有智慧的人。

解析： 淳于髡运用了类比的方法来说理：齐威王付出的“金百斤，车马十驷”，就如同农夫的“一豚蹄，酒一盂”；齐威王所期望得到的赵国的援军，就如同农夫所期望的“瓯窭满篝，污邪满车；五谷蕃熟，穰穰满家”。农夫的行为已是贻笑大方，齐威王的行为岂不也会让赵王嗤之以鼻？淳于髡正是通过类比的方法委婉地劝谏齐威王有舍才有得，只有舍得付出，才会有更多的收获。岂不是很有智慧吗？

79. 孙叔敖为楚令尹

1.（1）都 （2）名词用作动词，穿 （3）讨厌，嫌弃

2. 只有您最后（像是）来吊丧，莫非有什么要说的吗？

解析：“子”解释为“你”，文言文中表示“你”的词有汝、若、尔、子、乃等。“独”是重点字词，解释为“只”，在课文《爱莲说》“予独爱莲之出淤泥而不染”一句里学习过“独”的意思。“吊”在文言文中的常用义是“慰问”，这是此句的难点。后半句比较简单，把“岂”落实到位，解释成“难道，莫非”，将疑问句表现出来即可。

3. 位已高而意益下，官益大而心益小，禄已厚而慎不敢取。

解析：本题考查的是对文章内容的理解。通读全文可知，“君谨守此三者，足以治楚矣”一句已经告诉我们，老人的三条谏言是上文的“位已高而意益下，官益大而心益小，禄已厚而慎不敢取”。如果答“为人谦恭、思想谨慎、清廉不腐”也是可以的。

80. 商鞅治秦

1.（1）逃亡 （2）兵器，武器

2. D

解析：四个选项的区别在于对关键词“特”和“服”的理解。“特”在文言文中不太常见，在句首时大多解释为“只，只是”。联系上下文可知，商鞅为人刻薄少仁慈，“特”只有解释为“只是”才说得通。“服”在此处为使动用法。所谓“使动用法”是指谓语动词具有“使……”的意思，即此时谓语动词表示的动作不是由主语发出的，而是由宾语发出的。此句省略了宾语“人们”，“服之”的“之”指代的是商鞅，“服”的动作是由宾语发出的，因此要解释为“使……顺服”。

3. B

解析：本题考查的是对人物形象的分析。通读全文，“商君治秦，法令至行，公平无私”符合选项A，“赏不私亲近”符合选项C，“期年之后，道不拾遗，民不妄取；兵革大强，诸侯畏惧”从侧面体现了商鞅治国有方，而“然刻深寡恩”体现了商鞅的刻薄、少恩惠、不仁慈，所以对商鞅评价不恰当的一项是B。

81. 鲁恭治中牟

1.（1）停 （2）罢了

2. 肥亲回去以后，把这些情况都汇报给袁安听了。

解析： 此句的难点在于倒装句的翻译，“具以状白安”是“以状具白安”的倒置，意思是“把情况都告诉袁安”。其中“具”是“全，都”的意思，“以”是“把”的意思，“白”是下级对上级的禀告，“陈述”的意思。此外，句首“还府”缺少主语，应补充“肥亲”一词。

3. 袁安听说鲁恭以德化民，对百姓不用刑罚，对此深表怀疑。（或“探察鲁恭重德化、不用刑罚的情况是否属实”，或“考察鲁恭的政绩”，意思对即可）

解析： 本题考查的是对文章内容的理解。袁安派人前往视察的原因可从“河南尹袁安闻之，疑其不实，使仁恕掾肥亲往廉之”一句中找到答案。“使”是“派遣”的意思，“廉”是“考察，查访”的意思，“使仁恕掾肥亲往廉之”可解释为“派肥亲前往去考察他”，显然，原因就是逗号前的内容——“袁安闻之，疑其不实”。“之”指代的是“恭专以德化为理，不任刑罚”，袁安对此深表怀疑。因此只要整合前文内容，就能得出“袁安听说鲁恭以德化民，对百姓不用刑罚，对此深表怀疑”的答案。

82. 陶侃留客

1.（1）全部，都 （2）上下，左右，光景

2. 陶侃年少时就有大志向，家境却非常贫寒。

解析： 此句比较简单，应明确“少”“志”“酷贫”三个关键词的意思。“少”解释为“年轻，年纪小”，“志”有“志向”的意思，“酷贫”在注释中已注明是“非常贫穷”的意思。还要注意“大志”的“大”不要漏翻。

3. 待人真诚、重义轻利

解析： 此文一开始就交代了陶侃的家境“酷贫”，“酷”和后文的“室如悬磬”写出了贫穷的程度。与之形成对比的是招待范逵时“设精食，从者皆无所乏”，一个“精”字写出了饭菜的精致可口，甚至连范逵的随从都考虑到了，而前文也提及“逵马仆甚多”，对一个贫穷的家庭而言，这些无疑是很重的负担。陶侃对待客人的细致、周到、用心和真诚可见一斑。范逵离开时，陶侃更是一路相送，在“冰雪积日”、地面湿滑、天气寒冷的情况下，他送了“百

里许”，进一步体现出他的这份真心实意。

83. 桓公善求士

1.（1）任用 （2）担任

2. A

解析：此句的重点字词是“去”和“使”。“去”是文言文中的高频词，有“离开”“距离”等义项。在此句中，可能会把“去”解释为“离开”，觉得选项B中“到”的解释好像同“离开”相差不多，但如果将“去”解释为“离开”，那“不远”又如何解释呢？所以，此处的“去”是“距离”的意思，卫国距离齐国不远，因此群臣建议齐桓王可以派人去调查宁戚的情况。“使”解释为“派遣”。

3. 知小恶忘其大美

解析：本题要求用原文回答，可以先找到原文中的“此世所以失天下之士也”，此句中“所以”的意思是“……的原因”，那么“此”指代的内容即是齐桓公认为“失天下之士”的原因——“知小恶忘其大美”。此处要注意，如果把整个句子不加删减地抄下来，答非所问的话，是一定要扣分的。

84. 刘殷辞官

1. 坚决

2. 乡人亲族无不称赞他。

解析：此句的重点在于“莫”和“称”的解释。“莫”在此处是副词，解释为“无，不”。有人会将“莫”解释为“没有谁”，问题就出在没有搞清“莫”在此处的词性。联系上文内容（都在描述刘殷的优点），乡人亲族的表现应是称赞他，“称”解释为“称赞”。

3. 太傅杨骏礼聘他，他推辞了；孙秀以散骑常侍之职征召他，他逃走了。

解析：刘殷面对的“名利”是“太傅杨骏辅政，备礼聘殷”以及“孙秀夙重殷名，以散骑常侍征之”。面对杨军的备礼聘请，刘殷“以母老固辞”；面对孙秀以散骑常侍之职征召他，刘殷“逃奔雁门”。将这两个事件整合在一起，便可得出这个答案。

85. 孙晷

1.（1）亲自 （2）wèi，送给

2. 听说别人的优点（或“好的地方”），高兴得像是自己有所得。

解析：对此句的翻译要落实“闻”“善”“若”“得”四个词的意思。“闻”指“听说”，“善”指“好，好的”，此处不能把“善”解释为“善于，擅长”，因为“善”后没有宾语。“若”的意思是“好像”，“得”的意思是“获得”。

3. 他不想让偷稻子的乡邻察觉而不敢偷稻子，他希望以此来帮助对方，可见他是个善良仁义的人。

解析：本题考查对人物形象的把握。首先要解释“晷见而避之，须去而出，既而自刈送与之”的意思，“孙晷看到后躲起来，一定等人家离开后才出来，然后又亲自割下稻子送过去”。为什么孙晷看到别人偷自己的东西反而躲起来呢？根据上文所描述的孙晷的人品，推测其心理是怕偷稻者察觉而不敢偷了，等到偷稻者偷完再给他们送稻子是因为当时收成不好导致谷物昂贵，孙晷体谅他们生活贫苦，因此这样做。这些事例体现了孙晷是善良仁义的人。

86. 杨氏救城

1.（1）确实 （2）答应

2. 抵抗的力量不足，即使死了，也是忠于职守。

解析：此句关键词解释不难，“力”指“力量”，“足”指“足够”，“职”指“职责”，但把这些词整合在一起解释为“力量不足，死了，是职责”也不符合上下文。因此，要把句子补充完整。

3. 杨氏设身处地为胥吏和百姓考虑，激发出众人保卫家园的志气。

解析：杨氏在言辞中将胥吏、百姓同县官做对比，县官虽是一城之主，但任期满了就要离职，而胥吏、百姓都是本地人，一生都要待在县城里，即便是死了，坟墓也在这里。杨氏从百姓的立场出发，动之以情，晓之以理，激发出了众人保卫家园的志气，众人都为之动容，因此纷纷流泪。

87. 张孝基仁爱

1. C

解析：“遂以其父所委财产归之”中的“以”是“把”的意思，“把他父亲所委托的财产还给他”。选项A中“何以战”的语序应是“以何战”，“以”是“凭借”的意思，解释为“凭借什么作战”；选项B中“不以物喜”的“以”解释为“因为”，“不因为外物的好坏或喜或悲”；选项C中的“以”解释为“把”，“先帝把大事托付给我”。选项D中的“以”是连词，表目的。

2. 富人的儿子渐渐地能自食其力了，孝基对他的变化感到奇怪。

解析：此句中的关键词是“稍”和“怪”。“稍”在课文《黔之驴》中学过，“稍出近之”，意为“老虎渐渐地走过来靠近它”，“稍”在此处也解释为“渐渐”。“怪”这个词是意动用法，形容词用作动词，“以……为怪”，即孝基对他的变化感到奇怪。

3. 有恻隐之心　不看重钱财

解析：张孝基的仁爱表现在：（1）有恻隐之心。发现富人儿子沦为乞丐就提供工作给他，使他有饭吃，并以“灌园”“管库”等劳动让他懂得自食其力的道理。（2）不看重钱财。当他确认富人儿子已经改过自新，不会故态复萌，便把岳父留下的家产交还给他。

88. 江天一传

1.（1）侍奉　（2）向东　（3）全部

2. 读书人不树立好的道德品行，就必然没有好文章。

解析：“士”解释为“读书人”，“立”解释为“树立”，“品”的意思是“品德，品行”。所以前半句的意思是“读书人不树立好的道德品行”。后半句中“必无文章”，“必”是“必定”的意思，“无文章”翻译成“没有好文章”或“写不出好文章”都是可以的。

3. 反衬江天一的沉着镇定、勇敢多智。

解析：此文的主人公是江天一。因此在叙述过程中写总兵官左良玉及徽人的目的是衬托江天一这个人物形象。总兵官左良玉在张献忠攻破武昌后向东逃跑，乱军将要到达徽州时，徽人非常震惊恐惧，而江天一的表现是沉着镇定、勇敢多智。如果答案写到将总兵官左良玉及徽人的举止行动同江天一做对比，突出江天一的沉着镇定、勇敢多智也是可以的。

89. 汤敦甫不欺翁

1.（1）放下 （2）通“值”，价值

2. 不用，借我一贯钱就够了。

解析：“无”，副词，解释为“不”。“庸”，动词，解释为“用，需要”。“无庸”即“不用，不需”。“假”和“足”是此句翻译的重点。“假”解释为“借”，以前学过的《黄生借书说》中“非夫人之物而强假焉”的“假”就是这个意思。“足”解释为“足够”。

3. 为官爱民，不倨傲，为人厚道，有宽容仁爱之心。

解析：文中汤敦甫的形象刻画得十分细腻生动。他为人厚道、为官爱民等品质，可以从他挑帘询问、摸兜寻钱、借钱赔偿、停留良久等行为举止中看出。

90. 五柳先生传

1.（1）用，把 （2）喜欢

2. 不为贫贱而忧愁，不对富裕显贵热衷。

解析：“戚戚”指“忧惧、忧伤的样子”；“汲”的本义是“从井里打水、取水”，而“汲汲”则专门形容急切的样子，表示急于得到的意思。此句翻译时要注意倒装，语序应是“于贫贱不戚戚，于富贵不汲汲”。

3.（1）闲静少言，不慕荣利 （2）性嗜酒，家贫不能常得 （3）忘怀得失，以此自终 安贫乐道、洁身自好

解析：（1）“闲静少言，不慕荣利”是五柳先生性格中最突出的地方，点出了他的隐者心境。（2）描写五柳先生生活的句子应是“性嗜酒，家贫不能常得”。如果写“环堵萧然，不蔽风日；短褐穿结，箪瓢屡空”，只能体现其家贫。（3）最能体现五柳先生志趣的句子是“忘怀得失，以此自终”，意思是不把自己的得失放在心上，就这样过完自己的一生。这三方面的叙述，把一个安贫乐道、洁身自好的隐士形象活灵活现地刻画出来了，其精神据此作答即可。

91. 柳子厚风范

1.（1）到……去，前往 （2）面对 （3）稍微

2. 即使因此再次获罪，死了也没有遗憾。

解析：此句中“虽”“重”“恨”三个词的解释是难点。“虽”是解释为“虽然”还是“即使”，容易混淆。这两个解释分别适用于表转折和表假设，“虽然”一词后是已发生的事情，“即使”后是未发生的事情。在此处，“再次获罪”是假设的情况，因此取“即使”的意思。“重”是“再次”的意思。“恨”不能解释为“痛恨”，而应解释为“遗憾”，“死了也没有遗憾”。课文《出师表》“叹息痛恨”中的“恨”也是“遗憾”的意思。

3. 落井下石

解析：此成语出自“一旦临小利害，仅如毛发比，反眼若不相识；落陷阱，不一引手救，反挤之，又下石焉者，皆是也”。“落井下石”的意思是：见有人掉在井里，不但不救，反而向井中扔石头。比喻乘人危难之际加以打击、陷害。

92. 岑文本官高而忧

1.（1）希望 （2）等到 （3）……的原因

2. 他的母亲感到奇怪并问他。

解析：此句最重要的是将“怪”的意思翻译准确。在文言文中，“怪”有“奇异”“惊异，感到奇怪”“责怪，埋怨”等意思，很显然，此句中的“怪”应解释为“感到奇怪”。

3. A

解析：本题考查对文章内容的理解。首句“岑文本初仕萧铣”的意思是“岑文本起初在萧铣部下任职”。结合注释①中萧铣是“隋朝末年地方割据势力首领”，可知岑文本并不是一直在唐朝当官。

93. 强项令董宣

1.（1）担任 （2）服从，听从

2.（陛下）却放纵家奴杀害百姓，将凭借什么来治理天下呢？

解析：此句的关键词是“而”“何以”“治”。联系上文，这里的“而”表转折，解释为“但，却”；“何以”解释为“凭借什么”，课文《曹刿论战》中的“何以战”也是相同的用法；“治”解释为“治理”。

3. 刚正不阿、不畏权势、秉公执法

解析：一个奴仆杀了人，按律法，杀人偿命，天经地义，但官吏却无法抓捕他，因为他是光武帝的姐姐的家仆，有天家作为庇护。董宣在公主出行之际，当着公主的面，把杀人的奴仆就地正法，这一行为体现了他的刚正不阿、不畏权势、秉公执法。面对勃然大怒的光武帝，董宣据理力谏，他用生命维护的是法律的公平公正。后来光武帝做出了让步，让他给公主道个歉，但董宣誓死不低头，展现了“威武不能屈”的大丈夫气节。

94. 刘备纳贤

1.（1）回头看 （2）认为……特别

2. 喜悦和愤怒都不轻易在脸上表现出来。

解析：“喜怒不形于色”是现代汉语也常用的句子。此句中“形”的意思是“表现”，“于”解释为“在”。

3. C

解析：“侍立终日，随备周旋，不避艰险”一句的主语是关羽和张飞，他们整日站在刘备身边侍卫，跟随刘备一起与敌人周旋，不逃避艰难险阻。而赵云是后来率领本郡的队伍拜访公孙瓒时和刘备结交，跟随刘备到平原县的。

95. 八大山人传

1. 尤其 精通

2. 张 堂 中 / 如 清 风 徐 来 / 香 气 当 满 室

解析：本题考查文言文断句。主谓之间要停顿，所以在“张堂中”后停顿，“如清风徐来”是状语，所以也要停顿。文言文断句要注意古今异义词的意思，还要注意古代多用单音节词，而现代汉语多用双音节词。要真正理解句中字词的含义，并根据句意进行分析，再进行句读的划分。

3. 张堂中如清风徐来香气当满室 若使叶公见之，亦必大叫惊走也

解析：“尤精绘事”是对八大山人画工的概括，要求填写的两个句子则是对“尤精绘事”的具体展开。这采用夸张手法的两个句子是“张堂中如清风徐来香气当满室”和“若使叶公见之，亦必大叫惊走也”，意思分别是“挂在堂中，好像有清风徐徐吹来，香气便充满整个屋子”和“如果叶公见到了，也一定会大叫着惊慌逃跑的”。

96. 养鸟有道

1.（1）等到 （2）名词用作动词，用笼子养

2. 我又从来不曾不喜欢过鸟，只是养鸟有养鸟的方法罢了。

解析：此句的关键词是“尝”“但”“道”“耳”。“尝”的意思是“曾经”，“但”是“只是”的意思，“道”的意思是“方法”，“耳”是“罢了”的意思。

3. 人要与自然和谐相处，要给自然界的动植物一片自由的天地。（或“家长、学校、社会要注重孩子的教育，但不能束缚他们，要给予孩子自由成长的空间”。写出一项即可，其他答案符合文意亦可）

解析：郑板桥养鸟的方法是种些树木，让鸟在自然中成长。从中我们可以得出“人与自然要和谐相处”的启示。如果迁移到社会问题，“鸟”相当于“孩子”，对于孩子的教育也不应该用“笼子”束缚他们，要给予他们自由成长的空间。

97. 为学

1. C

解析：选项 A 两个“为”分别解释为“做”和“雕刻”；选项 B 两个“鄙”分别解释为“边远的地方”和“目光短浅”；选项 C 两个“去”都解释为“距离”；选项 D 两个“顾”分别解释为“难道，反而”和“转头看，看见”。

2. 自己依靠着聪明与敏捷而不努力学习的人，是自己毁了自己。

解析：此句的关键词是“恃”“败”。“恃”的意思是“依靠”，“败”的意思是“毁坏”。除此之外，还要明确“者”的意思是“……的人”。

3. 此文通过蜀鄙之僧的故事说明“立志为学，不仅要有学的愿望，更要有实实在在的行动”，是一种运用具体事例打比方并在其中寄托道理的方式。

解析：蜀鄙之僧这个故事，通过将四川的穷和尚和富和尚的行为和结果做对比来说明道理。两人都想去南海朝圣，穷和尚凭着一瓶一钵和坚定的意志，实现了自己的心愿；富和尚虽有足够的钱可雇船前往，但由于自己的犹豫畏缩，终未能达到目的。作者由此说明了“立志”的重要性。所谓“立志”，不仅是要树立奋斗的目标，而且要有百折不挠、知难而进的精神。

98. 卖柑者言

1.（1）善于，擅长 （2）少

2. A

解析：“盗起而不知御”中的“盗”是名词，而非动词，解释为“盗贼”，而非“偷盗”。因此选项 A 中的“有人偷盗却不知道抵抗”是错误的，应解释为“盗贼四起却不知道去抵御”。

3. 生活中常会有“金玉其外、败絮其中”的人、事、物，我们不要被表象迷惑，而应识破其真相。

解析：作者先写柑橘外表有金玉之美，内中却如败絮之劣，在一优一劣形成的鲜明对比中，自然而然地引出指责，“甚矣哉，为欺也！”作者在此突出一个“欺”字，告诫我们生活中常有“金玉其外，败絮其中”的人、事、物，不要被表象迷惑，而应识破真相。

99. 楚庄王伐陈

1.（1）攻打 （2）原因

2. 陈国是个小国家，财粮却积蓄很多，说明赋税很重，那么老百姓就会怨恨君主。

解析：此句要注意“夫……也”为判断句，“而”表转折。“怨上”解释为“怨恨君主”。

3. 陈国易守难攻（占据地利优势），而且财粮储备多，备战充分。

解析：本题考查的是对文章内容的理解。文中提到“陈不可伐”的原因是“城郭高，沟洫深，蓄积多也”。这三点体现了陈国的特点，但回答时要聚焦在不可讨伐的原因。“城郭高、沟洫深”体现了陈国易守难攻，“蓄积多”体现了陈国备战充分。

100. 狗恶酒酸

1.（1）制作 （2）认为……奇怪

2. 这就是你的酒卖不掉变酸的原因。

解析：此句的关键词是“所以”“售”。“所以”的意思是“……的原因”，“售”的意思是“出售，卖”。

3. 如果恶人当道，好的主张必定难以实行，贤人难受重用。（或“如果环境险恶，人们也会裹足不前”。点到“环境”与“人”的关系即可）

解析：“狗恶酒酸”这个典故启示人们，生活中的猛狗和酸酒就是这样密切相关的。联系作者所处的时代和政治环境，可推知他的感慨：对一个国家来说，也有恶狗一样的人物，即妒贤嫉能的权臣。权臣当道，堵塞贤路，使君主受到蒙蔽，人才遭到胁迫，无用武之地。这权臣就如咬人的猛狗，君主则恰似卖酒的宋人。

101. 甘戊使齐

1.（1）出使 （2）说服（或游说、劝说）

2. C

解析：“使之捕鼠，曾不如小狸”的“使”解释为“让”。“曾”用在“不”前，加强语气，可翻译为“连……都……”。在课文《愚公移山》中“曾不能毁山之一毛，其如土石何”就是这个用法。

3. 无论是人还是物，都有长处和短处。（或“尺有所短，寸有所长”。大致意思对即可）

解析：回答本题要抓住文中的“不如”这个关键词，船夫渡船能力好，甘戊作为使者游说的能力强。甘戊举了几个例子来阐释天下事物各有长处和短处。

102. 詹懋举以工为师

1.（1）善于，擅长 （2）如，比得上

2. C

解析：此句的关键词是“贸薪”和“囊此”。“贸”是“卖”的意思，“薪”是“柴”的意思，“囊此”的“囊”是名词用作动词，意思是“用袋子装”。

3. 要虚心好学，不耻下问

解析：本题考查的是对文章内容的理解。詹懋举当时是太守，地位高，而木工显然地位比较低。“詹乃从竟学”的意思是“詹懋举于是跟从他学琴至完成”，从中得到的启示是：学习要虚心，要不耻下问。

103. 临江之麋

1.（1）靠近 （2）给……看

2. 那群外面的狗看见它，又高兴又愤怒，一起把它吃掉了，血肉散乱在路上。

解析：此句的关键词是“食”“道”。“食”本是“食物”的意思，但在这里，“食”后面跟着“之”，用作动词，意思是“吃”。“道”的意思是“路”。

3. 恃宠而骄终不会有好下场。

解析：此文描写了临江之麋依仗主人的宠爱而傲“内犬”，最终落得个被“外犬”“共杀食之”的悲惨结局，影射了那些无才无德、依势放纵、恃宠而骄的奴才，揭示了他们的悲惨命运，也讽刺了那些无自知之明、认敌为友，结果招致灭亡的人。

104. 治国安民

1.（1）停止 （2）竭尽，用尽

2. 治理国家就像种树一样，根基不动摇，那么枝叶就会茂盛。

解析：此句中，“治国”的意思是“治理国家”，“犹如”的意思是“像”，“本根”指“树的根基”。

3. 夙夜孜孜，惟欲清静，使天下无事。遂得徭役不兴，年谷丰稔。

解析：“此皆朕所目见”一句是过渡句，承接上文隋炀帝的苛政，引出下文唐太宗采用的方法。“故”的意思是“所以”，后面接的内容即唐太宗使百姓安乐的措施——“夙夜孜孜，惟欲清静，使天下无事。遂得徭役不兴，年谷丰稔”。

105. 庄子与惠子游于濠梁

1.（1）固然，本来 （2）顺着，沿着

2. 你不是我，怎么知道我不知道鱼的快乐呢？

解析：此句的关键词是“子”“安”“知”。文言文中意为“你”的代词有很多，如子、卿、女、汝、尔、而、乃、若。“安”是副词，表疑问，相当于“岂”“怎么”。如课文《卖油翁》中的“尔安敢轻吾射”，解释为“你怎么敢看轻我射箭的本领”。“知”解释为“知道”。

3. 本题为开放题，言之有理即可。如：欣赏庄子，因为庄子能以愉快的心境对待周围的事物，追求天人合一，推崇自然；欣赏惠子，因为惠子机智好辩，善于抓住对方的漏洞，对于事物有着寻根问底的态度。

解析：先不论两人论辩的结果（输赢），单从两人的语言就可以看出他们在性格、思想、气质方面的差异：惠子好辩，重分析，对于事物有一种寻根究底的态度，注重知识的探讨；庄子智辩，重观赏，对外界的认识带有欣赏的态度，将主观的情意迁移到外物上而产生同感。如果说惠子带有逻辑家的个性，那么庄子则具有艺术家的风貌。

106. 老马识途

1.（1）通“返”，返回 （2）道路

2. 管仲说：“老马的智慧可以利用。”

解析：“之”在句中是“的”的意思，“智”翻译为“智慧”。

3. 要善于借用他人的智慧（经验）。

解析：此文告诉我们，对于不了解的事，就要向有智慧、有经验的人求教、学习。要懂得吸收他人的智慧，也要懂得借用他人的经验。

107. 郭氏之墟

1. 尊重 厌恶

解析：前一个“善”和“恶”都用作动词，分别解释为“尊重”和“厌恶”；后一个“善”和“恶”都用作名词，分别解释为“善人”和“恶人”。此外还要注意两个“恶”的读音区别。

2. 郭氏的城池为什么会成为荒废的城址？

解析：句中“曷为”的意思是“为什么”，“为”的意思是“成为”，“墟”应该翻译为“荒废的城址”，此句所要表达的是郭氏的城池成为荒废的城址的原因。

3. 郭氏尊重好人但不会用人，齐桓公也没有赏识那位农夫，管仲是在提醒齐桓公任人唯贤。

解析：尊重好人就要任用，厌恶坏人就得远离，而齐桓公回来后，在管仲的提问下，表示并不知道那个农夫是谁，说明他并没有意识到自己不懂赏识、不会用人。管仲之意是在提醒他要任人唯贤。

108. 唐太宗论止盗

1.（1）议论，讨论 （2）有的人

2.（我）让老百姓穿的吃的都有富余，那么他们自然就不会去做盗贼了，何必要用严厉的刑法呢！

解析：首先要清楚“使”的意思是“让”，“则”应该翻译为“那么”，“为”的意思是“做”，“安”的意思是“怎么”，其次要注意此句是反问句。

3. 顾恤民生艰难，戒除骄奢，是个开明省己之人，深明“水能载舟，亦能覆舟”的道理。

解析：唐太宗论“止盗”的方法是“去奢省费，轻徭薄赋，选用廉吏，使民衣食有余”，理由是“赋繁役重，官吏贪求，饥寒切身，故不暇顾廉耻耳”，从中可以看出唐太宗是个顾恤百姓、开明、会自我反省的君主。

109. 邻人烹鸡

1.（1）不同 （2）招致

2. 鸡能对人不吉祥吗？只能对它们自身不吉祥罢了。

解析：“夫”在此句中是句首发语词，不翻译；“于”为介词，可翻译为“对，对于”；“而已”的意思是“罢了”。

3. 该说不说和不该说而说，都会招致灾祸，说话、做事都要适宜。

解析：无论发言还是沉默，都要在对的时间和地点，不然只会害了自己。说话是这样，做事也是一样，都要审时度势。

110. 河崖之蛇

1.（1）等待，等候 （2）只，只是

2. 每次它的身子上上下下的时候，大树也跟着起起伏伏，就像弓被拉满又松弛下来的样子。

解析：“张”为“（弓）拉满”的意思，“弛”为“（弓）松弛下来”的意思。

3. 此文通过巨蛇束尾崖树、贪食腥膻、因树折坠河而死的故事，警告那些既险毒又恃强贪婪的人，若不知停止，将如巨蛇一样，得到应有的下场。

解析：分析写作意图要从作者写此文的目的着手，通过第二段作者由此事发表的议论可知，其目的在于警告那些既险毒又恃强贪婪的人。

111. 尊师

1.（1）变成，成为 （2）因此，所以

2. 只要有圣人在，天下就太平安定了。

解析：首先要理解“所在”的意思，这就涉及文言文中的“所字结构”：“所”字后面加谓词性成分，用来指代行为动作的对象。“所”字的语法作用是使谓词性成分名词化，“所字结构”相当于名词或名词性短语，一般情况在句中做主语或宾语。这里的“所在”，即“所”后面跟一个动词“在”，翻译为“在的地方”。

3. 拜知识通达的人做老师，不计较他们的贫富、贵贱，并跟随他们努力学习。

解析：此文开篇就提出了求学之道——“学者师达而有材，吾未知其不为圣人”，即要拜知识通达的人做老师；紧接着提出拜师的态度——“尊师则不论其贵贱贫富矣。若此则名号显矣，德行彰矣”，即拜师不能计较他们的贫富、贵贱；最后提出“疾学”，即要努力学习。

112. 曲高和寡

1.（1）这样 （2）完，说完

2. 这是因为他的歌曲越高雅，能跟随着唱的人就越少。

解析：首先要清楚“弥”的意思是“越”，“和”的意思是“唱和，跟着唱”，“寡”的意思是“少”，再根据整句的意思进行翻译。

3. 言论、作品很深奥，不通俗，能理解的人很少，有时也用来讽刺他人自命不凡

解析：宋玉讲这个故事的原意是比喻知音难得，后多用于言论或文章不通俗，能理解的人很少，常含有讽刺意味。宋玉借这个比喻委婉地向楚襄王表达了自己的想法，正所谓“燕雀安知鸿鹄之志”。险境风景好，但也因为路途的艰辛而少有人涉足。能够走到顶峰的人，会感受到不一样的人生境界。这样的人胸怀大志，不甘于随波逐流，但另一方面，也容易由于心气过于高傲，少了与平凡人的接触。应当控制好理想与现实之间的平衡，仰望星空并脚踏实地。

113. 小人无朋

1.（1）因为 （2）爱好，喜好

2. 他们坚持的是道义，履行的是忠诚守信，珍惜的是名声气节。

解析："守"可翻译为"坚持"，"行"的意思是"实行、履行"，"惜"应翻译为"珍惜"。

3.（1）追求功名利禄（权势、私利、金钱）；（2）相互钩心斗角；（3）见利忘义；（4）遇到利害冲突反目成仇。

解析：文中明确指出小人所喜好的是利禄，所以当他们利益相同时，暂且互相勾结而成朋党，等到他们见到利益而争先恐后，或者利益已尽而交情淡漠之时，就会反过来互相残害，即使是兄弟亲戚，也不会互相爱护。

114. 指喻

1.（1）满 （2）顾虑，顾及

2. 郑君对此感到疑惑，给别人看，看的人哈哈大笑，认为不值得担忧。

解析："示"的意思是"给……看"，"以为"的意思是"认为"，"患"的意思是"担忧"。

3. 天下的事，常常发端于极小的地方，若不防微杜渐，甚至可能酿成无可挽回的大错。

解析：郑君拇指刚开始发病的时候，一天就可治好；发病三天以后，要超过十天才能治好；病已经形成了，不到三个月不能治愈；到成了重病时，甚至会蔓延到内脏，不然也可能有一只手臂残废。此文以手指的疾病为喻，说明天下的事故通常发生在极为细微、隐而不显的地方，最后酿成莫大的祸患的道理，所以我们要防微杜渐，避免酿成大错。

115. 海鸥与巷燕

1.（1）困苦 （2）明白

2. 你认为我有困苦的原因，（恐怕）是嫉妒我被人怜爱吧。

解析："子"的意思是"你"；此处"病"的意思是"认为……困苦"，为意动用法；"爱"指"怜爱"。

3. 劝告人们要自主自强，不要依附他人，以免受制受辱。说明了爱与恨、祸与福相互倚伏、相互转化的道理。

解析：这则寓言通过海鸥与巷燕的对话描绘了两种不同的生活态度和生存方

式。海鸥的生活虽然困苦，却自由、不受制于人，巷燕的生活虽然有依靠，但祸与福相互倚伏，爱与恨相互转化，依附于人也意味着受制于人。

116. 古镜

1.（1）确实 （2）不同（或差异）

2. 想来古人自有特殊的制作方法。

解析：首先要清楚“意”的意思是“料想”，“术”的意思是“方法”，再根据整句的意思进行翻译。

3. 善于观察和思考、严谨

解析：沈括首先观察了透光镜背面的铭文和花纹，发现其通过日光折射在墙壁上非常清楚，并将透光镜与自己家的镜子进行比较，体现了他观察的细致，同时他也关注到别人家所收藏的镜子，和自己家的一样，都和透光镜是一个式样，但只有这面镜子可以透光，其他的镜子即使最薄的，也都不能透光，体现了他对于科学研究的严谨态度。

117. 松喻

1.（1）本性 （2）距离

2. B

解析：首先要清楚“如”的意思是“像”，“堰盖”的意思是“撑开的伞”，其次要注意“非不”这个双重否定。

3. 人应该保持正直的节操，不能阿谀逢迎

解析：此文将被移植的松树逢迎世人的姿态，与自然界的松树挺拔的形态进行对比，体现出松树的性格是挺直向上的，不应依附和被束缚。同样，人也是如此，应该保持正直的节操和品格，不阿谀逢迎他人。

118. 沧浪亭记

1.（1）像，类似 （2）还 （3）尽，穷尽，完

2. 小桥的南面，土地更加开阔，旁边没有民房，四周林木环绕遮蔽。

解析：首先要清楚“之”的意思是“的”，“益”的意思是“更加”，“皆”应翻译为“都”，再根据整句的意思进行翻译。

3. 移步换景

解析： 文中作者采用移步换景的写作手法，以“顾”“得”“趋”等字真切地写出了他被自然环境深深吸引的情态。而对于具体筑亭之事，文中仅以“构亭北碕”一语带过。结合写作背景，因为被罢职，愤怒和抑郁长久沉重地压在作者的心头，但他又不甘被苦闷压倒，力图从这一精神状态中解脱出来。和以前的许多文人一样，他也只能从政治环境转向大自然，从山水草木中获取慰藉。

119. 梵天寺木塔

1.（1）担忧 （2）原来是

2. 于是铺上瓦，然而塔还是像原来一样晃动。

解析： 首先“乃”的意思是“于是”，“以”应翻译为“用”，“布”的意思是“铺”，“而”表转折，可翻译为“然而，但是”，再根据整句的意思进行翻译。

3. 一方面透露出他对匠师无能的嘲笑，另一方面也表现出他对解决“塔动”这个问题胸有成竹、举重若轻。

解析： 首先在喻皓眼里，使塔牢固不动是非常简单的，只需采用“布板”和“实钉”的方法，就能解决塔身不稳定的问题，故这个“笑”包含了嘲笑的意味。此外，喻皓的建筑工艺水平高超，“笑”也是他自信的表现。

120. 陆游筑书巢

1.（1）中间 （2）带，拉

2. D

解析： 首先要理解“信”在句中指“确实”，“似”的意思是“像”，此句所要表达的是客人一开始不能进入屋子，进入以后又不能出来，所以觉得它确实就像书窝。

3. 废寝忘食地读书学习的精神

解析： 陆游将自己的书屋比作书巢，只因为自己看的书太多太乱，言语之中表露出他对于读书的看法和追求，体现了他刻苦钻研、废寝忘食的精神。

121. 满井游记

1.（1）刚刚 （2）被

2.（我）才知道郊田的外面未尝没有春天，只是居住在城里的人不知道这一点。

解析：首先要补充主语“我”，其次要理解“始”在句中指“才”，“知”应翻译为“知道”，再根据整句的意思进行翻译。

3. 表现了作者厌弃喧嚣尘俗的城市生活，寄意于山川草木的潇洒情怀。

解析：“始知郊田之外未始无春，而城居者未之知也”一句表现了作者对郊外山川草木的喜爱和与城市生活的格格不入。其实通篇写景都渗透着这种洒脱而悠然的情感。

122. 芙蕖

1.（1）一天天地 （2）奇异

2. 因此，我们在花未开的时候，便先享受了无穷的情趣。

解析：首先要理解“享”在句中指“享受”，“于”应翻译为“再”，再根据整句的意思进行翻译。

3. 观赏价值　实用价值

解析：此文从芙蕖的“可目”“可鼻”阐述了它的观赏价值，又从芙蕖的“可口”和“裹物之用”阐述了它的实用价值，抒发了作者喜爱芙蕖的情感。

123. 滕王阁序（节选）

1.（1）来到 （2）尽

2. 这里山峦重叠，青翠的山峰耸入云霄。

解析：首先要理解“层台”在句中指“山峦”，“翠”应翻译为“青翠”，再根据整句的意思进行翻译。

3. D

解析：“渔舟唱晚，响穷彭蠡之滨；雁阵惊寒，声断衡阳之浦”，此句所写并非为眼前所见之实景，而是所听到的声响。

124. 养竹记

1.（1）稳固 （2）像这样

2. 因此君子大多将竹子种植在庭院中，作为随时观赏之物。

解析：首先“故”的意思是“因此，所以”，“树”应翻译为“种植”，名词用作动词，“为”的意思是“作为”，再根据整句的意思进行翻译。

3. 竹“本固”“性直”“心空”“节贞”，如同君子的美德。

解析：文中作者将竹子的四种自然特性比拟成君子的四种美德：“竹本固，固以树德；君子见其本，则思善建不拔者”，意思是说，竹根很稳固，根固象征为人应当建树善良品德并坚持不变。“竹性直，直以立身；君子见其性，则思中立不倚者”，意思是说，竹子是直的，象征着为人应当正直无私，不依附有权势者。“竹心空，空以体道；君子见其心，则思应用虚受者”，意思是说，竹心是空的，好比贤者虚心才能体察天地之道。“竹节贞，贞以立志；君子见其节，则思砥砺名行，夷险一致者”，意思是说，竹节坚贞，正如人应当磨炼节操和品行，在平安和险恶的环境下都能始终如一。

125. 北高峰

1.（1）又，再 （2）更加

2. 群山像屏障似的排列着，湖面如明镜一样平静，云光倒垂下来，下面景象万千。

解析：首先要理解“屏”在句中是名词用作状语，指“像屏障似的”，“列”应翻译为“排列”，“镜”指“像镜子一样”，也是名词用作状语，再根据整句的意思进行翻译。

3. 移步换景、动静结合

解析：“移步换景”是游记最常用的一种写作手法，是指不固定视点，按照地点的转移和一定的视角，把所看到的不同事物记叙下来。此文正是按照地点的转移进行描写的，从华光庙到马明王庙，再描绘湖面景色，然后到郡城。而描述湖面的平静与歌舫往来为动静结合的写作手法，更能体现景色之美。

126. 白石庄

1.（1）时节 （2）去，到……去

2. 在这柳荫之中，回廊亭台遥相对望。

解析：首先要理解“轩”在文言文中指“有窗的廊子或小屋子”，“对”应翻译为“相对，相望”，再根据整句的意思进行翻译。

3. 庄所取韵皆柳

解析：作者以写柳为基调，开头便说“庄所取韵皆柳”。写柳树四季的风景，一句一景，景景相生。春季柳色由黄而绿，由浅而深。盛夏柳荫浓密，宛若绿云。秋季叶黄而落。隆冬坠条当当，一派萧瑟。短短数句，包含着春夏秋冬的更迭，令人有光阴荏苒、四季如轮之感。再写柳丛中的景物，一亭一台，一竹一木，生动鲜明，妙趣横生。

127. 山市

1.（1）回头看 （2）罢了

2. B

解析：“无何”在文言文中指“没多久”，“碧瓦飞甍”指“青色的瓦和翘起的屋檐”，“始”的意思是“才”。

3. 可分为发生、发展、高潮三个阶段。（具体分析言之有理即可）

解析：1. 发生阶段（从孤塔高耸到宫殿出现）：这是目击者眼中的画面。文章还描写了目击者的心理变化：见孤塔时，彼此“相顾惊疑”，表明它是突然出现的，而且跟实景差不多，使人不得不“惊”，但一想到“近中无此禅院”，又不得不“疑”。待到宫殿出现，才悟出原来这是“山市”。这样写就仿佛把读者带到目击者所在的地方了。2. 发展阶段（城郭的出现）：先总写一笔“高垣睥睨，连亘六七里”，颇有恢宏的气象。然后分写“中有楼若者，堂若者，坊若者，历历在目，以亿万计”，虽然寥寥数语，却可以诱发读者的想象。3. 高潮阶段（危楼的出现）：因“风定天清，一切乌有”，只剩下一座高接霄汉的危楼，所以楼的形状看得格外清楚，连楼外天空也显现了出来，仿佛距离比先前的城郭更近了一些。更为特别的是，楼上还有来来往往的人，或凭或立，与人世无异，这又给人以亲切感，增强了观赏的兴趣。最后写幻景的消失，跟影视中的渐隐镜头颇为相似，又使人感到余味无穷。

128. 奇鹰

1.（1）年轻 （2）不

2. 如果（这只鹰）只是为了抓小兔子，臣怎么敢献给您呢？

解析：此句的关键词是“若”“岂”，“若”解释为“假如”，“岂”解释为“怎么，难道”，“效”解释为“见效”，“效于雉兔”意为“在抓小兔子上见效”。
3. 通过侧面描写体现这只鹰的“奇特”。
解析：此句的意思是“不一会儿，羽毛像下雪一样掉下来，血像下雨一样洒下来，一只大鸟掉在地上，测量它的两只翅膀的长度，有数十里长”。这段文字描写了这只巨大的大鹏幼雏被鹰抓捕的速度之快，从侧面体现出鹰的抓捕能力高，突出了此鹰“奇”的特点。

129. 游青溪记

1.（1）大概 （2）比
2. 唯独它的水的颜色最为奇特。
解析：此句的关键词是“独”“奇”。联系前一句，青溪的水和其他地方的泉水并没有什么不同，因而“独”是“唯独”的意思，不可翻译成“只是”。“奇”解释为“奇特”。
3. 对比
解析：此文用“舍烟新柳”“脱箨初篁”“玉”“纨”和水进行比较，突出青溪之水的“碧”。

130. 冰雪文序

1. B
解析：断句这类题型要明确句子的各个成分，如果划分文言文的成分较难的话，可以先将句子翻译成现代汉语再进行划分。“如鱼之于水”“龙之于石”是状语，两者对偶，“日夜”是时间状语。
2. 写作它（或诗文）的人原本就难，能读懂（或识别）它的人尤其不容易啊。
解析：此句的关键词是“作”“固”“识”“尤”。“作”解释为“写作”；“固”是常见词，在文言文中通常解释为“本来”；“识”解释为“识别”；“尤”解释为“尤其，特别”。
3. 众人皆醉我独醒的自傲 / 高洁傲岸，难遇知音 / 知音难觅 / 天下无人能识己的无奈。（意思对即可）
解析：本题考查的是对文章内容的理解。这里的“恨”是“遗憾”的意思，整句话的意思是“只不过遗憾的是看到这样诗文的人不能理解，理解了又不能评说”。从张岱的“遗憾”中能看出张岱对知音难觅的无奈。

131. 放鹤亭记

1.（1）命名 （2）好处

2. 在这个亭子里喝酒并以此为乐。

解析：此句的关键词是“乐”。在课文《醉翁亭记》中，“太守之乐其乐也”的“乐”解释为“以……为乐”，这里的“乐之”也即“以之为乐”的意思，可见课内知识点的迁移、运用很重要。

3. 他是个洒脱旷达的人。（意思相近即可）

解析：此文主要通过活泼的对话写出了山人信然自适的生活图景和不为时事所囿的自由心境，表达了作者苏轼对隐居之乐的神往。文中写景形象生动，主要着笔于“鹤”，借鹤的“清远闲放，超然于尘垢之外”表现山人超尘出世之姿。写鹤亦是在写人。

132.《伯牙鼓琴》比较阅读

1.（1）认为；相当于“把，拿，将”（2）给，替；做

解析：“以为世无足复为鼓琴者”一句可翻译为“认为世上再没有值得他为之弹琴的人了”。“以”在此句中的意思是“认为”，课文《邹忌讽齐王纳谏》“皆以美于徐公”的“以”也取这个意思。“为”在此句中的读音是 wèi，是“给，替”的意思。“尽以告之”是一句省略句，可翻译为“把这十一个人的情况全部告诉了苏轼”，此处“以”是介词，表示对事物的处置，相当于“把，拿，将”。“吾得其为人”中“为人”的意思就是做人的处世接物，因此“为”是“做”的意思。

2. 破琴绝弦　读之至流涕　神态　失去了自己欣赏的人

解析：本题要在整体感知文章内容的基础上分析作答。苏轼从小就对范仲淹钦佩、仰慕，从“既葬，而墓碑出，读之至流涕”这一神态描写可以看出，苏轼为自己不能认识范仲淹而感到遗憾，为范仲淹的离世而悲痛不已。【甲】文“破琴绝弦”这一动作能够体现出伯牙的内心，他为自己知音的逝世而悲痛。

3. 交友要看重彼此的才华和德行；朋友之间要互相理解、互相欣赏。

解析：伯牙鼓琴表现了朋友间相互理解、相互欣赏的真挚友谊，锺子期是真正能够欣赏伯牙才华、领悟伯牙演奏意境的人。苏轼虽然与范仲淹相隔多年，但他年幼时就通过文章知晓了范仲淹的为人，并钦佩、仰慕他，不认识彼此却也称得上是“知音”了。

133.《学弈》比较阅读

1.（1）的 （2）宾语前置的标志，无意义 （3）的 （4）它，代“秦青的歌唱技术”

解析：本题考查重点虚词的多个义项，“之”是中学文言高频虚词，常见义项有：“的”；取消句子独立性，无意义；代词；“到……去”；起到特殊语法作用的标志；凑音节，无意义。作为代词时，需要结合前后文，仔细判断具体指代的内容。

2. 弈秋，通国之善弈者也 抚节悲歌，声振林木，响遏行云

解析：本题考查按要求提取文中关键信息。【甲】文中通过判断句“弈秋，通国之善弈者也”来介绍弈秋的身份，并强调在“通国”的范围中是属于“善”的，以此凸显弈秋棋艺之高超；【乙】文中通过描写“抚节悲歌”达到的效果“声振林木，响遏行云”，从侧面展现秦青歌艺之高超。

3. 坚持不懈，持之以恒 三心二意 半途而废

解析：本题考查对文章主旨的把握。【甲】文通过对比两个学生的学习态度，揭示了学习要专心致志，不能三心二意；【乙】文通过记叙薛谭从“自谓尽之，遂辞归”到“终身不敢言归”，揭示了学无止境，学习是不能中途而废的。【甲】【乙】两文各有侧重，但都强调了学习必须要坚持不懈、持之以恒的道理。

134.《两小儿辩日》比较阅读

1.（1）认为 （2）因为 （3）相当于“把，拿，将” （4）相当于“把，拿，将”

解析：本题考查重点虚词的多个义项，“以”是中学文言高频虚词，常见义项有：“认为”；“因为”；相当于“把，拿，将”；“用”；“凭借”；后者是前者的目的，“来”。

2. 太阳什么时候离人远、什么时候离人近 太阳和长安哪个离人远（近）

解析： 本题考查按要求提取文中关键信息。需要注意的是，题目中以问号结尾，填空的内容必须是疑问句，而非陈述句或短语。【甲】文中从“我以日始出时去人近，而日中时远也”和“我以日初出远，而日中时近也”的差异来推测问题；【乙】文聚焦“汝意谓长安何如日远”即可作答。

3. 聪慧

解析： 本题考查对人物形象的把握。需要注意的是【甲】【乙】两文中的儿童各有各的特点，而题目要求找到他们的共同点，切勿以偏概全。

135.《咏雪》比较阅读

1. 大将军（王敦）很喜欢他，常常让他在自己的帐里睡觉。

解析： 在本题中，要注意“甚”（很）、“爱”（喜欢）、“恒”（经常）的意思，必须翻译出来，“置”在文言文中是“放”的意思，在此如果直译，句子是不通顺的，需要修改为“让……在”。另外，后半句缺乏宾语，应在“置”后补充“他”，即王羲之，使得句子完整、句意通顺。

2. B

解析： 选项 A 错在【乙】文中王羲之没有语言描写。选项 C 错在将军“大惊”的原因是将军与钱凤在房中密谋叛乱的事，忘记了王羲之正在帐中睡觉，他们害怕王羲之知道了他们的计谋。选项 D 错在大将军的人物形象不是慈爱、有雅兴的。

3. 机智聪慧　有文学才华　沉着冷静

解析：【甲】【乙】两文中，两个孩子都表现出了机智聪慧的一面，但是遇到的情况不同，谢道韫的机敏主要是表现在文学方面，而王羲之是面临险境时随机应变，充分运用智慧以自救，表现出的不仅是聪明机智，更是遇到险境时沉着冷静的一面。

136.《陈太丘与友期行》比较阅读

1.（1）约定；约定的日期　（2）代词，代“陈元方”；代词，代“诸儿”

解析：（1）在“陈太丘与友期行”一句中，“期”是动词，意思是“约定”，这是“期”的本义；而在“须期乃入”一句中，“期”是名词，由本义引申而出，解释为“约定的日期”。两者词性不同。（2）“之”在两句中的词性、用法相同，但是具体指代的内容不同。

2.（1）家君；君；家君 （2）我们；您

解析：本题要求准确地把握文言句子中省略的成分，这有助于完整理解句子的意思。第（1）句省略了多个主语，陈元方的父亲等候友人很久，友人没有到，所以陈元方的父亲先行离开了。第（2）句省略了主语和宾语，儿童们表示自己听说使君前来，因此主动来迎接使君。由于两句均为对话，应该注意将主语和宾语调整为“家君”“君”“我们”和“您”，体现对话感。

3. 做人要讲信用　郭伋守信　描写

解析：【甲】文的关键词是“信”与“礼”，友人没有在约定的时间来到，正是友人不守信的体现。【乙】文中孩子们前来欢迎郭伋，并热情地询问郭伋何时离开，想要欢送郭伋，郭伋在告诉孩子们后就默认已与孩子们有了约定，因此哪怕巡视提前完成了，也要特地在野外亭中留宿，为的是不失信于孩子们，可见郭伋对“信”的重视。因此，两文都告诉我们同样的道理：要讲信用。但是【甲】文中友人的行为是“无信”“无礼”的，是反面例子，而【乙】文中郭伋的行为是一个正面例子。表达方式共有五种：叙述、描写、抒情、议论与说明，【甲】文主要是通过两人的对话来表现人物形象的，因此是“描写”。

137.《〈论语〉十二章》比较阅读

1. D

解析：本题四个选项中“而”的词性都是连词，选项D中的“而”表并列，可翻译为“并且”，其他选项的“而”连接的两个动词都在时间上先后相承或在事理上前后相关，都表承接。

2. 要选择他们的长处来学习。

解析：在本题中，要注意“善”（优点、长处）、“其”（代“他们的”）、“从”（跟从，此处指学习）的意思，必须翻译出来，其中“善者”一词指的是“好的地方”，也就是“优点，长处”。“从”本义是“跟从”，但结合语境来看，应翻译为“学习”，学习他人的长处。

3. 三人行，必有我师焉（或“择其善者而从之”） 学而不思则罔，思而不学则殆　向圣人学习，要学会找到现象背后的原因（或“学习要抓规律或本质”）

解析：【乙】文中列子反复向关尹子求教且如实说出自己不知道射中靶心的原因，正体现了列子虚心求教并且愿意思考事情的本质，符合【甲】文中的道理。纵观整篇文章，【乙】文这则寓言告诉人们，学习也好，做事也好，不仅要知其然，而且要知其所以然。知其所以然，才算掌握了规律，只有这样精益求精地学习、工作，才能把事情办好。

138.《穿井得一人》比较阅读

1. B

解析：一定要先回到语境中，根据语境读懂句子的整体意思，找出关键实词、虚词，查看有无特殊句式。“说”同“悦”，意思是“高兴”；“险”的意思是“险恶”；“岂可为之邻哉”的意思是“怎么能和他做邻居呢”。

2. 不可轻信谣言，盲目随从　被贪欲蒙蔽或利欲熏心　亡国　反　凡人必别宥然后知，别宥则能全其天矣

解析：【甲】文告诉我们，对于传闻，要以审慎的态度进行分析、甄别，不要轻易相信传闻。【乙】文中齐人的“大有所宥”是“殊不见人，徒见金耳”，本质是被贪欲蒙蔽了心灵。“亡国之主，其皆甚有所宥邪”的意思是“亡国之君，大概他们都特别有（认知）局限吧”，由此可知，国君“甚有所宥”的后果就是亡国。这两个事例都是从反面进行阐述的，论证了“所宥”的严重后果，用原文回答即“凡人必别宥然后知，别宥则能全其天矣”，强调了只要是人必须去除局限，然后才能明白事理，去除局限就可以保全自己的命运了。

3. D

解析：“丁氏”所说的“吾穿井得一人”，意思是“得一人之使，非得一人于井中也”，即得到一个人的劳力，并不是从井中挖出来一个人。“闻而传之者”和“国人”误解了他的意思，并传播起来，二者是“有所宥”之人，而“丁氏”并非“有所宥”之人。

139.《诫子书》比较阅读

1. A

解析：本题考查对文言文一词多义的辨析，要求理解文言字词的含义，并能

辨析其在不同语境中的用法。选项 A：都是名词，“品德，品行”。选项 B：前者是连词，表目的，“来”，后者是介词，“用”。选项 C：前者指“没办法”，后者指“不要因为”。选项 D：前者是动词，“增长”，后者是形容词，“广阔”。

2. 然而（我）洗一次头，要多次（停下来），握着自己已散的头发（接待宾客）；吃一顿饭，要多次（停下来），吐出嘴里的食物（以接待宾客），（即使这样）还怕（因怠慢而）失去天下的人才。

解析：此句的翻译需要重点落实：然（然而，可是）、三（虚指，多次）、犹（仍旧，还）、恐（害怕）。为了确保句子的完整，需要补充主语“我”。难点在于要明确周公“握发”“吐哺”的典故，其目的在于接待宾客、礼贤下士，以此补充句子，使其通顺。

3. 静　谦 / 慎

解析：【甲】文的主旨是劝勉儿子勤学立志、修身养性要从淡泊宁静中下功夫，最忌怠惰险躁。文章概括了做人治学的经验，着重围绕一个“静”字加以论述，同时把失败归结为一个“躁”字，对比鲜明。【乙】文说的是周公告诫儿子立国的道理，不要因为受封了鲁国（有了国土）就怠慢、轻视人才，重在“谦”或“慎”，以六种“谦德”强调谦虚谨慎是理天下、成大业的第一要素。

140.《狼》比较阅读

1. C

解析：选项 C“有貔逐麋来，止其室之隈”，句意为“有貔追捕麋鹿来到（这里），在他家的一角停了下来”，因此“止”解释为“停止”。“止有剩骨”中的“止”通“只”，翻译为“仅”。选项 A 中的“于”都翻译为“在”。选项 B 中的“而”都是连词，表示转折。选项 D 中的“以”都翻译为“用”。

2. D

解析：“若石不知其为貔也，叱之，不走，投之以块，貔人立而爪之，毙”的意思是“若石不知道它是貔，呵叱它，它不跑开，（又）用土块打它，貔像人一样站立起来用爪子抓他，他就死了”。故导致的最终结果是若石死亡。故 D 错误。

3. 防备老虎的威胁　防备其他动物的威胁以及防备不同动物应该采取不同的方法　应该用长远的目光看待问题，要有忧患意识，不可放松警惕，否则最终会害了自己

解析：“有虎恒蹲以窥其藩……卒岁，虎不能有获”，是写若石知道“有虎恒蹲以窥其藩”，然后严加戒备，这是“知一”。“知二”指“若石不知其为貙也，叱之，不走，投之以块，貙人立而爪之，毙”，不了解貙这种动物，更不知道防备的方法，以致丧命。【甲】文屠夫不仅没有受到前狼假寐的迷惑，而且杀了眼前的狼，准备赶路时又警惕地转视积薪后，发现了另一只正在钻洞的狼，可见他的警惕。【乙】文中若石得知虎死，以为没有了忧患，就放松警惕、撤除防备，最后导致灾祸。根据以上内容概括、提炼。

141.《杞人忧天》比较阅读

1. C

解析：本题考查对文言文一词多义的辨析，要求理解文言字词的含义，并能辨析其在不同语境中的用法。选项 A：前者是代词，代“杞人”，后者的意思是“的”；选项 B：前者指“说”，后者指“叫作”；选项 C：都指“无，没有”；选项 D：前者指“衣服”，后者指“穿”。

2. 缺乏起码的常识和经验　杨布穿着白衣服出门，回来时却穿着黑衣服

解析：本题考查对文章主要内容的把握并按要求概括信息。难点在于区分“主要原因”和“直接原因”。直接原因是表面的，直接导致结果的产生，【乙】文中，狗因为没有认出换了衣服的杨布而吠；主要原因是内在的，需要整合表面现象，探究其内在本质，【甲】文中，杞人担忧天地崩塌，是因为他对天地的认知有所缺乏。

3.【甲】文讽刺了那种为本来不用担忧的事而担心发愁的人；【乙】文讽刺了现实生活中只看现象、不能认清事物本质的人。

解析：本题考查对寓言故事的理解。作者通过寓言故事要讽刺的不是某一个人，而是以这一个人为代表的所有身上具有这种特点的人。答题时不能停留在故事人物本身，应当提取人物身上的特点，使之具有普遍性。

142.《孙权劝学》比较阅读

1. B

解析：本题考查文言文断句。解答时要先解析句意，找到句子的主语，再划分朗读节奏，注意应符合古人说话的习惯。此句的意思是：妻子跪起身问他回来的缘故，羊子说："出行在外久了，心中想念家人，没有别的特殊的事情。"区别主语为"妻子"和为"羊子"的句子，再根据文意断句为：妻跪问其故 / 羊子曰 / 久行怀思 / 无它异也。

2. A

解析：本题考查对文章内容的理解与分析。从文中"孤岂欲卿治经为博士邪！但当涉猎，见往事耳"一句可以看出：孙权没有要求吕蒙钻研经书，只要求他广泛涉猎。

3. 孙权是以自身经历来劝学的，乐羊子之妻是用织布作喻来劝学的。

解析：本题考查对文章主要内容的理解与把握。【甲】文中，当吕蒙推辞学习时，孙权说："……孤常读书，自以为大有所益。"是拿自己和吕蒙比较，以自身经历来劝学。【乙】文中，当乐羊子陈述自己停止学习的原因后，乐羊子之妻说："……若中道而归，何异断斯织乎？"是将学习的过程比作织布的过程，以此来劝学。

143.《卖油翁》比较阅读

1.（1）他，代"陈康肃"（2）它，代"这个道理"（3）它，代"潜水的技术"（4）的

2. 发矢十中八九　自钱孔入，而钱不湿　十五而能浮没

解析：本题考查对文中关键内容的提取。题目要求找到"绝技"的表现，所选语句一定要能表现出"绝"的一面。"十中八九"绝在命中率高，"自钱孔入，而钱不湿"绝在钱孔之小却没有沾湿的惊人结果，"十五而能浮没"绝在年纪之小。

3. 要想学会一项技能，就得多加操练。

解析：【甲】文中无论是陈康肃射箭，还是卖油翁倒油，都侧重于一个"熟"字；【乙】文中通过"不学而务求道"的分析，告诉我们"学"比"道"更重要。两者都是围绕技能展开，重点论述反复训练的重要性。

144.《陋室铭》比较阅读

1. B

解析：本题考查对文言文一词多义的辨析，要求理解文言字词的含义，并能辨析其在不同语境中的用法。选 项 A：前者是介词，相当于“从，自，由”，后者是介词，相当于“在，到”。选项 B：都是动词，相当于“吃”。选项 C：前者是助词，不译，用在主谓间，取消句子独立性，后者是代词，代“惠子”。选项 D：前者是动词，“出名，有名气”，后者是名词，“名称，名字”。

2. 不是梧桐树就不栖息（停息），不是竹子的果实就不吃，不是甘甜的泉水就不喝。

解析：要注意“止”（栖息，休息）、“食”（吃）、“饮”（喝）必须翻译出来，其中“止”的意思“栖息”容易和“停止”这一义项混淆，此处指的是鹓鸟习性高洁，不在普通地方栖息。

3. 相同点：他们均有不慕名利的思想。不同点：庄子表达了自己高远的志向，刘禹锡则流露出安贫乐道的生活情趣。

解析：《陋室铭》突出了陋室之主追求的不是荣华富贵，也不是功名利禄，而是“德馨”；《惠子相梁》刻画了惠子因怕丢掉相国的官位而褊狭猜忌的丑态，表明庄子自己的清高，无意于功名利禄。据此可以总结，两位作者都具有不慕名利、不追求功名利禄的思想。《惠子相梁》中庄子以鹓鶵自比，这是传说中凤凰一类的鸟，习性高洁，“非梧桐不止，非练实不食，非醴泉不饮”，可见庄子超然物外，有着高远的志向。而《陋室铭》中陋室主人身居陋室，精神世界却富有充实，生活恬然自适，可见其安贫乐道的生活情趣。

145.《爱莲说》比较阅读

1.（1）值得　可以　（2）远闻　（在）远处

2. ①体兼众彩，而不极于色　②香远益清　③不可得而亲，不可得而疏

解析：本题考查按要求提取文中相关信息。聚焦“色泽”，提取“体兼众彩，而不极于色”，聚焦“香气”，提取“香远益清”；聚焦“品味”，提取“不可得而亲，不可得而疏”。其中第①③空各由两个分句构成，需要提取完整。

3. 花之君子　洁身自好　文王、孔子、屈原之徒　高洁

解析：本题考查按要求提取文中相关信息及对作者主要思想情感的把握。聚

焦“莲，花之君子者也”和“其真文王、孔子、屈原之徒”，可知作者所用的比喻及其中蕴含的情感。

146.《活板》比较阅读

1. C

解析： 本题考查重点虚词的多个义项，“以”是中学文言高频虚词。选项 A、B、D 都是“用”的意思，选项 C 的意思是：后者是前者的目的，“来”。

2. 时间顺序　空间顺序

解析： 本题考查对说明顺序的把握。初中阶段需要掌握的说明顺序有三种：时间顺序、空间顺序、逻辑顺序。【甲】文按刻字、排版、印刷、拆版取字的操作先后来写，所以是时间顺序；【乙】文在介绍地动仪的结构特征时，按由外而内、从上到下的顺序来写，所以是空间顺序。

3. 活字印刷：“活”。体现在：①字是活的；②排版是活的；③印刷是活的；④字印数目是活的。地动仪：“巧”。体现在：①外形巧；②能准确判断地震方向；③运行过程自然流畅。

解析： 本题考查按要求提取文中相关信息并进行概括。通过梳理行文思路，理清作者介绍了说明对象的哪些方面，即可归纳出答案。

147.《答谢中书书》比较阅读

1. 欲界之仙都　（有）深趣

解析：【甲】文作者对山川之美，从山高水清到四时佳景，再到晨夕风光，层层描写，文末用一句话来总结“实是欲界之仙都”，称赞这里确实是人间的仙境，因此可用“欲界之仙都”概括此文的景色。【乙】文作者不但在寒冬夜色中保留着浓厚的游兴，还能敏锐地预感到春天不久就要降临，他已开始感受到未来的“深趣”，在最后向朋友发出了邀约，邀约的原因正是“然是中有深趣矣”，这是对前面所描述的景色的概括。

2.“猿鸟乱鸣”使景色灵动，充满生机活力；“吠声如豹”以动写静，衬托了冬夜的空旷寂静。

解析：【甲】文作者用两组并列的对偶句写一日之美。“猿鸟乱鸣”中的“乱”字有声繁悦耳、使人迷惑、动人心魄的意思，而到了“夕日欲颓”，鱼竞跃腾欢，尽情享受空气中弥漫的芳馨。总之，从早到晚，山林中正是由于猿的啼唤、鸟的鸣叫和鱼的竞跃欢腾而显得生机灵动、充满活力。【乙】文第一段描绘了辋川的冬色、月光下的夜色，写出了冬夜的幽深寂静，隐约的城郭、沦涟的水波、落寞的寒山、明灭的灯火都是静态的景象，而深巷的犬吠于寂静中遥遥传来，更能衬托出静。

3.【甲】文表达了作者亲近自然的喜悦之情、归隐林泉的高洁志趣和与古今知音共赏美景的得意之感。【乙】文邀请裴迪来山中同游，委婉地表达了对朋友的思念，也表达了淡泊名利、回归自然的愿望。

解析：解读作者的情感必须要关注作者抒情和议论的句子。【甲】文开头便感慨道："山川之美，古来共谈"，表达对山水美景的热爱，称赞了友人的高雅情怀。文末，作者笔锋一转，写道："自康乐以来，未复有能与其奇者。"他认为自谢灵运以后，就不曾再有能像谢氏那样享受山水之奇妙的人了。作者将谢中书当作能够谈山论水的朋友、志同道合的莫逆之交。南北朝是中国历史上最黑暗的时期，因为各种矛盾非常尖锐，政局极度动荡，因此不少文人往往遁迹山林，从自然美中去寻求精神上的慰藉和解脱，因而他们常在书信中描述山水，来表明自己的所好，并作为对友人的问候和安慰。【乙】文从"夜登华子冈"到"多思曩昔"，写了对裴迪的思念，这是信的本旨，目的是引起对方来同游故山的兴趣。同时，作者对恬淡宁静、超尘脱俗的人生境界的追求也流露于景物描写之中。

148.《记承天寺夜游》比较阅读

1. 子瞻　东坡居士《水调歌头·明月几时有》

解析：本题考查文学常识的积累，苏轼的代表词作还可以填《念奴娇·赤壁怀古》《江城子·密州出猎》《定风波·莫听穿林打叶声》等有名的篇章。

2. 庭院中月光澄澈清幽　汉族和少数民族融洽相处，市井气象繁荣热闹

解析：本题考查对文章内容的把握，并进一步考查在文言文翻译基础上对信息的概括和提炼。【甲】文有自然景物描写，"庭下如积水空明，水中藻、荇交横，盖竹柏影也"；【乙】文则无月色描写，而是写了城市夜晚人的活动——"民夷杂揉，屠沽纷然"。【甲】文一句可翻译为"月光照在庭院里像积满的清水一样澄澈透明。水中水藻、水草纵横交错，原来是院中竹子和柏树

的影子”，可提炼出描写对象是澄澈皎洁的月光。【乙】文一句可翻译为“只见汉族和少数民族混杂在一起，卖肉的、卖酒的多得很”，可提炼出描写对象是儋州元宵节特有的热闹喜庆的城市景象，作者以“杂揉”形容汉族和少数民族的融洽相处，用“纷然”描写市井气象的繁荣。

3.（1）闲人 （2）被贬谪的悲凉、对人生的感慨、赏月的欣喜、漫步的悠闲 （3）因缘自适、随遇而安、安闲恬静

解析：【甲】文“闲人”一词，是自嘲，说自己和张怀民是清闲的人，包含了作者郁郁不得志的悲凉心境，反映了苏轼宦途失意的苦闷。但从另一个方面来看，月光至美，而人不能识，唯此二人能有幸领略，岂非快事，只有情趣高雅的人能欣赏这月夜，“闲人”二字亦有漫步的悠闲、赏月的欣喜，人生的感慨蕴含其中。【乙】文中苏轼的自笑和笑人，从正反两个方面反映了他的随缘自适的思想，与韩愈不同，他认为，一切得失都是相对的，只要抓住当前，与环境协调，就会悠然自得。

149.《得道多助，失道寡助》比较阅读

1. B

解析：选项A中的“利”分别解释为“有利的”和“好处”。选项B中的“之”都是助词，解释为“的”。选项C中的“而”，前者翻译为“却”，表转折，后者表并列。选项D中的“生”分别解释为“生长”和“生命”。

2. 和 天地 君臣 九族

解析：本题考查对文章内容的理解和把握。两文都围绕“（人）和”。【乙】文从“此言天地和则万物生，君臣和则国家平，九族和则动得所求、静得所安”一句中可以看出，是从天地、君臣、九族三个方面论述“和”字的。

3. 施行仁政 不要担忧和害怕贫困，而应努力做到“和”

解析：本题要求分析概括作者在文中的观点和态度。两文都围绕“（人）和”。【甲】文的观点是要获得“人和”，“得道者多助”，获得民心的方法就是“实行仁政”。【乙】文的观点出现在文章最后的议论句中，将“今但贫耳，贫非人之患也，唯和为贵”翻译出来即可作为答案。

150.《生于忧患，死于安乐》比较阅读

1. C

解析：选项 A：前者为代词，代“这个人”；后者为语气副词，表示期望、期许、命令。选项 B 中的“声”分别解释为“言语”和“淫靡的音乐”。选项 C：都是连词，表示顺承，可翻译为“然后”。选项 D 中的“终”分别解释为“死”和“最终”。

2. B

解析：选项 B 与原文意思不符。【乙】文中晋王“以三矢赐庄宗”的目的是希望庄宗为其完成遗愿，庄宗“请其矢，盛以锦囊，负而前驱”，指的是“背着三支箭走在前面”，目的是牢记父亲遗愿，并不是“用它去射死三个敌人”。

3. 提示：从“忧患意识”“胜不骄、败不馁”“磨炼意志”三点来谈即可。

解析：本题考查的是综合能力，首先要能够提炼出文章的启示：【甲】文的中心是“生于忧患而死于安乐”，这是忧患意识的体现，“苦其心志……行拂乱其所为”则是对人意志的磨炼。【乙】文是通过庄宗由盛转衰的过程道出“忧劳可以兴国，逸豫可以亡身”的道理，也是忧患意识的体现，“可谓壮矣”“何其衰也”分别赞庄宗成功时意气之盛和叹其失败时形势之衰，正是胜利之后的骄傲使他尝到了苦果，“胜不骄、败不馁”的道理由此体现。其次，要学会将自己的生活和学习结合以上的启示进行适当分析，注意语句通顺。

151.《愚公移山》比较阅读

1. B

解析：本题考查朗读停顿。选项 B 错误，“河曲智叟”是主语，“笑而止之曰”是谓语，主谓间需停顿，改为：河曲智叟 / 笑而止之曰。

2. 老虎细看了（他们）很久，去用头触碰他们，希望其中一个能害怕。

解析：此句要注意“熟”（仔细地）、“久之”（很久）、“以”（用）、“惧”（害怕）的意思，必须翻译出来。其中“虎熟视久之”一句省略了宾语“两个孩子”，翻译时需要补充宾语，也可以用“他们”来代指。

3. B

解析：本题考查对文章内容的理解。从“且焉置土石”可以看出，愚公的妻子不是反对移山，而是在帮助愚公积极想办法，愚公的妻子对于愚公移山一

事主要是关切与担忧，而智叟“笑而止之”则是嘲笑、反对的态度。

152.《桃花源记》比较阅读

1. D

解析：本题考查对文言文一词多义的辨析，要求理解文言字词的含义，并且能辨析其在不同语境中的用法。选项A：前者指“竟然”，后者指“是”。选项B：前者指“不久”，后者指“寻找”。选项C：前者指“食物”，后者指“吃”。选项D：都指“全部”。

2. 避秦时乱　恬多使妇人，我等不胜其弊　深受战乱、徭役的压迫

解析：本题考查按要求提取文中关键信息并进行比较和分析。【甲】文中，聚焦“来此绝境”，再从之前的文字中提取来桃花源的原因；【乙】文中，聚焦“逃窜至此”，再从之前的文字中提取来雁门山的原因。一个是战乱，一个是徭役，都是让百姓深受压迫、无法安居乐业的灾难。

3. 答案不唯一，言之有理即可。

解析：这两篇文章都有一种神秘的色彩，神秘在故事情节的安排、人物命运的走向等。可以从这些角度去比较：两篇文章都描写了一个美好的世外仙界；里面都住着一群为避难而来的人；这个世外仙界都是无意间被外人发现的；结果都是再寻而不得，极为神秘；等等。

153.《小石潭记》比较阅读

1.（1）弯曲，曲折　拐弯，转弯　（2）……的样子　这样

2. 如鸣珮环　悦耳动听　其鸣乍大乍细　声音多变

解析：本题考查通过指定角度把握景物的特点。【甲】文中，聚焦“闻水声，如鸣佩环”中的“闻”，通过分析喻体“鸣珮环”的特点，可知小石潭水的悦耳动听；【乙】文中，聚焦“有泉幽幽然，其鸣乍大乍细”中的“鸣”，通过理解“乍大乍细”的差异，可知泉水的声音多变，忽大忽小。

3. 借景抒情 / 情景交融　被贬谪后心情抑郁，寄情山水寻求精神慰藉和怀才不遇的苦闷

解析：本题考查对文章写作手法和写作背景的把握。柳宗元因参加王叔文革新运动，被贬到永州担任司马。到永州后，其母病故，王叔文被处死，他自

己也不断受到政敌的诽谤和攻击，心情压抑。永州山水幽奇雄险，许多地方鲜为人知。柳宗元在这漫长的戴罪期间，便到处游览，探胜寻幽，借以开拓胸襟，得到精神上的慰藉。

154.《核舟记》比较阅读

1.（1）是 （2）做，雕刻 （3）成为，变成

解析： 本题考查重点实词的多个义项，“为”是中学文言高频实词，常见义项有“做，干”“作为”“当作，认为，是”“成为，变成”“被，给，替”等。

2. A

解析： 选项A，【甲】文先中间后两边，从右到左、由上到下描述了核舟，【乙】文简单罗列了人与物，并不是按照空间顺序进行介绍的。选项B，【甲】文中，“若啸呼状”，“视端容寂，若听茶声然”描写了舟子的神态，【乙】文中，“挽”“握”“运”描写了舟子的动作。选项C，【甲】文中，作者用较为具体的笔墨描写了舟前的苏轼、黄庭坚和佛印以及舟尾的二舟子，而【乙】文中，作者只是提及船上人的动作而已。选项D，两文均通过描述两位手工艺人的作品来赞颂他们的高超技艺。

3. 答案不唯一，言之有理即可。

解析： 如果认为【甲】文的核舟精巧，理由如：桃核体积小，所刻事物繁多，刻人情态毕备。如果认为【乙】文的木舟精巧，理由如：木料体积较小，所刻事物较多，且活动自如。（木舟必须提到“活动自如”。）

155.《虽有嘉肴》比较阅读

1.（1）好处 善于，擅长 （2）反思 相反，与……相反

2. D

解析： 本题考查文学常识和文言知识，涉及文章出处、作者、代词指向、通假字和特殊句式。选项D中的“此皆进学之道也”为判断句。

3. B

解析： 选项B，“运用对比手法”有误，以木工砍伐坚硬木头的正确做法来说明善于提问的人比较容易解决问题，是类比手法。

156.《岳阳楼记》比较阅读

1. C

解析： 选项A中的“以”分别为“因为”和“用”。选项B中的“或”分别为“或许”和“有时”。选项C中的“尝”都是“曾经”的意思。选项D中的“之”，前者为“到……去”，后者为结构助词，“的”。

2. 揭示主题（点明文章中心） 议论 记叙

解析： 两篇文章的表达方式不同，【甲】文节选的部分是议论段，而【乙】文则记叙范仲淹的童年、少年的经历，但两文表达的中心是一致的，都是范仲淹以天下为己任的思想感情，两文都在文末以“先天下之忧而忧，后天下之乐而乐”来揭示主题。

3. 从贫苦家世了解了人民的疾苦，从小立志苦读、大通六经之旨奠定了他的儒家“仁爱”思想

解析： 解答本题首先要明白主旨句的意思：在天下人忧愁之前先忧愁，在天下人快乐之后才快乐。范仲淹是把国家、民族的利益摆在首位，为祖国的前途、命运而担忧。【乙】文讲述了范仲淹童年时贫苦的家庭条件与身世，接着讲述了他少年时“昼夜苦学”，“遂大通六经之旨，慨然有志于天下”。因此要将他两段人生经历结合在一起，既要看到他对百姓疾苦的感同身受，又要看到他兼济天下的思想的来源。

157.《醉翁亭记》比较阅读

1. 北宋 唐宋八大家

解析： 欧阳修和苏轼都是北宋时期著名文学家。唐宋八大家又称“唐宋散文八大家”，是唐代和宋代八位散文家的合称，他们分别为唐代韩愈、柳宗元和宋代欧阳修、苏洵、苏轼、苏辙、王安石、曾巩。

2. A

解析： 选项A中的“之”都是结构助词，“的”。选项B中的“而”，前者表转折，“然而，但是，却”，后者表顺承，“然后”。选项C中的“其”，前者为代词，代“他们”，后者表反诘，“难道”。选项D中的“以”，前者为介词，“把”，后者为连词，“因为”。

3. D

解析： 选项 D 所说的“两文都表达了作者被贬后寄情山水的忧乐之意和愁苦之情”错误，应为“两文都表达了作者与民同乐的思想感情”。

158.《鱼我所欲也》比较阅读

1. B

解析： 选项 A 都解释为“比……更”，用在动词或形容词后面，引入比较的对象。选项 B 中的“之”，前者为结构助词，“的”，后者为代词，代“羞恶之心”。选项 C 都解释为“做”。选项 D 都解释为“所以”。

2. 万事莫贵于义　舍鱼而取熊掌　舍生而取义

解析： 本题的关键点在于把握两篇文章的中心论点，【甲】文的中心论点是“生，亦我所欲也：义，亦我所欲也。二者不可得兼，舍生而取义者也”，【乙】文的中心论点在开头和结尾重复出现：“万事莫贵于义”。【甲】文一开头就用了比喻论证，把生和死的选择比喻为鱼和熊掌的选择，由此第二空可以摘录原文“舍鱼而取熊掌”。

3. 两篇文章中“义”的内涵都是“正义”(或“有利于人民和国家的大义”)。今天我们还有必要坚持这种“义”，任何时候，我们都要坚持人民和国家的利益高于一切的原则。

解析：【甲】文认为所欲的正义甚于生，就可以舍生取义，所恶的不正义甚于死，就可以慷慨赴死。正义是中华民族的优秀文化传统，也是我们生活中必须坚守的道德准则。【乙】文中的“一言”指的是“关系到正义与不正义的一句话”，墨子认为，天下的根本在于一个“义”字，为了捍卫正义可以去厮杀，去战斗，去牺牲，正义甚至重于生命。在这一点上，与孟子所讲的“舍生取义”是一致的。

159.《曹刿论战》比较阅读

1. C

解析： 本题考查对文言文一词多义的辨析，要求理解文言字词的含义，并且能辨析其在不同语境中的用法。选项 A 都指“大败”。选项 B 都指“已经”。选项 C 中，前者指“击鼓”，后者指“攻击”。选项 D 都指“他们”。

2. 把握战机　齐人三鼓 / 彼竭我盈　楚人未既济 / 既济而未成列

解析： 两文所写战役中的谋划者都看重“战机”。曹刿认为的战机是在我方士气最高涨的时刻，子鱼认为的战机是在对方还没有做好准备的时刻。据此用原文作答即可。

3. 答案不唯一，要结合具体内容概括，提炼出人物形象中的优点和缺点即可。

解析： 本题考查对人物形象的把握。可以通过文中所写具体细节来把握人物形象：【甲】文中的鲁庄公“将鼓之”“将驰之”，说明了他不察敌情，轻举妄动，急躁冒进，但他听从曹刿的建议，可见他从善如流，善于听取意见；胜利了还不知道胜利的原因，可见鲁庄公的懵懂无知，但“公问其故”，也能看出他虚心求教的一面。【乙】文中的宋襄公“虽亡国之余”，但以“君子”要求自己，不在战场上行不义之举，可见其仁义，但因为他的“高尚品德”而导致战败，己方士兵伤亡惨重，可见其优柔寡断、妇人之仁。

160.《邹忌讽齐王纳谏》比较阅读

1. D

解析： 本题考查对文言文一词多义的辨析，要求理解文言字词的含义，并且能辨析其在不同语境中的用法。选项 A 中，前者指“在早上穿戴好”，后者指“穿戴好朝服”。选项 B 中，前者指“使……闻，让……听闻”，后者指“听闻”。选项 C 中，前者指“男子在正妻以外娶的女人”，后者为谦辞，旧时用于女子自称。选项 D 都指“在这种情况下”。

2. 朝廷之臣莫不畏王　勇气和智慧

解析： 本题考查对【甲】【乙】两文相同点的把握。【乙】文中唐太宗因“怒”而言“杀”字，可见君权之盛，由此才让底下人感到“畏”；面对“死”的危险，还敢于进谏，是充满勇气的表现；两文中的进谏者都采用了委婉的方式进谏，是具有智慧的表现。

3. C

解析： 选项 A，邹忌进谏是为了让君王广开言路，文德皇后进谏是为了保护魏征；选项 B，邹忌是以自身小事类比君王的处境，文德王后抓住“主圣臣忠”来提升唐太宗的形象，侧面指出君王对忠臣态度的错误；选项 D，从“王曰：‘善。’乃下令”可见齐威王采取了行动，而从“于是太宗意乃释”可知，太宗只是平息了怒气，并没有采取积极的行动。

161.《出师表》比较阅读

1. 亮 / 丞相　诸葛亮　先主　刘备　陛下　刘禅

解析： 本题考查在不同叙述者的视角下对同一人的不同称谓指代，以及课内名篇的文学常识。需要区别“先主”“后主”“陛下”之间的差异。

2.（1）因为　（2）表目的，“来”　（3）相当于“把，拿，将”　（4）用

解析： 本题考查重点虚词的多个义项，“以”是中学文言高频虚词，常见义项有：认为；因为；相当于“把、拿、将”；用，凭借；后者是前者的目的，“来”。

3. 答案不唯一，要结合具体事件概括，提炼出准确的人物形象即可。

解析： 本题考查对人物形象的把握。可以通过文中所写的具体事件来把握人物形象：从诸葛亮对刘备三顾茅庐的知遇之恩心存感激，可见他是一个知恩图报的人；从他二十多年如一日，竭忠尽智侍奉主上，可见他是一个忠心耿耿的人；从他平定南方后，意欲北定中原、兴复汉室，可见他是一个有着雄心壮志的人。也可以通过文中其他人物对诸葛亮的评价进行把握：刘备评价他“君才十倍曹丕，必能安国，终定大事”，可见他是一个有着雄才伟略的人。